Hedy Brusius
Die Magie der Edelsteine

Die Edelsteine gehören zu den seltenen Kostbarkeiten, die die Natur uns schenkt. Immer schon haben edle Steine eine große Faszination auf die Menschen ausgeübt. Sie ist in der Tatsache der Seltenheit, der vielfältigen Farben und ihres wunderbaren Glanzes begründet. Doch neben ihrer Reinheit und unüberbietbaren Schönheit sind die Edelsteine auch wegen ihrer Härte und ihrer Strahlkraft einmalig. Solchen den kosmischen Urgewalten und den vier Elementen entstammenden Kostbarkeiten der Erde wurden immer schon geheimnisvolle Kräfte zugeschrieben. Die Menschen brachten die Edelsteine in Verbindung mit den Planeten, den Tierkreisen, den Monaten und Wochentagen, und sie trugen sie als Schutz-, Glücks- und Heilsteine. Schon vor viereinhalbtausend Jahren heilte der ägyptische Arzt Imhotep mit Hilfe von Edelsteinen, und vor zweieinhalbtausend Jahren verwandte Hippokrates, der »Vater der abendländischen Heilkunde«, Edelsteine als Talismane, die die Kranken trugen. Und wie die alten Inder und Chinesen bedienten sich ihrer später auch Albertus Magnus, die heilige Hildegard von Bingen und Paracelsus.

Neuerdings hat modernste Wissenschaft, vor allem die Biophysik, die heilkräftige Wirkung bestimmter Edelsteine, ihrer mineralischen Substanzen und insbesondere ihrer unglaublichen Strahlenwirkkraft entdeckt. Diese Erkenntnisse lassen die uralte Edelsteinmedizin, wie sie die Inder nach dem Ayurweda praktizierten, in einem neuen Licht erscheinen – sowohl für Heilkundige als auch für jeden Träger eines Edelsteins.

In diesem Buch finden Sie neben der ausführlichen Erörterung all dieser Aspekte auch die sachliche Beschreibung der wichtigsten und schönsten Edelsteine, ihres Vorkommens, ihrer chemischen, physikalischen und optischen Eigenschaften, des wirkungsvollsten Schliffs und ihrer Rangfolge nach Kostbarkeit und Seltenheit.

Hedy Brusius

Die Magie der Edelsteine

Ihre kosmische Bedeutung, Wirk~ und Strahlkraft

11. 10. 93 Böttcher

Ariston Verlag · Genf/München

Andere Werke aus unserem Verlagsprogramm
finden Sie am Schluß dieses Buches verzeichnet.

Die Deutsche Bibliothek – CIP-Einheitsaufnahme

BRUSIUS, HEDY:
Die Magie der Edelsteine: ihre kosm. Bedeutung, Wirk- u.
Strahlkraft/Hedy Brusius. – 7. Aufl. Genf; München:
Ariston Verlag 1992. (Ariston Paperback)
Frühere Ausg. u. d. T.: Brusius, Hedy: Edelsteine bringen Glück
ISBN 3-7205-1402-1

Gestaltung des Einbandes:
Werbeatelier Jürgen Richter
Fotomaterial:
W. Gursky, Düsseldorf, Vok Dams, Wuppertal, und Studio Hartmann,
Sobernheim
Die Fotoerklärungen und -nachweise der Abbildungen
auf der Einbandrückseite finden Sie auf Seite 8.
Textbearbeitung: Dr. E. Pies-Verlagsbüro, Wuppertal

Inhaltsverzeichnis

Tabellen

Fotonachweise

Auf der Einbandrückseite dieses Buches finden Sie neun farbige Abbildungen, die hier kurz von links nach rechts erklärt werden.

Oberste Reihe: Turmalin aus Brasilien; Achat aus Uruguay; Azurit aus Tsumeb, Südwestafrika; unter der Einwirkung von Feuchtigkeit und Kohlensäure verwandelt sich dieser Stein in den Malachit.

Mittlere Reihe: Beryll aus Brasilien; »Sun of Australia«, einer der größten und schönsten Opale der Welt, aus der Sammlung des Hauses O. Brusius; Bergkristall aus dem Wallis, Schweiz.

Unterste Reihe: Die römisch-deutsche Reichskrone; die Krone König Ludwigs XV. von Frankreich; die britische Staatskrone.

Das Farbfoto vom »Sun of Australia« stammt von Willy Gursky, Düsseldorf. Die Farbaufnahme der Rohedelsteine stammen vom Studio Hartmann, Sobernheim. Die Farbbilder der drei Königskronen stammen von Vok Dams, Wuppertal, und wurden mit Genehmigung von Jürgen Abeler, Wuppertal, abgedruckt.

Verliebt in Edelsteine

Als die olympischen Götter ihre alten Widersacher, die Titanen, nach aufreibenden Kämpfen samt und sonders in den Hades befördert hatten, weinten sie Freudentränen. Die Tropfen fielen zur Erde und verwandelten sich dort zu edlen Steinen. Dabei soll Vater Zeus die Produktion von Opalen besonders gefördert haben. Das jedenfalls glaubten die alten Griechen.

Zu allen Zeiten haben Edelsteine die Menschen fasziniert. Sie waren Insignien von Macht und Würde, sprühten ihr Feuer von Kronen und Zeptern der Herrschergeschlechter. Ihretwegen wurden Kriege geführt und Reiche zerstört. Wer Gold und Juwelen anhäufen konnte, hatte auch die Macht – und besaß in der Regel auch die Gunst schöner Frauen.

Der trojanische Königssohn dachte nicht nur an Liebe, als er die schöne Helena entführte: das Pärchen ließ beim überstürzten Aufbruch nach Kleinasien den Kronschatz des Menelaos mitgehen. Das wiederum bescherte dem rechtmäßigen Gatten der ungetreuen Helena einige Probleme. Als König stand er plötzlich mittellos da und konnte seine Soldaten und Waffenbrüder nicht mehr bezahlen. Menelaos lebte bis zur Eroberung von Troja auf Pump.

Mit Edelsteinen pflegten sich die alten Römer auszulösen, wenn sie bei Freunden in Schuld standen. Kaiser Nero beispielsweise konfiszierte einfach die Vermögen reicher Bürger, wenn er knapp bei Kasse war – und das war er praktisch immer. Römische Ehemänner versöhnten ihre vernachlässigten Ehe-

frauen mit Edelsteinen. Auf diese Weise, so berichtet der
Schriftsteller Plinius, büßte mancher Springinsfeld sein väter-
liches Erbteil ein. Für die Frauen soll das eine ausgezeichnete
Altersversorgung gewesen sein.

Spätere Generationen erinnerten sich gern an den Brauch
aus der Antike. Philipp II. von Spanien, der Vater von Don
Carlos, schickte seiner Gattin eine Schüssel mit Rohkost, als
ihn sein Gewissen allzusehr plagte: grüne Smaragde waren die
Blätter, und angemacht und abgeschmeckt war der Edelstein-
salat mit Perlen, Rubinen und Topasen.

Die englische Königin Elisabeth I., die ganze Berge von Gold,
Edelsteinen und Perlen in ihren Truhen stapelte, war hoffnungs-
los in ihren Schmuck verliebt. Die mit staatlichen Kaperbriefen
ausgestatteten Piratenkapitäne brachten der spröden Queen
märchenhafte Schätze von ihren Schiffen in deren Residenz.
Außerdem bemühte sich jeder der todesmutigen Herren, die
anderen Konkurrenten mit besonders wertvollen Mitbringseln
auszustechen.

Elisabeth wußte ihren Besitz zu mehren und zu nützen. Ihre
Staatskleider waren mitunter derart von Perlen und Edelsteinen überladen, daß sie bei offiziellen Anlässen mit Stangen
gestützt werden mußte – diskret unterm Rock natürlich. Derart
gewappnet überstand die Königin im wahren Sinn des Wortes
stundenlange Empfänge und Defileen mühelos.

Schmuck steht seit Urzeiten stellvertretend für soziale, magische und erotische Kräfte. Hand aufs Herz, was ist schöner,
als einem geliebten Menschen einen edlen Stein als Zeichen
seiner Zuneigung zu verehren? Die österreichische Kaiserin
Maria Theresia schenkte ihrem Verlobten Franz von Lothringen
als Brautgabe einen armlangen Blütenstrauß aus Silber, Edelsteinen und Bergkristall. Der Prinzgemahl revanchierte sich mit
einem großen Diamanten, in dem sein Miniaturbild verborgen
war.

Auch heute gilt der Diamant, den ein Mann der Dame seines Herzens schenkt, als Symbol unerschütterlicher Treue. So wie ein wertvoller Edelstein alle Stürme der Zeit überdauert, soll das Band geknüpft bleiben. In den Augen unserer Vorfahren waren edle Steine göttlichen Ursprungs. Hatten nicht Sonne und Sterne einen Teil ihrer Kräfte in die leuchtenden Steine gesenkt? Unser Jahrhundert hat die Bedeutung wiederentdeckt, die frühere Generation den Edelsteinen beimaßen. Ist nicht auch heute ein Lapislazuli ein Stück des strahlenden blauen Himmels? Gilt nicht noch immer der Rubin als versteinerter Blutstropfen, von dem übernatürliche Kräfte ausgehen?

Selbst Reformator Martin Luther zollte, wenn auch gelegentlich widerstrebend, den Edelsteinen seine Reverenz. Er tolerierte das Schmuckbedürfnis seiner Zeitgenossen – und bat die Wohlhabenden zur Kasse. Die Herrschaften zahlten gern, zumal die Summen ausnahmslos wohltätigen Zwecken zuflossen.

In frühen Zeiten schmückten sich auch die Herren mit kostbaren Edelsteinen. Heute trägt nicht mehr der Herr den herrlichen Schmuck, der ihn aus der Masse der anderen herausheben soll, sondern seine Dame. Diesen Umstand machte sich einmal das Mailänder Finanzamt zunutze. Auf Bitten von Amtskollegen, die einigen finanzkräftigen Kunden nicht beikommen konnten, schickte der Präsident zu einer Theaterpremiere in der Scala einige Taxatoren. Die ebenso unauffälligen wie sachverständigen Herren notierten eifrig, mit welchem Schmuck die Damen glänzten und rechneten am Feuerwerk edelster Steine mit verblüffender Genauigkeit aus, was die Begleiter an Steuern zu leisten imstande waren.

Die Freudentränen des Zeus haben seit Jahrtausenden nichts von ihrem Zauber eingebüßt. Verliebtsein in Edelsteine ist für unzählige Menschen die herrlichste Sache der Welt – schon allein der Liebe wegen. Fragt man Schmuckliebhaber, warum sie gerade Edelsteine als Kapitalanlage bevorzugen, dann ernten die Neugierigen meist ein verständnisvolles Lächeln. „Wissen Sie", sagte einmal der texanische Millionär Stevenson zu einem Journalisten, „ich bin nun einmal ein nüchtern denkender Mensch. Was können meine Edelsteine dafür, daß sie auch wertvoll sind? Besitzen würde ich sie auf jeden Fall ..."

Die Frau eines sehr erfolgreichen amerikanischen Geschäftsmannes erschien auf dem Empfang für arabische Partner, die einen lukrativen Auftrag zu vergeben hatten, mit einem wunderbaren Rubin. Augenzwinkernd gestand sie in einer Pause einer Freundin: „Der Rubin gilt als der Lieblingsstein des Orients, weil er am schönsten auf der Haut von Dunkelhaarigen glüht!" Ihr Mann erhielt den Auftrag in Milliardenhöhe.

Wer die Schönheit edler Steine kennt, wird sich ihrer Faszination nicht entziehen können. Sich in Edelsteine zu verlieben – das ist so leicht und kann so schnell geschehen.

Opale gaben meinem Leben einen neuen Sinn

Berlin! Ich freute mich auf diese Reise, wie sich ein kleines Mädchen nur freuen kann. Ein Mitarbeiter des Ministeriums Speer hatte meinen Vater in die Reichshauptstadt gebeten, um über ihn Kontakte zu einer kriegswichtigen Rohstoffquelle im unbesetzten Frankreich zu knüpfen.

„Gott", schmunzelte Vater, als er mich einlud, mit ihm nach Berlin zu fahren, „du bist groß genug, um auf die Menschheit losgelassen zu werden."

Ich kannte Berlin aus den Erzählungen meines Vaters. Er hatte nach dem Ersten Weltkrieg einige Jahre in Potsdam gelebt, bevor er in Charlottenburg meine Mutter kennenlernte und nach Düsseldorf zog.

Noch vor wenigen Wochen hatte ich auf Vaters Schoß gesessen und wie gebannt an seinen Lippen gehangen, als er das Stadtschloß der Hohenzollern-Kaiser beschrieb, die Wachablösung schilderte oder von der Havellandschaft erzählte. Im Rauch seiner Zigarre hatten sich tausend bunte Bilder der Weltstadt an der Spree geformt. Jetzt endlich sollte ich Berlin selbst kennenlernen!

Wir reisten an einem sonnigen Herbsttag des Kriegsjahres 1942. Auf dem Düsseldorfer Hauptbahnhof stand der graugestrichene Militärzug unter Dampf. Ein Träger hievte unsere Koffer in das für Vater reservierte Abteil. Offiziere schlenderten den Bahnsteig entlang, Orden schimmerten auf feldgrauen Uniformen. Bis zur Abfahrt waren noch einige Minuten Zeit.

„Hier", sagte Vater plötzlich und drückte mir ein kleines Päckchen in die Hand, „das soll dir Glück bringen. Was sich darin befindet, ist sehr wertvoll. Paß gut darauf auf!"

Vorsichtig faltete ich das Seidenpapier auf. Überrascht sah ich die Steine, die in der kleinen Schachtel lagen. Ich kannte sie. Als kleines Kind hatte ich einmal – unter Vaters Aufsicht natürlich – in der elterlichen Kassette aus Kirschbaumholz gekramt. In diesem Kästchen bewahrte Vater wichtige Papiere und Erinnerungsstücke auf. Dabei hatte ich zwei als Ohrringe gefaßte Steine entdeckt. Sie waren blau, leuchtendblau mit darin eingelassenen unregelmäßigen gelben, roten und grünen Flecken. Da waren auch noch andere Farben, goldbraun und warm. Fasziniert hatte ich auf die funkelnden Gebilde gestarrt. „Das sind Opale", hatte mein Vater in die Stille gesagt, „ich bekam sie geschenkt, als ich an die Front ging. Von einem Mädchen."

Daran erinnerte ich mich jetzt wieder und fragte nun Vater darüber aus. „Oh", lächelte er, „natürlich gehöre ich jetzt Mutter; aber das hindert mich nicht daran, die Steine in guter Erinnerung zu halten. Mutter weiß das übrigens . . ."

Ich erwachte wie aus einem Traum, tauchte aus dem Anblick hoch in die Wirklichkeit. Ringsum Stimmengewirr, knappe Befehle. Das Stampfen der Lokomotive, die auf das Abfahrtssignal wartete. „Na", meinte Vater geduldig lächelnd und deutete auf das Päckchen in meiner Hand, „gefallen sie dir?" Ich nickte glücklich. „Dann mal los", sagte Vater energisch und schob mich ins Abteil.

Der Zug rollte nach Osten, Berlin entgegen. Über der Herbstlandschaft wölbte sich ein strahlend blauer Tag. Grüne Wälder schoben sich am Fenster vorbei, rote Dächer grüßten aus den Dörfern. Sah die Landschaft nicht aus wie die beiden Opale, die ich in mein Reisetäschchen geschoben hatte? Die Räder hämmerten auf den Schienen. Was ist eigentlich Glück, fragte ich mich. Ich wußte keine Antwort – noch nicht –, aber ich war sehr glücklich.

Die ersten Häuser der Hauptstadt glitten vorüber. Auf den Nachbargleisen endlose Waggonreihen mit Panzern und Geschützen – über ausgeleierte Weichen polterte der Militärzug in den Bahnhof Zoo. Ein freundlicher Soldat half uns die schweren Koffer tragen. Ich stand auf dem staubigen Pflaster des Bahnhofvorplatzes, in der Tasche zwei Edelsteine, die mein Leben begleiten sollten.

Vaters Gastgeber hatte uns in einem kleinen Hotel in der Nähe des französischen Doms untergebracht. Von dort zu den täglichen Konferenzen im Regierungsviertel waren es für Vater nur einige Minuten. In seiner Abwesenheit sollte mich die Familie des Hotelgeschäftsführers betreuen. „Sie haben einen Jungen in deinem Alter", nahm mich Vater vertraulich beiseite, „er heißt Werner. Ich bin sicher, er wird gern dein Beschützer sein."

Werner war einen Kopf größer als ich. Ein schlacksiger Junge mit hellwachen, tiefblauen Augen. Schüchtern machten wir uns bekannt. Plötzlich nahm er wie selbstverständlich meine Hand und zog mich auf die Straße. „Komm", bat er, „sausen wir los. Ich zeige dir Berlin."

Die folgenden Tage habe ich so schnell nicht vergessen können. Werner war ein großartiger Fremdenführer. Wir durchstreiften die breiten Alleen, in denen bereits das Herbstlaub raschelte, kletterten in die U-Bahn-Schächte, schaukelten mit der Straßenbahn kreuz und quer durch die Millionenstadt. Wir standen ehrfürchtig am Brandenburger Tor, starrten auf die ersten Trümmer, die Bombentreffer gerissen hatten, spazierten Hand in Hand am Wannsee entlang.

Am Abend erzählte ich glühend vor Begeisterung von unseren Erlebnissen. „Na", forschte Vater verständnisvoll, „mein kleines

Mädchen ist doch nicht etwa verliebt?" – „Ach was!" protestierte ich heftig und verlegen zugleich. Natürlich hatte ich Werner gern. Ich mochte ihn. Es war ein wundervolles Gefühl, neben ihm zu gehen. Vater wurde plötzlich ernst: „Es tut mir leid, dein kleines Glück stören zu müssen", sagte er, „aber wir fahren morgen abend heim."

Nach dieser Eröffnung stand ich lange am Fenster unserer kleinen Hotelwohnung und sah hinaus auf die Straße. Der Herbstwind trieb die braunen Blätter über das Pflaster. Natürlich hatte ich Werner meine beiden Opale gezeigt. Ich war entschlossen, mich von einem von ihnen zu trennen. Der Abschied von Werner war kurz. Er drückte meine Hand, daß sie schmerzte. Ich spürte, wie er den Opal langsam drückte und sich seine Faust um den Stein schloß. „Mach's gut!" sagte ich und war sicher, daß er den gleichen Kloß in der Kehle sitzen hatte wie ich. Als unser Zug durch das nächtliche Berlin rollte, kamen die Tränen. Durch den feuchten Schleier sah ich ein Paar strahlend blaue Augen, die meinem Opal glichen. Ich holte den Stein aus meiner Tasche. Vater wußte sofort, was geschehen war. „Er soll ihm Glück bringen", murmelte ich. Vater schwieg lange.

*

Die Nachkriegsjahre verbrachte ich in Düsseldorf. Unsere Familie hatte den Zusammenbruch leidlich gut überstanden. Vaters gute Beziehungen garantierten bescheidenen Wohlstand. Im Sommer 1953 sah ich Berlin wieder. Ich irrte durch die Straßen, suchte in der Trümmerwüste nach vertrauten Bildern, die sich in den Herbsttagen von 1942 unvergeßlich in meiner Erinnerung festgesetzt hatten.

Das kleine Hotel war zerbombt. Aus der geborstenen Front gähnten leere Fensterhöhlen. Niemand in der Umgebung wußte, wo Werners Familie geblieben war. Ich war von dem Gedanken besessen, den Gefährten von damals wiederzufinden. Bisher hatte ich dem Opal und meinem Glück vertraut. Seltsamerweise hatte ich aus den verfahrensten Situationen immer Auswege gefunden. Warum sollte mir nicht mein Glücksstein auch diesmal helfen? Ich wohnte in einer winzigen Pension in Kreuzberg. Dort hatten die Bombenteppiche noch viele Häuser verschont. Sie erinnerten mich an das alte Berlin, das ich nur einige Tage kennen- und liebengelernt hatte. Oft wechselte ich in den Ostsektor der Stadt, stand vor dem Zeughaus, vor den Ruinen des Stadtschlosses.

Am 16. Juni 1953 begannen die Unruhen im russischen Sektor. Ich weiß heute noch nicht, warum ich mich damals in eine überfüllte S-Bahn klemmte und nach drüben fuhr. Es gärte überall, doch die Polizei griff nicht ein. Die Nacht verbrachte ich diskutierend auf der Straße Unter den Linden. Der 17. Juni, mein Schicksalstag, dämmerte herauf.

Aufstand! Die Stadt brodelte. Menschen formierten sich zu Marschkolonnen, Parteilokale brannten, und plötzlich flatterte auf dem Brandenburger Tor statt der roten die schwarz-rotgoldene Fahne. Irgendwo war der Aufschrei „Panzer!" zu hören. Grüngestrichene Kolosse mahlten durch die Straßen, versuchten die Menschen auseinander zu treiben. Steine prasselten gegen Stahlplatten. Ich wurde zu einer Gruppe abgedrängt, die immer noch marschierte, suchte Deckung hinter Männern, die Spruchbänder trugen.

Ein Panzer rasselte auf mich zu, schwenkte seinen Turm in die Menge. Menschen stürzten, hasteten zur Seite. Ich wurde von einem Pulk in ein Haus geschoben, sah Uniformen. Dann trieb uns Polizei mit Maschinenpistolen in einer Ecke zusammen. Ich erhielt einen Schlag auf den Kopf, spürte noch, wie mich jemand an den Beinen schleifte. Dann wußte ich nichts mehr.

Ich wachte vom Rütteln eines Lastwagens auf. Ein Dutzend Männer hockten auf der Ladefläche, zwei Frauen kauerten zwischen ihnen. Soldaten mit Maschinenpistolen bewachten uns. Der Wagen rumpelte durch eine enge Toreinfahrt auf einen Hof. Minuten später schlossen sich Zellentüren hinter uns. Ich hatte rasende Kopfschmerzen.

Nach zwei Stunden begannen die Vernehmungen. Ich erklärte, daß ich bei einem Besuch in Ostberlin in den Aufstand geraten sei. Polizistinnen untersuchten mich peinlich genau, drehten jedes Wäschestück um und leerten meine Taschen. Zwischen Kleingeld, einem Taschentuch und Papierfetzen lag das Lederetui, in dem ich meinen Opal aufbewahrte. Eine der Frauen, die mich untersucht hatten, öffnete es und stand eine Weile ganz still.

Es folgten ununterbrochene Vernehmungen im grellen Scheinwerferlicht, wobei ich immer wieder beteuerte, daß ich ganz zufällig in die Unruhen hineingeraten sei. Die beiden Frauen, die mit mir die Zelle teilten, flüsterten verschreckt von „Standgericht" und „Erschießen".

Irgendwann hörte ich meinen Namen. „Mitkommen!" Ein Kalenderblatt, an dem ich vorbeigeführt wurde, zeigte den 17. Juni. Waren seit meiner Festnahme erst wenige Stunden vergangen? Mir kam es wie eine Ewigkeit vor. Ich wurde in einen Raum geführt, in dem ich bereits mehrmals verhört worden war. Auf dem Tisch sah ich meine Habseligkeiten. Der Opal war aus dem Lederetui herausgenommen worden und lag daneben. Scheinwerfer blendeten mich.

Aus dem dahinterliegenden Dunkel sah ich plötzlich eine Hand nach dem Opal greifen. Maßloser Zorn stieg in mir auf. Die Hand kam wieder und setzte den Edelstein sorgfältig, fast liebevoll zurück auf die Tischplatte. „Laßt mich mal da ran", hörte ich eine Stimme. Die Scheinwerfer verloschen. Ich blinzelte müde – und war im nächsten Augenblick hellwach. Vor mir sah ich zwei strahlend blaue Augen und ein Gesicht, das mir sehr bekannt vorkam. – Er führte mich in sein Dienstzimmer. Wir waren allein.

Werner trug die Uniform der politischen Polizei. Schweigend standen wir uns gegenüber. Irgendwann drückte er einen Stempel auf ein Blatt Papier, blätterte noch einmal in meinem Ausweis und betrachtete genau das Bild. Plötzlich griff er in seine Uniformjacke, kramte ein wenig und zog die Faust aus der Tasche. „Mach's gut", sagte er leise. Seine Hand schloß sich über der meinen. Ich spürte einen harten, runden Gegenstand im Handteller. „Paß gut auf ihn auf", Werner lächelte, „er wird dir Glück bringen."

Verwirrt und unsagbar traurig stolperte ich die Treppen hinab auf den Hof. Zusammen mit zwei anderen Westberlinern kletterte ich in einen Bus. An einem inzwischen gesperrten Grenzübergang wurde ich in den amerikanischen Sektor abgeschoben. In meiner Pension in Kreuzberg taumelte ich aufs Bett, überlegte eine Weile und durchsuchte dann meine Taschen. Das Etui war leer! Mein Opal fehlte! Ich hatte doch zwei, denn Werner hatte mir seinen zurückgegeben. Oder nicht?

*

Ich besitze noch immer Werners Opal. Wahrscheinlich, ich nehme das mit Sicherheit an, hat er meinen Edelstein und ich den seinen. Mit Absicht ausgetauscht? Auch mit Werners Stein habe ich bisher aus jeder Situation einen Ausweg gefunden. Ich glaube fest an mein Glück. Werner ist bestimmt längst verheiratet und hat Kinder. Vielleicht zeigt er ihnen den Opal, den er wie einst mein Vater von einem Mädchen geschenkt bekommen hatte, während des Krieges – von mir. Vielleicht. Ich weiß es nicht.

Abenteuerliche Geschichten um Diamanten, Saphire und Smaragde

Um die Könige der Edelsteine ranken sich zahlreiche Geschichten – wahre und erdachte. Seit der Mensch den Gesetzen nachspürte, die sein Leben glückbringend beherrschen könnten, bemüht er sich um die Erkenntnis, unter welchen Voraussetzungen die geheime Kraft der edlen Steine, die Macht der Glücksbringer im Leben der einzelnen wirksam werden kann. Einige der schönsten Geschichten um Edelsteine wollen wir in diesem Kapitel folgen lassen.

Das weise Urteil des Kalifen Abdul Rashid

In Bagdad lebte einst ein sehr schönes Mädchen, das von seinen Eltern den Namen Sheila erhalten hatte. Die Männer erzählten sich schwärmerisch von Sheilas blendendem Wuchs, ihrer makellosen Haut, ihrem seidigen Haar und ihren großen, verträumten Augen – aber dennoch konnten sie ihre Schönheit nur ahnen, denn das Gesetz des alten Großwesirs Hamed verbot es Mädchen und Frauen, ihre Reize der Männerwelt zu präsentieren. Hamed war ein Mann strenger Sitten und hatte eingehende Vorschriften erlassen, wonach sich Mädchen und Frauen zu kleiden und zu verhüllen hatten.

Das Gerücht von der Schönheit der jungen Sheila drang auch an die Ohren des jugendlichen Kalifen Abdul Rashid, von dem die Nachwelt zu berichten weiß, daß er sein Volk gerecht und

weise regiert haben soll. Aber da nun einmal das Gesetz
Hameds bestand, wollte der Kalif dieses nicht ohne Anlaß
ändern, obwohl er seinen so sehr auf Keuschheit und Anstand
bedachten Großwesir nicht verstehen konnte. Schließlich hatte
doch Allah dem Mann das Weib gegeben, damit er sich erfreue
– und selbst sein Prophet Mohammed hatte diese Geschöpfe
Gottes über alle Maßen gelobt und sich an ihnen ergötzt.

Sheila aber, die nicht einsehen konnte, warum sie ihre so
vortrefflichen weiblichen Reize verstecken sollte, widersetzte
sich dem Gebot des alten Hamed und bekleidete sich eines
Tages nur mit einem hauchdünnen Gewand. Sie konnte und
wollte nicht einsehen, weshalb es sündhaft sein sollte, wenn sie
ihre Schönheit offen zeigte.

Im Glanz ihrer naturhaften Weiblichkeit trat Sheila auf die
belebte Straße und war bald von einer Schar neugieriger und
sie bewundernder Männer umgeben. Aber es dauerte nicht allzu
lange, da wurde die Polizei auf die lamentierende Ansammlung
und das spärlich bekleidete Mädchen aufmerksam. Wie es das
Gesetz befahl, nahmen sie Sheila gefangen, führten sie ab und
sperrten sie in ein finsteres Gefängnis.

Als Hamed von dem Vorfall hörte, eilte er zitternd vor Zorn
zu seinem Kalifen, um ihm von dieser dreisten Gesetzesübertretung ausführlich Bericht zu erstatten. Abdul Rashid saß nachdenklich auf seinem edelsteingeschmückten Thron und hörte
seinem Großwesir aufmerksam zu, bis dieser geendet hatte.
Dann bat er sich aus, selbst den Vorsitz bei der Gerichtsver-
handlung zu führen, die augenblicklich von dem Kadi – dem
Richter – angesetzt werden sollte.

Am Morgen des Gerichtstages versammelte sich viel Volk in
dem Saal, in dem die schöne Sheila abgeurteilt werden sollte.
Vor ihnen entfaltete sich der übliche orientalische Prunk, der
bei solchen Gelegenheiten zu beobachten war.

In prächtigen, mit vielen Edelsteinen besetzten Gewändern und den kunstvoll gewundenen Turbanen auf dem Haupt saßen die großen Männer des Staates auf der Richterbank, Abdul Rashid, der allmächtige Kalif, umgeben von seinem Großwesir Hamed, dem Kadi und dem dicken Polizeichef, über dessen mächtigem Bauch ein breiter seidener Gürtel geschlungen war, in dem ein funkelnder Dolch steckte.

Auf ein Zeichen Abdul Rashids wurde die arme Sünderin in den Gerichtssaal gebracht. Doch sie machte absolut keinen schüchternen Eindruck. Mit hoch erhobenem Haupt und sicherem Schritt trat sie vor die Anklagebank. Ein erregtes Murmeln ging durch die anwesende Menge der neugierigen Zuschauer, denn Sheila erschien so, wie sie von der Polizei aufgegriffen worden war – nur angetan mit dem hauchdünnen Schleiergewand.

Alle wußten, welch grausames Urteil dieses schöne Mädchen zu erwarten hatte; und Sheila wußte es auch. Trotzdem verließ der Mut sie nicht.

Nachdem der Polizeichef noch einmal die genauen Umstände der Ergreifung vorgetragen und der Großwesir Sinn und Zweck der bestehenden Gesetze mit würdevoller Miene erläutert hatte, erhob der allmächtige Kalif Abdul Rashid die Hand, um Ruhe zu gebieten.

„Der Fall liegt klar", bemerkte er und wandte sich an seinen Großwesir zu seiner Rechten. „Was schreibt das Gesetz bei einem solchen Vergehen, dessen sich dieses Mädchen Sheila schuldig gemacht hat, vor?"

„Die Steinigung!" antwortete der sich seiner Macht bewußte Hamed mit lauter Stimme.

„Nach dem Gesetz muß dieses Mädchen gesteinigt werden . . ." bestätigten auch der Kadi, der sich vor Erregung die Schweißtropfen mit einem großen bunten Tuch von der Stirn wischte, und der Polizeichef beklommen, obwohl sie die schöne Sheila viel lieber freigesprochen hätten. Aber sie wagten nicht, sich gegen den mächtigen Hamed zu erheben und seine Gesetze anzuzweifeln und zu kritisieren. Schließlich mußte die Staatsraison geachtet und jede Gesetzesübertretung streng bestraft werden, wollte man nicht dem Chaos Tür und Tor öffnen.

In der gaffenden Menge wurde es wieder laut, weil man hier unter vorgehaltener Hand Hamed und sein grausames Gesetz, nach dem hier gerichtet werden sollte, diskutierte. Es wurde jedoch schnell wieder ruhig, als Abdul Rashid wiederum seine Hand erhob. Eine kurze Zeit eisigen Schweigens folgte. Die Atmosphäre war bis zum äußersten gespannt, bis sich schließlich der großmächtige Kalif vernehmen ließ:

„So geschehe es denn nach dem Gesetz!" Mit diesen Worten löste er einen großen, blauschimmernden Diamanten aus seinem Turban und warf ihn auf die Verurteilte.

Gegen diese eigenwillige Auslegung des Gesetzes konnte auch der erstaunte Großwesir nichts einwenden, löste einen Rubin aus seinem Turban und schleuderte ihn mit den Worten: „So geschehe es nach dem Gesetz!" gegen das schöne Mädchen, das mit ihren großen dunklen Augen den Kalifen dankbar anlächelte.

Dem Beispiel Abdul Rashids und Hameds folgten nun auch der Kadi, der einen funkelnden Smaragd aus seinem Turban löste, und der erleichterte Polizeichef, der einen Saphir warf. Da jubelte die anwesende Menge ob des gerechten und weisen Urteils ihres Kalifen – und dann prasselte ein wahrer Regen der herrlichsten Edelsteine auf die reizende Gesetzesbrecherin. Die Steine aber blieben in Sheilas Gewand hängen und rollten langsam – das ganze Feuer ihrer gleißenden Pracht entfaltend – zu Boden.

Der Kalif lächelte gütig. Dem Gesetz war Genüge getan und der Fall zu aller Zufriedenheit erledigt. Der Großwesir aber hatte eine Lektion in hoher Staatskunst erteilt bekommen – und mußte die Prozeßkosten aus der Staatskasse begleichen.

Ein Auserwählter Gottes

Wie andere Kreuzfahrer, so war auch der Ritter Egenolt in das Heilige Land gezogen, um die „Ungläubigen" mit Feuer und Schwert zum wahren Glauben zu bekehren. Wie die anderen, so hatte auch er einen großen grünen Turmalin erworben, von dem die Sage ging, daß er unverwundbar mache. Wie die anderen, so glaubte auch er felsenfest an die geheimnisvolle schützende Kraft dieses Steines, den er sich in den Knauf seines Schwertes einarbeiten ließ. Bald ging vieles von der asiatischen Seele des funkelnden Steins auf Egenolt über, mit dem ihn eine innige Gemeinschaft verband.

Zu jener Zeit, als der Islam in seiner höchsten seelischen Entfaltung stand, lernte Egenolt einen frommen Sufiten kennen, der ihm von den heiligen Ekstasen der Muselmänner erzählte. Als die höchste Erfüllung aller religiösen Offenbarungen galt die Loslösung vom eigenen Körper zum Zweck der Vereinigung mit dem göttlichen, alles durchdringenden Geist. Das aber war das Ziel der Angehörigen dieser islamischen Sekte.

Durch die Gespräche mit dem weisen und frommen Mann sah Egenolt bald ein, daß das Wesen aller Religionen im Grund dasselbe war und es einen „Heiligen Krieg" nicht geben konnte. Es mußte einfach Wahnsinn sein, um des Bekenntnisses willen Menschen zu töten, denn in allen frommen Schriften hieß es, daß sich das Schwert immer gegen den richtet, der es ergreift.

Der Sufi aber bewunderte den leuchtenden grünen Stein im Schwertknauf des Ritters, erinnerte er ihn doch an den grünen Turban des Propheten. Für Egenolt bedeutete dieser Stein alles auf dem Weg zur beseligenden Schau Gottes. Ihn und den

Muselmanen – der eigentlich sein Feind hätte sein sollen – verband bald eine innige Freundschaft von brüderlicher Herzlichkeit. Doch diese Freundschaft sollte nicht ewig dauern, denn mit den anderen Rittern sollte Egenolt wieder in sein Heimatland zurückkehren.

„Pflicht und Ehre gegenüber meinem Vaterland verlangen es, lieber Freund, mit den anderen, die mit mir ausgezogen sind, in die Heimat zurückzukehren. Glaube mir, mein Herz macht mir den Abschied schwer. Der Gedanke, einen lieben Freund nicht mehr wiedersehen zu können, betrübt mich sehr."

„Ich kann dir nicht abraten, das zu tun, was dir dein Herz gebietet", sprach der fromme Mann weise, „aber du sollst wissen, daß meine Gedanken immer bei dir sind, so oft du an mich denkst. Der Turmalin wird uns miteinander verbinden, denn er hat die Fähigkeit, das unausgesprochene Wort über große Entfernungen und viele Länder hinweg zu uns zu tragen. Denke immer daran, wenn du ihn ansiehst."

So verabschiedeten sich die Freunde schweren Herzens. Doch blieb ihnen der Trost, durch den edlen Turmalin immer miteinander verbunden zu sein. Viele Wochen und Monate waren die Ritter auf ihren Pferden unterwegs, ehe sie wieder die lang entbehrte Heimat sahen. Für Egenolt aber war es kein schönes Wiedersehen. Kaum auf seiner elterlichen Burg angelangt, berichtete er von seinen Erlebnissen und der Verwandlung seiner Seele. Der Hauskaplan, der den strahlenden Stein an seinem Schwertknauf entdeckte, drang scheltend in ihn:

„In lästerlicher Weise sprichst du über den einzigen Gott, den es gibt und den du im Heiligen Land suchen solltest. Statt aber die Heiden zu bekehren, schließt du mit ihnen Freundschaft. Statt das Zeichen des Kreuzes, das dich besser als alle anderen heidnischen Amulette beschützt hätte vor Ungemach und Verwundung, trägst du diesen teuflischen Stein, der dich zu den schlimmsten Ausschweifungen verführt und deinen Sinn verblendet. Nach der Anweisung unseres Heiligsten Vaters in Rom muß ich dich aus unserer seligmachenden Kirche ausstoßen, wenn du dich nicht sofort von ihm lossagst und ihn vernichtest."

Egenolt war voll Zorn gegen diesen Diener Gottes, den der Herr nicht erleuchtet hatte. Aber da seine frommen alten Eltern der gleichen Ansicht wie ihr Kaplan waren und in ihn drangen, sich von dem Turmalin zu trennen, schwieg er. Am Abend rieb er den Stein in seiner dunklen Kammer, so daß ein Leuchten von ihm ausging, der den Raum mit einer überirdischen Helligkeit erfüllte. Da hörte er auch wieder die Stimme seines Freundes aus dem Morgenland: „Ich kann dir nicht abraten, das zu tun, was dir dein Herz gebietet."

Es waren die gleichen Worte, die der fromme Sufi beim Abschied gesprochen hatte. Nun wurde dem jungen Ritter bewußt, was sie zu bedeuten hatten; denn es war wichtiger der eigenen inneren Stimme zu gehorchen, als auf das Geschwätz der Leute zu hören. Egenolt brach den Stein aus seinem Schwertknauf und barg ihn fortan an seinem Herzen. So sehr ihn auch die häuslichen Verhältnisse bedrückten, um so mehr gab der Edelstein seiner Seele Trost. Priester und Eltern aber lobten ihn sehr, als sie bemerkten, daß der Turmalin sich nicht mehr an seinem Schwert befand.

Egenolt aber wußte, was ihm sein Herz gebot. Noch einmal zog er in das ferne Land, aber nicht als Krieger, sondern mit dem festen Vorsatz, um Aufnahme in der Abgeschiedenheit des Klosters seiner sufitischen Brüder zu bitten. Auf dem Weg in den Orient schrieb er einen langen Brief an seine Eltern, in denen er seinen Entschluß begründete.

Als er in den stillen klösterlichen Bezirk eintritt, erwartete ihn sein frommer Freund mit offenen Armen:

„Der grüne Stein der Weisheit hat mir dein Kommen angekündigt. Sei gegrüßt, mein lieber Freund, der du in deine wahre
Heimat zurückgefunden hast. Ich habe bereits eine Zelle für
dich vorbereiten lassen."

So lebte Egenolt fortan als Auserwählter Gottes frei von allen
dogmatischen Bekenntnissen in einem Land, das seine geistige
Heimat wurde.

Rubin — Stein des Lebens

Zu meinen ältesten Freunden seit meiner frühen Jugendzeit
gehört der Schriftsteller Jean-Baptiste Delacour, der sich in seinen zahlreichen Büchern besonders mit parapsychologischen und
mystischen Phänomenen beschäftigt hat. Jedesmal, wenn ich
nach Paris komme, fahre ich zu ihm hinaus und besuche ihn in
seinem Landhaus, das er etwa dreißig Kilometer von der französischen Hauptstadt entfernt bewohnt.

Dieser kluge und interessante Mann von heute nahezu siebzig
Jahren wirkt mit seinen ergrauten Haaren, seinem silberblauen
Kinnbart und den faszinierenden Augen selbst wie ein Magier
aus alter Zeit. Er hat beinahe alle Länder der Erde bereist und
lebte mehrere Jahre in Ostasien. Unvergeßlich sind die Abende,
wenn er in seiner Bibliothek am Kamin von seinen Erlebnissen
erzählt. Eine Geschichte ist mir besonders in Erinnerung geblieben.

„Auf meinen Reisen kam ich auch nach Tibet. Ich hatte das
große Glück, einer der ersten Europäer zu sein, die vom Dalai
Lama die Erlaubnis erhielten, eine Expedition in das Landes-
innere zu unternehmen. Mit vier anderen Männern, einem
Amerikaner, zwei Kanadiern und einem Engländer, zahlreichen
Trägern und einer staatlichen Begleitmannschaft ging es durch
das Tal des Brahmaputra in das Himalajagebiet. Vor uns leuchtete gigantisch das schneebedeckte ‚Dach der Welt'. Wir alle

hatten das Gefühl, der Schöpfung noch nie so nahegekommen zu sein wie damals beim Anblick dieses urgewaltigen Bergmassivs, das erst einige Jahre später zum erstenmal von Menschen bestiegen werden sollte.

Wir schlugen unser Zeltlager auf, um hier einige Tage zu verweilen, vor allen Dingen, weil Arthur Cavendish, unser Geologe, einige Studien treiben wollte. Am Abend des zweiten Tages unternahm ich allein einen kleinen Erkundungsgang in die nähere Umgebung. Ausgerüstet mit den erforderlichen Werkzeugen und einer Signalpfeife, die uns wieder zusammenführen sollte, falls sich einer von uns einmal verirren sollte, stieg ich eine kleine Anhöhe hinauf und stand plötzlich vor einer steil aufragenden Felwand. Ich blickte hinab zu unserem Lager, wollte schon umkehren, als ich einen schmalen Felsspalt entdeckte. Er war gerade so breit, daß ich hindurchschlüpfen konnte. Ich hatte einfach der Versuchung nicht widerstehen können.

Als ich die Lampe aufflammen ließ, erkannte ich zu meinem großen Erstaunen, daß ich mich in einer geräumigen Höhle befand. Als ich mich wieder umdrehte, sah ich wie die Strahlen der Abendsonne durch den Eingangsspalt fielen. Das sollte mein Wegweiser sein. Ich wagte mich tiefer in die Höhle hinein, um zu erkunden, ob sich eine ausgiebige Inspektion am nächsten Tag lohnen würde. Ich hatte gehört, daß diese Gegend reich an Edelsteinen sein sollte und hegte die geheime Hoffnung, hier vielleicht einige seltene Exemplare zu finden.

Kaum hatte ich an die Möglichkeit eines solchen Fundes gedacht, als vor mir im Schein der Lampe ein Rubinkristall aufblitzte. Mein Atem ging schneller ob dieser Entdeckung. Ich kniete mich nieder, zog den Hammer aus dem Gürtel und löste den funkelnden Edelstein vom Muttergestein los. Was ich sonst früher an mir nie gekannt hatte, bemächtigte sich nun meiner: die Aufregung und das Verlangen, hier mehr finden zu wollen.

Ein Ableuchten der Wände und das verräterische Aufblitzen im Kegel der Taschenlampe bestätigte meinen Verdacht, daß es sich hier um ein regelrechtes Edelsteinlager handeln mußte. Nur schnell jetzt heraus und den Freunden von der Entdeckung berichten! Aber es war zum Verzweifeln. Als ich mich umdrehte und den Ausgang suchte, da konnte ich nichts mehr erkennen. Offensichtlich war die Sonne untergegangen. Mein Wegweiser in die rettende Freiheit war erloschen. Auf gut Glück loszugehen wäre Wahnsinn gewesen, denn dabei hätte ich mich sicher rettungslos verirrt. Hier im Inneren der Höhle nutzte mir auch die Signalpfeife nichts mehr, denn kein Schall würde hier herausdringen. So fand ich mich mit dem Gedanken ab, die Nacht hier zu verbringen, um am nächsten Morgen beim ersten Strahl der Sonne wieder ans Licht zu finden. Sicher hatten mich schon meine Freunde vermißt und sich auf die Suche gemacht. So gut es eben ging, bereitete ich mir auf dem felsigen Grund ein Lager und muß auch kurz darauf eingeschlafen sein, denn die vorangegangenen Tage waren anstrengend gewesen.

Das, was dann mit mir geschah, gehört zu den Eindrücken, die unauslöschlich in meinem Gedächtnis verankert sind. In Tibet erzählte man sich von der Residenz der Sieben Sterngeister. Plötzlich wußte ich, daß ich mich dort befinden mußte. Eine große Angst überkam mich, denn die Sage geht, daß jeder, der sich dahin verirrte, nicht mehr lebend zurückfinden würde. Nun hatte ich die Ruhe der allmächtigen Geister gestört und wartete auf das, was da kommen sollte. Ich sah meinen Körper auf der Erde ruhen, während mein Astralleib einige Meter entfernt stand. Ein überirdisches Licht ließ Tausende von Edelsteinen an den Wänden in den unglaublichsten Farben aufblitzen.

Der Boden, auf dem ich stand, glich einer Reliefkarte unserer Erde, auf der man alle Lagerstätten edler Steine genau erkennen konnte. Freude und Angst, das waren die Gefühle, die mich übermannten. Wie leicht konnte der dünne Faden zerreißen, der meinen Astralleib mit meinem Körper verband – dann aber hätte es kein Zurück mehr gegeben. Ich wußte nicht, ob Sekunden, Minuten oder Stunden vergingen, in denen ich in diesem Zustand verharrte, denn Zeit war ein Begriff, den es da nicht zu geben schien. Schließlich hörte ich eine Stimme, die mir zurief:

‚Du stehst vor den Thronen der Sieben Sterngeister, die von dem obersten Herrn erschaffen worden sind und über die Welt regieren. Die höchstmögliche Vollendung des Reiches der Steine siehst du in uns Genien, die wir die ältesten Mächte der Erde sind. Wir – Edeltopas, Aquamarin, Smaragd, Rubin, Sternsaphir und Saphir wie auch Alexandrit – sind die Vollkommenheit göttlicher Schöpfung. Du weißt, was dich erwartet; doch gibt es einen Ausweg. Wenn es dir gelingt, dich in einen von uns zu versenken, und wenn auch nur eine von deinen vielen Millionen Zellen da ist, die im harmonischen Gleichklang mit einem von uns schwingt, dann sollst du frei sein und den Weg zurückgehen können, den vor dir noch kein anderer Mensch gegangen ist.'

Ein unaussprechlicher Schmerz durchzuckte mich, wobei ich das Gefühl hatte, nicht mehr ein Mensch zu sein. Irgend etwas hatte mein ganzes Wesen verändert. Eine merkwürdige Leichtigkeit hatte sich meiner bemächtigt – da wußte ich, daß ich das Wesen eines Rubins angenommen hatte, dem Symbol des Geschlossenen und sich immer wieder Erneuernden, dem Stein des Lebens. In mir war ein merkwürdiges Gefühl von Kraft und Beständigkeit, bis schließlich ein neuer Todesschmerz mich durchzuckte. Mein nächstes Gefühl war das eines Menschen, der wie im Traum wandelte.

Als ich wieder zu mir kam, stand ich vor der Höhle. Ich blickte erstaunt um mich und sah unten im Tal das Feuer unseres Lagers durch die Nacht heraufscheinen. Als ich in die

Tasche griff, fühlte ich den Rubin in meiner Hand, und ich wußte, daß ich nicht geträumt hatte. Langsam ging ich den Weg zum Lager zurück, wo mich meine besorgten Freunde empfingen. Alles in allem hatte mein abenteuerliches Erlebnis vielleicht eine Stunde gedauert, wie ein Blick auf meine Uhr mir sagte. Das, was ich dort oben gesehen, gefühlt und durchlebt hatte, behielt ich allerdings für mich – bis auf den heutigen Tag."

Mit diesen Worten erhob sich der Schriftsteller langsam aus seinem Sessel, trat an einen Schrank, schloß ihn auf und nahm einen großen, ungeschliffenen Rubin heraus, der auf seiner Hand im Schein des flackernden Kaminfeuers funkelte.

„Sie sehen, Madame, mein Erlebnis ist nicht erdacht. Dieser Stein in meiner Hand hat mir bisher die Kraft gegeben und mich Dinge erkennen lassen, die ich in meinen Büchern niedergeschrieben habe – dieser Rubin, der Stein des Lebens."

Die junge Liebe des alten Mandarins

Der alte Tschang war ein gelehrter und weiser Mann, bei dem sich viele Menschen Rat holten, wenn sie in Bedrängnis geraten waren. Der chinesische Mandarin hatte sein ganzes Leben nichts anderes getan, als die uralten Schriften der gelehrten Weisen zu studieren, und lebte ein weltabgewandtes Dasein, in dem er sich glücklich und zufrieden fühlte. Doch die Wege des menschlichen Fühlens, Denkens und Hoffens sind manchmal merkwürdig.

Tschang zählte schon zwei Menschenalter, als er plötzlich bemerkte, daß ihn tiefempfundene Liebesgefühle zu der sehr jungen Nachbarstochter Giauna erfüllten. Obwohl ihm sein Verstand sagte, daß er viel zu alt für derlei Empfindungen sei, war sein Herz bei dem schönen Mädchen, und es schien ihm die höchste Glückseligkeit zu versprechen, nach der er sich noch sehnte. Doch das Geheimnis seiner Liebe trug er bei sich, ohne auch nur einer Menschenseele davon zu berichten.

Nun grübelte er Tag und Nacht darüber nach, wie er das Herz Giaunas für sich einnehmen könne. Aus dem Erfahrungsschatz seines Wissens erkannte er, daß der Glanz des dunkelblauen Saphirs mit dem Wesen der zauberhaften Geliebten die vollendete harmonische Übereinstimmung bildete. Aus einem feingeschnittenen Holzkästchen entnahm er einen fehlerlosen, noch ungeschliffenen Kristall von der Größe eines Kirschkerns. Das sollte der Stein werden, mit dessen Hilfe er die Liebe des elfengleichen Geschöpfes wecken wollte.

Als die Stunde des Merkurs gekommen war – denn diesen Planeten verbindet eine geheimnisvolle Beziehung zu dem Saphir –, setzte er sich an einen Tisch, zog aus seiner Tasche ein grünes Jadefläschchen und nahm eine Prise des San-Tang-Pulvers. Die Wirkung der brennesselähnlichen Pflanze versetzte ihn bald in einen Zustand, in dem er den göttlichen Geistern besonders nahe sein konnte. Seine Sinne benebelten sich, sein Körper wurde leicht, so daß sich seine Seele in himmlische Sphären erheben wollte.

So vorbereitet, nahm er den Saphir und sah in den köstlich schimmernden Glanz, den er um sich verbreitete. Tschang war eins mit der Weltallseele und konnte Vergangenes und Zukünftiges sehen. Ein erhabenes Gefühl durchströmte ihn, und er erkannte, daß das erwünschte Liebesglück für ihn durchaus erreichbar war – wenn es auch nur von kurzer Dauer sein sollte. In der Tiefe des kostbaren Steines sah er die Umrisse einer Schildkröte, von der es hieß, daß sie das erste Lebewesen war. Die Kuei, wie die Schildkröte genannt wurde, wurde aus dem chaotischen Urschlamm geboren und galt als das Symbol der Fruchtbarkeit und wegen ihrer Langlebigkeit als das der Ewigkeit.

Der alte Tschang wußte nun, was er zu tun hatte. Aus dem Saphir wollte er eine Schildkröte schneiden. Stunde um Stunde, Tag um Tag, Woche um Woche, Monat um Monat saß er über seiner Arbeit. Unter den alten Händen des Mandarins wuchsen aus dem tiefblauen Gestein die zarten Gliedmaßen, der gepanzerte Körper und das zierliche Köpfchen des Tieres. Endlich, endlich nach langen Mühen, war das Kunstwerk vollendet.

Als wieder die Stunde des Merkurs gekommen war, versenkte er sich in den Geist der Saphirschildkröte, und seine Seele wurde eins mit ihr. Diese Verwandlung war nötig, um dem Stein die Kraft einzuflößen, die er für notwendig erachtete, um das Herz der angebeteten Giauna für ewig an sich zu binden.

Darauf schickte er eine Heiratsvermittlerin in das Haus seines Nachbarn und ließ durch diese um die Hand des Mädchens anhalten, wobei ihr der kunstvoll geschnittene Saphir als Brautgeschenk überreicht wurde. Giaunas Eltern waren über die Werbung des gelehrten Mannes hocherfreut, denn im alten China galt es als eine große Ehre, wenn ein hoher Beamter um die Tochter freite. Sie wollten auch gern ihre Einwilligung zu dieser Verbindung geben, falls Giauna den Mandarin zum Ehegemahl annehmen wollte.

Als Giauna von der Werbung Tschangs hörte und den wunderschönen Stein in ihren zarten Händen hielt, da wußte sie, daß sie schon lange diesen bewundernswürdigen weisen Mann liebte, ohne daß sie es gewagt hätte, sich selbst ihre Liebe einzugestehen.

Die Hochzeit wurde gefeiert, und die junge Giauna lebte zusammen mit dem alten Tschang zwei Jahre lang in glücklicher Harmonie. Tschang aber versuchte ihr so viel von seinem unendlichen Wissen zu vermitteln, wie der Geist der aufgeweckten Frau aufnehmen konnte.

*

Eines Tages nahte der Zeitpunkt des Abschieds. Der Gelbe Fluß war über seine Ufer getreten, und die Gewalt des strömenden Wassers brachte die schützenden Dämme zum Einsturz. Bald stand die ganze Stadt unter Wasser. Die Menschen flüchteten sich auf die Dächer ihrer Häuser, doch die Flut stieg immer höher. Da sprach der alte Tschang zu seiner jungen Giauna:

„Denke an das, was ich dir von der Weisheit der Alten gesagt habe. Nimm deine ganze Seelenkraft zusammen, schließe deine Hand um die Saphirschildkröte zu einer Faust, daß die Kraft des Steines in dich übergehen kann, und versenke dich mit allen Fasern deiner Gedanken in das Wesen der Kuei: so wirst du gerettet werden. Mit Hilfe dieses Talismans wirst du dich in eine Schildkröte verwandeln und das rettende Ufer erreichen. Zögere nicht, denn nur so wird unsere Trennung lediglich eine zeitliche und nicht ewige sein."

Giauna gehorchte dem Befehl ihres Gatten, nahm ihre ganze jugendliche Kraft zusammen und verwandelte sich augenblicklich in eine Schildkröte. Sie trieb in den tosenden Wassermassen dahin, in denen alles sonstige Leben versank. Als einige Tage vergangen waren und der Fluß sich wieder beruhigt hatte, trieb sie an Land. Sie verwandelte sich wieder in einen menschlichen Körper und lebte fortan an der Stelle, wo der Fluß sie an Land gesetzt hatte. Im Wissen um die Nichtigkeit des irdischen Lebens war ihre Seele geläutert worden. Durch den Saphir war sie mit ihrem geliebten Mann verbunden, dessen weise Lehren sie dem Volk weitergab.

Der Stein wechselte seine Farbe

Conrad Ekhof (1720 bis 1778), der „Vater der deutschen Schauspielkunst", war sein ganzes Leben mit wandernden Theatergesellschaften durch deutsche Lande gezogen, mit den Direktoren Johann Friedrich Schönemann, Gottfried Heinrich

Koch und Konrad Ernst Ackermann. Seine letzte Station war Gotha, wo er die Direktion des ersten deutschen Hoftheaters übernahm.

Im Jahr 1751 spielte Ekhof zusammen mit der Schönemannschen Gesellschaft vor Herzog Christian Ludwig II. von Mecklenburg-Schwerin in dessen Residenzstadt. Nach der Vorstellung von Renards Lustspiel *Der Unachtsinnende* rief der Herzog den Schauspieler Ekhof zu sich in seine Loge:

„Man sagte mir, daß Sie Herr Ekhof sind. Den Namen wird man sich in Zukunft merken müssen. Lieber Ekhof, haben Sie Dank für Ihr Spiel, das so wahr wie das Leben ist. Als Zeichen meiner tief empfundenen Verehrung für den Künstler und die Muse nehmen Sie diesen Stein, der Sie fortan beschützen und über den Genius wachen möge."

Damit war der Mime wieder entlassen. Achtlos steckte er den empfangenen Edelstein in seinen Mantelsack; denn irdische Güter bedeuteten ihm wenig. Viel mehr hatten ihn die herzlichen Worte des Herzogs beglückt – was gibt es für einen Schauspieler Schöneres als ein dankbares Publikum?!

Die Premierenfeier mit den übrigen Mitgliedern des Ensembles versprach wieder einen lustigen Abschluß des gelungenen Abends. Kirchhof und Starke würden sicher wieder ihre herrlichen Späße und ihre komischen Geschichten zum besten geben. Ekhof schlenderte die Straße entlang. Aus dem hellerleuchteten Gasthaus „Zum Lamm" drang auch schon übermütiges Gelächter. Tabaksqualm und der Geruch von Wein, der in offenen Krügen auf den Tischen stand, empfingen den Eintretenden.

„Da ist ja auch Ekhof", brüllte der Prinzipal, dessen Nase wie ein Rubin leuchtete – denn Schönemanns Leidenschaft war der Wein –, durch den Raum. „Setz dich zu uns, Conrad. Der Kirchhof erzählt mal wieder eine seiner haarsträubenden Geschichten aus seiner bewegten Vergangenheit."

Ekhof legte seinen Umhang ab, wobei er die Kühle des Kristalls in seiner Hand fühlte, den er aus der Tasche zog. Er setzte sich an den Tisch und legte den herrlich schimmernden Edelstein, der das Blau des Himmels in sich eingefangen zu haben schien, neben sich. Alle Augen waren gebannt auf ihn gerichtet.

„Ein Geschenk unseres Herzogs an die Muse Thaliens", bemerkte Ekhof so nebenbei und trank einen Schluck von dem kühlen Wein, den Anna, die hübsche Wirtstochter, ihm in einem Krug gebracht hatte. Jetzt stand sie neben ihm und blickte ebenfalls gebannt auf den funkelnden Stein, ohne ihre Augen von ihm wenden zu können.

Gustav Friedrich Kirchhof, der Komiker im Leben, der aber auf der Bühne meist nur ernste Rollen spielte, blies erregt den Tabaksqualm durch die Nase. „Ein Türkis", sagte er in die atemlose Stille, „der Stein des Glücks und Beschützer seines Trägers vor allen Gefahren."

„Was soll der Unsinn", erwiderte Ekhof, „das ist doch alles nur abergläubisches Geschwätz!"

„Versuche die Götter nicht, lieber Conrad", warnte ihn Kirchhof, „denn du weißt nichts von der Kraft und den Geheimnissen der edlen Steine. Der Türkis, den schon die alten Ägypter als heilig verehrten, ist der Stein des Monats Dezember. Seine magische Kraft ist unvergleichbar. Aber nur den, der an ihn glaubt, der die Seele und den Geist dieses köstlichen Kristalles innerhalb des kosmischen Alls begreift, nur den wird er beschützen und ihm ein Warner sein."

„Warner? Wovor soll er denn warnen – und wie? Er kann doch nicht reden . . ." Schönemann leerte in einem Zug einen frisch gefüllten Weinkrug.

„Alle edlen Steine können reden – auf ihre Art. Es gibt eine alte Sage, die sich auch im Leben von König Johann von England erfüllte", fuhr Kirchhof fort. „Johann liebte von allen seinen edlen Steinen am meisten den Türkis. Ein besonders schönes Exemplar trug er ständig bei sich; denn ein Magier hatte ihm gesagt, daß dieser Stein die Fähigkeit besitze, seinen Träger vor Gefahren und Krankheiten zu warnen, lange bevor das Ereignis selbst eintrifft. Wenn nämlich der Stein plötzlich seine Farbe von Blau nach Grün wechselt, dann droht dem Besitzer Unheil. Erst wenn die Gefahr vorüber ist, nimmt der Türkis wieder seine alte Farbe an. Seht ihn euch nur an, diesen Zauberstein, wie er die ganze Fülle seiner farbigen Kraft zu entfalten weiß. Wer wollte da noch behaupten, daß in ihm keine Seele, kein Geist wohnt."

Ekhof hatte in Gedanken den Stein wieder in seine Hand genommen und spürte die angenehme Kühle, die er ausstrahlte. Eine merkwürdige Kraft ging von diesem Edelstein aus und erfüllte sein Herz mit Dankbarkeit. Zögernd begann er seine Freundschaft zu diesem Stück Kristall, die sich im Lauf der Jahre immer mehr festigen und vertiefen sollte.

*

In den folgenden Jahren gab es wohl keinen Tag, an dem er den Türkis nicht bei sich getragen hätte, keinen Auftritt, bevor er diesen köstlichen Stein nicht mit seiner Hand fest umschlossen gehalten hätte. Er begann ihn wie einen Freund zu behandeln, betrachtete oft stundenlang in völliger Gedankenversunkenheit sein Feuer, das dieser Türkis für ihn verströmte. So verging die Zeit – und der große Ekhof wurde alt.

Eines Tages erreichte ihn in Gotha die Aufforderung, nach Weimar zu kommen, „um daselbst in Gesellschaft des regierenden Herzogs, des Prinzen Konstantin, Herrn Goethe und verschiedenen Damen und Kavalieren das Lustspiel *Der Westindier* von Cumberland auf einem Privattheater vorstellen zu helfen".

Ekhof reiste am 7. Januar 1778 nach Weimar und wurde noch am gleichen Tag von Goethe besucht.

„Dank, lieber Ekhof, daß Ihr unserer Aufforderung gefolgt seid! Wir freuen uns alle herzlich, den Vater der deutschen Schauspielkunst hier am Musenhof begrüßen zu können. Ich würde mich freuen, wenn Ihr am 11. des Monats mich besuchen würdet, damit wir ausgiebig über die schönen Künste reden können."

Der Schauspieler nahm dankend an. Und so geschah es, daß er am Abend des 11. Januar des Jahres 1778 den jungen Goethe besuchte. Diesem fiel auf, daß Ekhof bedrückter Stimmung war, ja, sein ganzes Wesen schien sich innerhalb der fünf Tage seit seiner Ankunft geändert zu haben.

„Ihr erscheint mir von finsteren Gedanken bedrückt, lieber Ekhof, was ist es, das Euch so verändert erscheinen läßt?" begann Goethe die Unterhaltung.

„Verehrter Herr Goethe", erwiderte Ekhof, „ich weiß, daß ich bald sterben werde – und das macht mir Gedanken. Sie sind noch jung und werden nicht begreifen können, was es heißt, um diese Gewißheit reicher zu sein."

„Aber Ekhof, wie könnt Ihr nur so etwas sagen. Ihr seht wohl aus, weshalb also solltet Ihr sterben?"

Da erzählte Ekhof denn von seinem Talisman, den er einst vom Herzog Christian Ludwig geschenkt bekommen hatte. „Denkt Euch", fuhr er in seiner Schilderung fort, „seit vier Tagen, kaum daß ich in Weimar angekommen, wechselte mein Stein seine Farbe und bekam einen grünlichen Schimmer. Nun wissen Sie, warum ich um mein Ende weiß."

Und als Beweis griff Ekhof in seine Tasche und zog den Türkis hervor. Goethe war sehr nachdenklich geworden. Seine Beschäftigung mit den Mineralen hatte ihn gelehrt, daß Edelsteine den geheimnisvollen kosmischen Gesetzen gehorchten.

„Ich verstehe Sie gut, lieber Ekhof, daß Ihr Gemüt ob dieser Erkenntnis sich mit dem beschäftigt, was Ihre Seele in so heftiger Aufwallung bewegt. Nehmen Sie meine Hand und seien Sie meiner Freundschaft gewiß."

Am Nachmittag des 13. Januar fand die Aufführung des *Westindiers* in Weimar statt. Ekhof spielte neben Luise von Göchhausen zusammen mit Goethe, der die Titelrolle innehatte, mit Herzog Karl August und dem Prinzen Konstantin. Am 11. Februar stand er in einer *Hamlet*-Aufführung des Gothaer Hoftheaters zum letzten Male auf der Bühne.

Am 16. Juni 1778 ist Ekhof gestorben. Als seine Freunde ihn in seinen Sarg betten wollten, da bemerkten sie, daß die linke Hand des Toten zu einer Faust geschlossen war. Nachdem sie diese geöffnet hatten, fanden sie darin den Türkis, an dem das Herz dieses begnadeten Schauspielers mit der ganzen Kraft seiner gläubigen Seele gehangen hatte.

Die Edelstein-Apotheke von Jaipur

Mit über 400000 Einwohnern ist Jaipur heute die Hauptstadt des indischen Staates Radschasthan. 1728 gegründet, war die Stadt bis 1949 Hauptsitz des Staates Radschputana. Der Maharadscha von Jaipur war wegen seines ungeheuren Reichtums an Edelsteinen weithin berühmt.

Der englische Völkerkundler Sir Archibald Douglas Duncan besuchte auf seinen Reisen durch Indien im Jahr 1947 Jaipur. In seinen Tagebüchern finden sich folgende Aufzeichnungen:

„16. September: Am Nachmittag gegen 17 Uhr in Jaipur, vorbei am alten Observatorium und am ‚Haus der Winde' direkt zum Palast des Radscha. Die Stadt ist klar gegliedert und hat breite, sich rechtwinklig schneidende Straßen. Der Palast steht im Zentrum. Freundlicher Empfang durch die Fürstenfamilie. Abends großes Essen.

Die Maharani besitzt nicht nur einen feinen Geschmack, sie ist auch von großer Schönheit und weiß mit anmutiger Grazie selten funkelnde und beeindruckend große Edelsteine zu tragen. Im Kerzenschein der abendlichen Tafel schillerten sie in farbiger Vielfalt an ihrem Hals, ihren Handgelenken und Händen.

Der Aufmerksamkeit des Radscha entging nicht, wie meine Augen fasziniert auf dem Geschmeide ruhten, und er begann in poetischer und blumenreicher Sprache die Geschichten zu erzählen, die über das Entstehen der edlen Kristalle in Indien seit Jahrhunderten überliefert sind. Am meisten aber erweckten die Ausführungen des Fürsten über die sagenhafte Heilkraft der Edelsteine mein Interesse. Für den kommenden Tag stellte er mir die Besichtigung seiner Hofapotheke in Aussicht, die sich nach seinen Worten ausschließlich mit der Herstellung von Edelstein-Medikamenten beschäftigte. Da ich einen anstrengenden Tag hinter mir hatte und mich wieder einmal meine chronischen Kopfschmerzen plagten, entschuldigte ich mich am frühen Abend und zog mich auf meine Zimmerflucht zurück, die mir großzügig angeboten worden war.

17. September: Bei dem opulenten Frühstück wurde mir eine gelungene Überraschung bereitet. Auf dem reich gedeckten Tisch entdeckte ich ein kleines geschnitztes Holzkästchen. Als ich es öffnete, funkelte mir ein runder, ungeschliffener Smaragdkristall von der Größe einer Schlehenbeere entgegen. Kaum hatte der Diener, der mich aufmerksam beobachtete, bemerkt, daß ich das Holzkästchen geöffnet hatte, überreichte er mir einen Brief. Der Radscha teilte mir mit, er wolle mir diesen Edelstein zum Geschenk machen, damit ich von meinen Kopfschmerzen geheilt würde. Mir war die ganze Angelegenheit nun ein wenig peinlich.

In Wasser gelegt, sollte der grüne Smaragd etwas von seiner magischen Heilkraft an dieses abgeben, wobei das so angereicherte Getränk den Kopf von allen quälenden Schmerzen befreien sollte – wie der Fürst am Abend zuvor eingehend erläutert hatte. Es ist natürlich schon denkbar, daß Spurenelemente, die in diesem Edelstein enthalten sind, in Lösung übergehen. Obwohl ich nicht an Heilung durch Edelsteine glaubte und mich lieber auf die Medikamente verließ, die mir mein Arzt in England mitgegeben hatte, verfuhr ich mit dem Stein so, wie ich es gehört hatte. Schließlich wollte ich den Fürsten nicht kränken; der Diener musterte mich aufmerksam und würde sicher seinem Herrn Bericht erstatten. Also nahm ich den Smaragd aus dem Kästchen, legte ihn in mein Glas und schüttete aus einer Karaffe klares Wasser darüber. Nachdem ich eine gewisse Zeit gewartet hatte, trank ich davon in kleinen Schlucken, nahm schließlich den Edelstein selbst in den Mund und legte ihn danach an seinen Platz in den Kasten zurück.

(In seinen späteren Aufzeichnungen bemerkt Sir Archibald, daß er seit der Anwendung dieses Heilmittels von jeglichen Beschwerden verschont geblieben sei – obwohl er zuerst nicht recht an diese Medizin geglaubt hatte.)

Nachdem ich ausgiebig gefrühstückt hatte, holte mich Prem Varma, wie sich der Leiter der fürstlichen Edelstein-Apotheke nannte, ab. Durch nahezu labyrinthische Gänge gelangten wir schließlich in einen Seitentrakt des Palastes, wo neben anderen Einrichtungen der Administration die Apotheke untergebracht war.

,Sehen Sie', erklärte mir Prem Varma, indem er mich an den Regalen mit Flaschen, die verschiedene farbige Pulver enthielten, vorbeiführte, ,nach Ihren Vorstellungen ist es wohl ein Akt der Vernichtung ungeheurer Werte, denn diese Pulver, die Sie in den Flaschen sehen, bestehen aus zerstoßenen Edelsteinen. Uns aber geht die Erhaltung der Gesundheit über materiellen Reichtum.'

Und dann erklärte er mir genau die Bedeutung und die Anwendung der verschiedenen Edelstein-Heilmittel.

,Die roten Steine in dieser Schale, das sind Rubine. Daraus stellen wir ein Elixier her, das vor allen Dingen das Herz stärkt. Dort das Pulver besteht aus zerstoßenem Lapislazuli und wird gegen Gallensteine verordnet. Der Mann, der hinter dem Tisch steht, löst gerade Saphirpulver in Rosenwasser. Das ist ein vorzügliches Mittel gegen innere Geschwüre.'

Darauf zog der Apotheker aus einem Schrank einen kleinen Steintopf, in dem eine durchsichtige, wie Bernstein schimmernde Salbe aufbewahrt wurde.

,Das hier ist eine Wundsalbe, die aus zermahlenem Blutstein besteht und mit Blumenöl und Honig vermischt wurde. Wir benutzen sie besonders häufig und mit großem Erfolg bei kleineren und größeren Verletzungen, aber auch bei eiternden Geschwüren und Hautkrankheiten.'

In einer anderen Ecke des Raumes war ein weiterer Gehilfe damit beschäftigt, in einem Mörser Perlen zu pulverisieren.

,Das ist ein sehr schnell wirkendes Mittel, um die Manneskraft zu stärken. In Verbindung mit einem Aquamarin, der als Talisman um die Lenden getragen wird, garantiert er Liebesfreuden bis ins hohe Alter. Der Vater unseres jetzigen Fürsten, dem ich schon die Ehre hatte, lange Jahre bis zu seinem friedlichen Ende zu dienen, lobte es besonders. Gegen seine Schwäche des Kreislaufes in den letzten Jahren seines Lebens wurde ein Elixier angewandt, das aus Mondstein besteht und bei zunehmendem Mond hergestellt werden muß, soll es seine Heilkräfte richtig entfalten.'

So verging der Vormittag wie im Flug. Ich lernte, daß der Chrysolith, wenn er in Wasser gelegt und dieses dem Patienten verabreicht wird, die Schlaflosigkeit vertreibt und angenehme Träume verschafft, daß der Achat unreine Haut so weiß wie Alabaster macht und Smaragdpulver eine abführende Wirkung hat. Aber ich lernte auch durch den alten Prem Varma die zauberischen Kräfte kennen, die in den verschiedenen Edelsteinen schlummern sollen. An zahlreichen abenteuerlichen Beispielen erläuterte mir der Apotheker, daß man z. B. mit einem Chalcedon in der Tasche keinen Prozeß verlieren kann und der Turmalin die Liebe zwischen zwei jungen Menschen schützt.

Nach einem Abschiedsempfang durch den Radscha fuhr ich am frühen Nachmittag wieder von Jaipur ab. In meinem Wagen nehme ich das kleine Kästchen mit dem grünen Smaragd hervor und denke – während ich diese Zeilen schreibe – an die kostbare Edelstein-Apotheke von Jaipur."

Jedes Tierkreiszeichen hat seine Glückssteine

Wir alle haben irgendeinen Edelstein, an den sich unser Herz gehängt hat. Wir schwören auf diesen Stein und wollen uns nicht von ihm trennen. Er wurde uns in einer Stunde geschenkt, als wir mit neugierigen Händen nach diesem Amulett griffen. Dieser Stein ist und bleibt für uns die Verkörperung eines guten Gedankens, mit dem er uns überreicht wurde, des Wunsches, daß das Glück uns treu bleiben möge.

Und seit dieser Stunde sind wir nun diesem Stein mit Leib und Seele verbunden. Wenn wir dann und wann seltsame Geschichten hören, die sich um Edelsteine ranken, weisen wir jeden Aberglauben weit von uns. Aber niemand kann uns den Glauben nehmen, daß unser besonderer Edelstein uns ein stilles und sicheres Glück gebracht hat und daß er vielleicht jene Krankheit beschwor, an der wir einst litten und die von uns genommen wurde, als wir ihn erhielten und in unseren Händen trugen und – an ihn glaubten.

Aberglauben? Es liegt so nahe, an Autosuggestion, an eine allzu starke Einbildungskraft zu denken. Aber sind Edelsteine nicht Gebilde, die aus der Erde geboren wurden, wo sie im Lauf von Jahrmillionen zu dem wurden, was sie sind? Betrachten wir die Dinge einmal unter dem Gesichtswinkel der modernen Forschung. Im Zusammenhang mit der Untersuchung kosmischer Strahlen ergibt sich folgender Tatbestand zwischen Erde, Edelsteinen und Kosmos:

○ Die kosmischen Strahlen schießen ununterbrochen auf unseren Planeten ein und durchstoßen alles, was auf der Erde lebt. Sie strömen aus dem All aus einer meist noch unbekannten gigantischen Quelle auf uns ein.

○ Wir wissen heute, daß die kosmischen Strahlen unter gewissen Voraussetzungen, die durch die Natur nach und nach entwickelt wurden, wichtige Funktionen zu erfüllen haben, indem sie die Tätigkeit unserer Zellen bedingen bzw. diese beeinflussen. Wir wissen ferner, daß unter gewissen Voraussetzungen jeder kosmische Strahl, jedes Strahlenbündel abgelenkt, zerstreut oder konzentriert werden kann.

Der Schluß liegt nun nahe, daß ein Edelstein, also ein besonderer Stein mit Kristallgitter, sich in bezug auf die kosmischen Strahlen, die uns treffen, im Sinn der Konzentration oder der Diffusion betätigen kann. Ein Edelstein vermag die Zahl der besonderen kosmischen Strahlen zu vergrößern oder zu vermindern – je nachdem, welchen Edelstein wir als Reflektor oder als Anziehungsinstrument wählten. Sind die kosmischen Strahlen für den normalen Ablauf unserer seelischen und körperlichen Vorgänge unerläßlich bzw. verantwortlich, dann müßte jede Erschütterung des Gleichgewichtes sich in einem guten oder bösen Sinn auswirken.

Haben wir einen Edelstein in unserer Nähe, in unserer Tasche, auf unserem Körper, der kosmische Strahlen zu konzentrieren, gewissermaßen zu uns heranzuziehen vermag, dann wird das bisherige normale Gleichgewicht gestört und im guten oder ungünstigen Sinn beeinflußt.

Biophysikalische, physiologische und parapsychologische Forschung ist aufgrund von Kontrolluntersuchungen zu dem Schluß gelangt, daß zumindest die nachstehenden Wirkungen von Edelsteinen auf den Menschen und seinen Körper beziehungsweise seine Seele als Tatsachen hingenommen werden müssen:

○ Steigerung oder Verminderung der Willenstätigkeit, also Anregung oder Lähmung der Initiative.

○ Anfälligkeit für gewisse Krankheiten, die durch den betreffenden Stein vermindert oder vergrößert wird.

○ Verstärkte Konzentration des Menschen im Sinn der Fassung von Entschlüssen, die sich zum Guten oder Bösen der bestrahlten Person auswirken können.

An dieser Stelle unternehmen wir den Versuch, die entsprechenden Glückssteine den einzelnen Tierkreiszeichen zuzuordnen, Namen, die zu Symbolen wurden, Charakteristika, die sich im Lauf der Jahrhunderte durchsetzten, aufzuzeigen. Welchen Nutzen der einzelne aus diesen Angaben zu ziehen vermag, das hängt von mancherlei Faktoren ab, die im Herzen eines jeden Menschen selbst liegen. Die biophysikalisch nachgewiesenen besonderen Eigenschaften des Steins, des heilkräftigen und glückbringenden Edelsteins, sind eine Tatsache. Ob der Mensch jedoch in der Lage ist, das Gute vom Bösen zu trennen, das Verhängnisvolle durch das Glückhafte aufwiegen zu lassen, das ruht in seinem Können, Wollen und Wissen um seine eigene Art. Ob Strahlenbrecher oder Konzentrator der wirksamen Kraft des Edelsteins, das hängt von der Wahl ab, die wir uns selbst zumuten bei der Suche nach einem Glücksstein – oder von dem vielleicht nicht so zufälligen „Zufall", der uns einen Stein in den Schoß wirft.

Bei den Chaldäern, Indern, Hebräern, Ägyptern, Griechen und anderen alten Völkern waren es die Priester und Magier, die das Geheimnis kannten, wie die magischen Kräfte – heute würde man sagen: die Strahlung – der jeweiligen Steine zu verwerten waren. Die Namen der Edelsteine sind schon sehr alt. Sie waren vor zweitausend Jahren bereits die gleichen wie heute. Die Erkenntnis, daß Farben und Tonschwingungen am vollkommensten in Edelsteinen vorkommen, mag die alten Mystiker bewogen haben zu lehren, daß Edelsteine die ihnen zugesprochene Macht besäßen, die Ausstrahlungen der Planeten anzuziehen und den Strahleneinfluß auf uns Menschen zu verändern, nämlich in harmonischen Gleichklang zu bringen oder das Gleichgewicht zu stören.

So wird verständlich, warum jeder Stein auf seinen Träger, seine Wesensart und sein Temperament abgestimmt sein sollte. Jeder Stein sollte übrigens frei sein von fremden Ausstrahlungen, da Schutz- und Heilkraft verlorengehen, wenn andere Menschen den Stein lange getragen haben.

Glückssteine der Widder-Geborenen
(21. März bis 20. April)

Der Tierkreis Widder ist ein feuriges Zeichen, das einen starken Einfluß auf die Persönlichkeit ausübt. Die Sonne durchläuft das Zeichen des Widders in der Zeit vom 21. März bis 20. April eines jeden Jahres, wobei der Ein- und Austritt aus diesem Zeichen sich jeweils um einen Tag vorwärts oder rückwärts verschieben kann.

Lebensbejahung, Temperament und Kühnheit sind den Menschen zu eigen, die unter diesem Tierkreis stehen. Sie sind begeisterungsfähig, großmütig und freigiebig, haben ein stark ausgeprägtes Pflichtgefühl und fühlen sich in ihrer Haut nicht wohl, wenn sie vom Schicksal in ein abhängiges Daseinsverhältnis gestellt werden.

Die besonderen Qualitäten des Widder-Mannes sind Verantwortungsbewußtsein und Großzügigkeit, Begeisterungsfähigkeit und Idealismus, Intuition und kluge Vorausschau. Um seine Ziele zu erreichen, ist er bereit, vorübergehend sein Privatleben völlig zurückzustellen.

Auch Widder-Frauen besitzen viel Mut und Kühnheit, Temperament und Intelligenz, Pflichtgefühl, Großmut und Freigebigkeit. Sie sind wie die Männer dieses Tierkreiszeichens sehr lernbegierig und wissensdurstig und besitzen ein unerschütterliches Selbstvertrauen. Sie halten sich lieber an die großen Richtlinien und überlassen die lästige Kleinarbeit gern anderen.

Widder-Mann und Zwillings-Frau haben viele Möglichkeiten einer gegenseitigen Verständigung, denn sie ist beweglich, anpassungsfähig und verständnisvoll, doch sollte er mit ihr behutsam umgehen. Wenn er gewisse Spielregeln einhält, dann kann auch die Löwe-Frau für ihn die richtige Partnerin sein, wobei sich beide besonders in der Liebe gut ergänzen dürften. Neben der Waage-Frau ist es vor allem die Schütze-Frau, mit der sich der Widder-Mann besonders gut in allen Lebensbereichen versteht. Auch eine Partnerschaft mit der sensiblen Fische-Frau ist unter gewissen Voraussetzungen möglich.

Die Widder-Frau findet im Zwillings-Mann eine gute Ergänzung, da beide eine ähnliche Lebenseinstellung haben. Eine gegenseitige Anziehungskraft besteht in der Partnerschaft mit einem Waage-Mann, vor allen Dingen, weil dieser recht friedlich und verträglich ist. Der Schütze-Mann besitzt viele Vorzüge, die ihn in ihren Augen als begehrenswert erscheinen lassen, wobei sie beachten sollte, daß er sich keine Fesseln anlegen läßt. Auch die Lebensgemeinschaft mit dem Fische-Mann ist durchaus möglich und kann nach anfänglichen Konflikten zu einer schönen Harmonie führen.

Zu den bekannten Widder-Geborenen gehören: Wernher von Braun, Leonardo da Vinci, Vincent van Gogh, Arturo Toscanini, Joseph Haydn, Johann Sebastian Bach, Giovanni Casanova, Hans Christian Andersen, Wilhelm Busch, Thornton Wilder, Herbert von Karajan, O. W. Fischer, James Last und Charlie Chaplin, Bette Davis, Irene Mann, Simone Signoret, Sonja Henie und Doris Day.

Mars ist der Planetenbeherrscher des Widder-Geborenen, wobei besonders der Dienstag unter diesem Zeichen steht. Ungünstig oder schlecht aspektierte Planeten, die in diesem Tierkreiszeichen stehen, können einen ungünstigen Einfluß auf

Kopf und Gesicht ausüben, während gute Gestirne Kraft und Gesundheit verleihen. Dies ist aber nur in einem genau berechneten Horoskop festzustellen. Widder-Menschen leiden oft unter Migräne, sind nervös und haben manchmal einen erhöhten Blutdruck. Chronischer Schnupfen, Augen-, Ohren- und Nasenleiden können auftreten. Ein Mangel an Kalzium sollte durch den Genuß von Milch und Käse ausgeglichen werden. Obst und Gemüse sind besonders zu empfehlen.

Der Widder nimmt aber auch die kosmischen Einflüsse anderer Zeichen auf, mit denen er verbunden ist. Wie die Erfahrung gezeigt hat, besitzt der Mensch, der diesem Tierkreis angehört, verminderte Widerstandskraft im Bereich des Magens, der Leber und der Gallenblase (Zeichen Krebs), an den Nieren und den ableitenden Harnwegen (Waage) sowie im Knochen- und Blutsystem (Steinbock).

Eisen ist das Metall, das den Widdern zugesprochen wird, neben Gold, in das seine Glückssteine eingefaßt werden. Rot ist die Farbe der Widder. Dies bezieht sich sowohl auf die Kleidung oder Teile derselben, als auch auf die nähere Umgebung.

Diamanten und *Blutsteine* sind die wichtigsten Juwelen, die eine positive Auswirkung auf den Widder-Menschen zeigen.

Schon die Alten lehrten, daß der Diamant im Kampf gegen das Böse der mächtigste aller Edelsteine sei. „Man soll einen Diamanten an der linken Hand tragen, weil er dort von größerer Wirksamkeit ist. Denn die Kraft des Wachstums ist gegen Norden gerichtet, das ist die linke Seite der Welt, der linke Teil des Menschen, der sein Gesicht nach Osten wendet."

Der Blutstein oder Jaspis-Heliotrop, eine Abart des grünen Jaspis, ist rot gepunktet. Die Legende weiß zu berichten, daß bei Christi Kreuzigung ein grüner Jaspis am Fuß des Kreuzes gelegen habe, auf das das Blut aus den fünf Wunden des Heilandes herabgetropft sei. Diese Tropfen seien dann für immer in dem Stein imprägniert worden. Die Babylonier trugen den harten Stein, der sich gut schleifen läßt, als Siegelring oder Amulett. Die Ägypter trugen ihn als Ring am Daumen, weil dieser astrologisch vom Planeten Mars beherrscht wird, der zugleich der beherrschende Planet des Zeichens Widder ist.

In der Medizin des Altertums fand er vielfache Verwendung. Man glaubte daran, daß durch ihn eine blutende Wunde geschlossen werden könne. In Indien legt man noch heute einen in Wasser getauchten Blutstein auf Wunden, um so die Blutung zum Stillstand zu bringen. Die moderne Medizin gewinnt aus ihm ein Oxyd, das bei langanhaltenden Blutungen angewandt wird. Als schmerzstillendes Amulett wird der Blutstein an einer Schnur um den Hals getragen.

Daneben gelten aber auch *Amethyst, indischer Karneol* und *Granat* als Glückssteine der Widder. Der *Rubin* ist der zum Planeten Mars – der das Widder-Zeichen beherrscht – gehörige Glücksstein. Ferner gelten für die im März geborenen Widder die Monatssteine *Aquamarin* und *Jaspis,* für die im April geborenen *Diamant* und *Bergkristall* als besonders glückbringend.

Glückssteine der Stier-Geborenen
(21. April bis 20. Mai)

Der Tierkreis Stier unter dem Erdzeichen wird von dem Planeten Venus regiert. Venus ist das Symbol der Liebe, das eine besondere Rolle im Leben der Stier-Menschen spielt. Unter ihrer nach außen hin ruhigen und kühlen Maske brennen glühende Leidenschaften.

Stier-Männer besitzen einen starken Eigenwillen, gute Logik, sind wirtschaftlich gewandt und verstehen es, ihre Chancen positiv zu nutzen. Für sie gilt das Sprichwort „Stille Wasser sind tief". Fern von jeglichem Egoismus sind sie hilfsbereit und freigebig.

Die Stier-Frauen unterstehen in ganz besonderer Weise der Venus als dem Symbol echter Weiblichkeit. Sie sind selbstbewußt, eigenwillig und stolz, wobei sie ein ausgesprochen weibliches Fluidum um sich verbreiten. Ihr Charme beeindruckt die Männerwelt. Da sie einen praktischen Sinn für die Realitäten des Lebens besitzen, wissen sie auch die irdischen Güter sehr zu schätzen. Ihre Mütterlichkeit, ein gutmütiger und friedfertiger Charakter, Beständigkeit und Neigungen und Sinn für wirtschaftliche Zusammenhänge machen sie zu einem nahezu idealen Partner.

Für den sehr liebebedürftigen Stier-Mann ist die Verbindung mit einer Frau des gleichen Tierkreiszeichens in erotischer Hinsicht in gewissem Sinn günstig, zumal beide eine gemütliche Häuslichkeit zu schätzen wissen. Aber auch die mütterliche Krebs-Frau kann dem Stier-Mann Ruhe, Gemütlichkeit und Zärtlichkeit geben. Die Jungfrau-Geborene kann eine gute Partnerin sein, während Stier-Mann und Steinbock-Frau bei gleicher Einstellung zu den materiellen Erfordernissen des Lebens das ideale Paar bilden.

Zwischen Stier-Frau und Krebs-Mann zeigen sich recht vielversprechende Verständigungsmöglichkeiten. Seine Feinfühligkeit und Treue entspricht ihrem Zärtlichkeitsbedürfnis. Zwar ist auch der Jungfrau-Mann für die Stier-Frau ein begehrenswerter Partner, doch passen diese beiden Tierkreiszeichen mehr in den praktischen Dingen des Lebens als in der Liebe zueinander. In dieser Hinsicht paßt der Skorpion-Mann schon besser zu ihr, doch kann er durch seine oft aggressive und spitzfindige Art ihre empfindliche Seele erheblich verletzen. Der Steinbock-Mann schafft für eine dauerhafte Bindung da schon bessere Voraussetzungen, wobei beide ein ideales Team in allen Lebenslagen bilden können, das dem Leben alles abzuringen weiß, was im Interesse ihrer Gemeinschaft nützlich ist.

Berühmte Personen des Tierkreiszeichens Stier sind Johannes Brahms, Sigmund Freud, Karl Marx, Peter Tschaikowski, Max Planck, Immanuel Kant, Yehudi Menuhin, Hans Joachim Kulenkampff, William Shakespeare, Alfred Krupp, Marschall Tito, Florence Nightingale, Barbra Streisand, Senta Berger, Ruth Leuwerik, Audrey Hepburn, Shirley McLane, Königin Juliana von Holland, Olga Tschechowa und Margot Fonteyn.

Venus ist der Planetenbeherrscher der Stier-Geborenen, wobei besonders der Freitag unter diesem Zeichen steht. Der Stier-Mensch ist aufgrund der kosmischen Einflüsse seines Tierkreiszeichens in erster Linie von Erkrankungen bedroht, die im Bereich des Halses, der Kehle und der Schultern liegen. Chronische und rheumatische Leiden können hier auftreten. Bei Kindern sollte man besonders auf die Mandeln achten. Mit zunehmendem Alter sind Stier-Geborene von Fettleibigkeit bedroht, was häufig auf einer Stoffwechselträgheit beruht. Hier ist besonders darauf zu achten, die Organfunktion durch körperliche Bewegung richtig in Gang zu halten.

Kupfer ist das Metall, das den Stier-Geborenen zugesprochen wird neben Gold, in das ihre Glückssteine eingefaßt werden. Gelb ist ihre Farbe für ihre Kleidung oder Teile derselben und ihre nähere Umgebung.

Saphir und *Karneol* sind die Schutzsteine der Personen des Tierkreiszeichens Stier. Von dem tiefblauen Ceylon-Saphir sagt man, daß er nur dann seine satte Farbe behalte, wenn er von jemandem getragen wird, der treu in der Liebe ist. Der Saphir soll gegen Untreue schützen und die Gefühle des Hasses abtöten, denn es heißt, daß sein milder Strahl die Herzen friedfertig mache. Die Bibel berichtet, daß der Ring König Salomons einen Saphir enthielt. Papst Innozenz III. bestimmte im 12. Jahrhundert, daß die Bischofsringe aus reinem Gold bestehen und mit Saphiren besetzt sein sollten. In alten Legenden heißt es, der Saphir besitze die Macht, das Augenlicht zu erhalten.

Der Karneol gilt seit uralten Zeiten als Schutzstein der Stier-Geborenen. Er sollte gegen Unfälle schützen und die Wirkung von Giften aufheben. Der weise Albertus Magnus sagte von diesem Stein, daß er die Seele von schwermütigen Gedanken befreie und die Dämonen der Furcht vertreibe. Die Sage geht, daß Mohammed einen Karneol getragen habe, weil er Genügsamkeit und Mildtätigkeit bewirke. Seit alten Zeiten glaubt man, daß er eine kreislaufstärkende Wirkung besitzt.

Weitere Glückssteine der Stier-Geborenen sind *Rosenquarz*, *Achat, Smaragd* und *Turmalin*. Der *Hyazinth* ist der dem Planeten Venus, dem Beherrscher des Stier-Zeichens, zugeordnete Glücksstein. Ferner gelten für die im April geborenen Stier-Persönlichkeiten die Monatssteine *Diamant* und *Bergkristall*, für die im Mai geborenen *Smaragd* und *Chrysopras* als Glückssteine.

Glückssteine der Zwillinge
(21. Mai bis 21. Juni)

Menschen, die unter dem Tierkreiszeichen Zwillinge geboren sind, gehören den Luftzeichen an und werden von dem Planeten Merkur beherrscht, dem Vernunftplaneten. Es ist jedoch irrig anzunehmen, daß Menschen unter diesem Planeteneinfluß auch immer von vernünftigen Überlegungen ausgehen; denn bei ihnen spricht das Herz mehr als die Vernunft. Zwillings-Geborene sind im allgemeinen anpassungsfähig, verbindlich, liebenswürdig und hilfsbereit. Sie haben kein Sitzfleisch und sind immer „auf dem Sprung".

Wegen seiner Toleranz genießt der Zwillings-Mann überall Sympathie. Sein Zorn hält nicht lange an. Er ist intelligent, beredsam und manchmal sogar erfinderisch. Wissenschaft und Kunst sind Bereiche, in denen er sich bevorzugt betätigt. Wißbegierde, Einfallsreichtum und angeborene Intelligenz machen ihn aber auch für alle kaufmännischen, juristischen und verkehrstechnischen Berufszweige geeignet. Zwillings-Männer sind meist sehr vielseitig.

Zwillings-Frauen besitzen viel Charme und lassen sich nicht so leicht unterkriegen. Sie sind beliebt und haben einen großen

Freundes- und Bekanntenkreis. Merkur als Beherrscher des Zwillingszeichens macht als geflügelter Götterbote manchmal von sich reden, denn es finden sich unter diesem Zeichen hochintelligente Frauen, die sich auch auf wissenschaftlichen Gebieten erfolgreich betätigen. Die Zwillings-Frau beherrscht die hohe Kunst der Konversation und alle Spielregeln der Diplomatie. Sie verfügt meist über ein starkes künstlerisches Talent und kunsthandwerkliches Geschick.

In der Widder-Frau findet der Zwillings-Mann seine Dompteuse; denn sie ist energisch genug, um ihn auf den richtigen Weg zu lenken. Manchmal ist auch die realdenkende Stier-Frau für den leichtlebigen Zwilling mit seinem unruhigen Naturell eine gute Ergänzung. Die Voraussetzungen bei einer Verbindung zwischen Waage-Frau und Zwilling sind äußerst günstig – nicht nur in der Liebe, sondern auch seelisch und geistig. Aber auch Schütze-Frau und Zwillings-Mann können sich gegenseitig stark positiv beeinflussen. Der findige Zwilling wird nicht selten durch die besonders intuitive Wassermann-Frau vorzüglich ergänzt.

Zwischen Zwillings-Frau und Löwe-Mann sind gute Verständigungsmöglichkeiten vorhanden. Der Waage-Mann weiß der erotisch komplizierten Zwillings-Frau mit seinen Mitteln beizukommen. Beide sind sehr anpassungsfähig, so daß eine dauerhafte Lebensgemeinschaft garantiert erscheint. Wassermann und Zwillings-Frau ergänzen sich hinsichtlich ihrer Reiselust und Veränderungsliebe, in der allgemeinen Lebensauffassung und in der Liebe.

Zu den berühmten Zwillings-Geborenen gehören unter anderem: Paul Gaugin, Edvard Grieg, Thomas Mann, Jean-Paul Sartre, Robert Schumann, Igor Strawinsky, John F. Kennedy, John Wayne, Charles Aznavour, Josef Neckermann, Theo Lingen, Richard Strauss, Richard Wagner und Albrecht Dürer, Marilyn Monroe, Judy Garland, Françoise Sagan, Anneliese

Rothenberger, Ingeborg Hallstein, Esther Ofarim, Gisela Schlüter, Lilli Palmer und Inge Meysel.

Der Beherrscher des Tierkreiszeichens Zwillinge ist Merkur, wobei der Mittwoch sein Wochentag ist. Die Gefahrenzone der Zwillinge liegt in den Atmungsorganen; besonders drohen Katarrhe der Luftwege, Bronchitis und Lungenentzündungen. Gewissen Belastungen sind auch Schultern, Arme und der erste bis zum vierten Rückenwirbel ausgesetzt. Zwillinge gehören zu den unruhigen und nervösen Menschentypen, die am allgemeinen über wenig Widerstandskräfte verfügen, weshalb auf eine gesunde Lebensweise besonders zu achten ist. Durch die Belastung des Nervensystems und die dadurch verursachten Verkrampfungen der Blutgefäße können häufig Müdigkeitserscheinungen und heftige Kopfschmerzen auftreten. Bei älteren Jahrgängen können Nervenschmerzen in den Gliedern und Rheuma dazukommen.

Quecksilber ist das Metall der Zwillinge neben Gold, in das ihre Glückssteine gefaßt werden. Violett ist die bevorzugte Farbe für ihre Kleidung und nähere Umgebung. Ringe werden bevorzugt an dem kleinen Finger getragen, denn dieser wird dem Merkur, Planetenbeherrscher aller Zwillinge, zugeordnet.

Chalzedon und *Goldberyll* gelten als Schutzsteine für Zwillinge. In der Renaissance war der Chalzedon der Lieblingsstein italienischer Steinschleifer und -schneider. Der veilchenblaue Chalzedon, der in Siebenbürgen gefunden wird und auch Saphirin heißt, wird heutzutage zu Schmuckstücken verarbeitet, zu Siegelringen für den Herrn und Broschen oder Anhängern für die Dame. Der Chalzedon soll die Sorgen vertreiben und heiter stimmen.

Der Goldberyll oder Chrysoberyll ist der Stein der Reisenden. Um das Jahr 500 n. Chr. soll der Bischof Andreas von Cäsarea von ihm gesagt haben: „Der Beryll in der Farbe von Meer und

Luft ist des heiligen Thomas Stein, des Ungläubigen und doch Gläubigen, der lange Seereisen machte und selbst zum fernsten Indien kam – von Gott gesandt, den Völkern zu predigen." In der Medizin des Mittelalters verwandte man den Stein zu Pulver zermahlen gegen Sodbrennen, Hustenreiz und Funktionsstörungen der Verdauungsorgane. Das Altertum kannte ihn auch als magischen Stein, der die Harmonie unter Liebenden zu erhalten vermöge.

Weitere Glückssteine für alle Zwillings-Geborenen sind *Goldtopas, Tigerauge, Karneol, Achat* und *Aquamarin.* Dem Planeten Merkur ist im Tierkreiszeichen Zwillinge der *Edeltopas* zugeordnet. Ferner gelten für die im Mai geborenen Zwillinge die Monatssteine *Smaragd* und *Chrysopras,* für im Juni geborenen *Perle* und *Mondstein* als besondere Schutz- und Glückssteine.

Glückssteine der Krebs-Geborenen
(22. Juni bis 22. Juli)

Das Tierkreiszeichen Krebs gehört zu den Wasserzeichen und wird von dem Planeten Mond beherrscht.

Krebs-Männer zeigen einerseits eine sehr gutmütige Gesinnung, können aber auch auf der anderen Seite sehr herrisch und streng sein. Sie dulden keinen Zwang und möchten immer und überall ihren Willen durchsetzen. Bei den arbeitsliebenden Krebs-Männern kann man nur etwas erreichen, wenn man ihr Herz anzusprechen versteht, denn das Empfindungsleben spielt bei ihm eine sehr große Rolle. Seine geistigen Qualitäten sind beachtlich. Mit Zähigkeit und Ausdauer verfolgt er das einmal anvisierte Ziel. Er versteht es, die Sympathien anderer Menschen zu erwecken.

Die Krebs-Frau erfaßt ihre Umwelt vom seelischen Bereich her mit ihrem Gefühl. Da sie unter dem starken Mondeinfluß steht, ist ihre Phantasie überaus lebhaft, und sie sucht Schutz hinter einer Maske der Selbstsicherheit. Sie besitzt viel Schönheits- und Ordnungssinn und manchmal sogar eine gewisse mediale Veranlagung. Häuslich und mütterlich, entwickelt sie einen starken Familiensinn. Mit Ausdauer und Stärke verteidigt sie ihre Ideale und scheut jede Art von Zwietracht.

Für den unruhigen Krebs-Mann ist die mütterliche Stier-Frau, die mit wirtschaftlichen Talenten ausgestattet ist, eine gute Ergänzung, doch sollte er daran denken, daß die leidenschaftliche Stier-Frau in erotischer Hinsicht sehr viel von ihm verlangt. Eine harmonische Partnerschaft zwischen Krebs-Mann und Waage-Frau ist überwiegend auf der Basis der Vernunft gebaut. Die Steinbock-Frau wird bei dem Krebs wegen ihrer haushälterischen Talente auf Anerkennung stoßen, jedoch kann es in seelischer Hinsicht zu manchen Konfliktsituationen kommen. Die Partnerschaft zwischen Krebs und Fische-Frau wird auch unter schwierigen Verhältnissen Bestand haben, da bei beiden eine weitgehende seelische Übereinstimmung vorliegt und beide sich mit Toleranz und Nachsicht begegnen.

Der urwüchsige Stier-Mann kann der Krebs-Frau den Schutz und die Sicherheit geben, nach der sie sich sehnt, wobei er ihre weibliche und anschmiegsame Art besonders liebt. Diese beiden Partner verstehen sich ungewöhnlich gut. In der Krebs-Frau findet der Skorpion-Mann sein unbewußtes Ideal. Bei gutem Willen kann aus dieser Verbindung ein ideales Paar werden. Wertvolle Ergänzungsmöglichkeiten bestehen auch zwischen Krebs-Frau und Steinbock-Mann; doch da beide starken Stimmungsschwankungen unterworfen sind, kann es hier zu Mißverständnissen kommen. Harmonische Beziehungen sind zwischen Krebs-Frau und Wassermann möglich, während der Fische-Mann besonders gut zu ihr paßt. Seelische Empfindungen und Neigungen finden hier eine selten gute Übereinstimmung. Allerdings sollten sie sich hüten, ihre seelischen Depressionen, die bei diesen beiden Wasserzeichen zum Schicksalserbe gehören, gegenseitig auszuspielen.

Berühmte Krebs-Geborene sind: Alexander der Große, Jean-Jacques Rousseau, Gustav Freytag, Max Liebermann, Ernest Hemingway, Jean Cocteau, Louis Armstrong, Rembrandt, Charles Regnier, Rex Gildo, Ferdinand Sauerbruch, der Nordpolforscher Roald Amundsen, Eduard Herzog von Windsor, John Rockefeller, Hermann Hesse, Graf Ferdinand von Zeppelin und Peter Alexander, Lola Montez, Gina Lollobrigida, Susan Hayword, Ilse Werner, Diana Rigg, Vera Tschechowa, Mireille Mathieu, Käthe Kollwitz, Ricarda Huch und Prinzessin Soraya.

Der Mond ist der Planetenbeherrscher des Tierkreiszeichens Krebs, wobei entsprechend der Montag sein Wochentag ist. Gesundheitliche Gefahrenpunkte sind vor allem Magen, Galle und Leber. Wie die psychosomatische Medizin erkannt hat, gehen Magenleiden oft auf seelische Ursachen zurück. Der nach innen gewandte Krebstyp neigt dazu, seinen Ärger in sich hineinzufressen, wobei dann irgendein Organ die Lebenskonflikte abfängt und leicht erkranken kann. Zu den speziellen Leiden des Krebs-Mannes gehören deshalb auch Zuckerkrankheit, Gelbsucht und Störungen des Darmtraktes. In jedem Fall sollte man darauf achten, Aufregungen und Ärger zu vermeiden; denn befindet sich der Mensch in seelischem Gleichgewicht, dann fühlt er sich auch körperlich gesund.

Silber ist das bevorzugte Metall der Krebs-Geborenen neben Gold, in die seine Glückssteine gefaßt werden. Grün ist die vorteilhafteste Farbe für die Kleidung und die nähere Umgebung. Aber auch die weiße Farbe ist dem ruhigen und friedlichen Krebstyp sympathisch.

Der wichtigste Glücksstein der unter dem Tierkreiszeichen Krebs geborenen Menschen ist der *Smaragd*, aus dem schon die Inkas die Antlitze ihrer Götter schnitten. Seiner grünlichen Farbe wegen gaben die Griechen ihm den Namen *smaragdos* = grün. Für die altägyptischen Pharaonen bedeuteten die Smaragdgruben Oberägyptens eine Quelle des Reichtums. Kleopatra sammelte diese Steine mit Vorliebe, was Cäsar sehr gut verstand, denn auch er liebte diesen Stein, von dem gesagt wurde, er habe Heilkraft für das Augenlicht. So ist es nur zu verständlich, warum sich Kaiser Nero einen Smaragd als Monokel arbeiten ließ. Seit alten Zeiten gilt der Stein als Garant für Freundschaft und Harmonie, Treue und Offenheit. Man sagte ihm nach, daß er vor dem bösen Blick schütze und den Frauen eine leichte Mutterschaft garantiere. Zudem wurde der Smaragd als Amulett gegen Krämpfe und Fallsucht getragen.

Daneben gehören auch noch *Chrysopras, Aventurin* und *Opal* zu den besonderen Glückssteinen der Krebs-Geborenen. Dem Planetenbeherrscher Mond werden neben dem Smaragd auch noch die *Perle* und der *Mondstein* zugeschrieben. Der bläulich schimmernde Stein mit milchigem Glanz gilt als Glücksbringer für Liebende. Pulverisierte Perlen nahmen die alten Chinesen als Mittel gegen Magenbeschwerden.

Ferner gelten für die im Juni geborenen Krebs-Menschen die Monatssteine Perle und Mondstein und für die im Juli geborenen *Rubin, Karneol* und *Opal* als besondere Glücksbringer.

Glückssteine der Löwe-Geborenen
(23. Juli bis 23. August)

Der Löwe gehört wie Widder und Schütze zu den aktiven Feuerzeichen. Er wird von dem Planeten Sonne beherrscht.

So wie diese als Zentralgestirn unseres kosmischen Systems herrscht, so prägt sich auch im Bewußtsein der Männer des Löwe-Zeichens ein zentraler Wille aus. Stolz, Würde und Selbstbewußtsein trägt er offen zur Schau. Dabei ist er aber auch durchaus gutmütig, hilfsbereit und großzügig. Als Optimist weiß er um sich eine fröhliche Atmosphäre zu verbreiten. Er ist in repräsentativen und führenden Positionen tätig, kann warmherzig, liebenswürdig und mutig sein und ist stets unternehmungsfreudig. Das macht ihn schöpferisch und produktiv zugleich.

Die Frau des Tierkreiszeichens Löwe kennzeichnet eine stolze Zurückhaltung und Freude an der Machtausübung. Daneben kann sie aber auch herzlich und natürlich sein. Ihre Persönlichkeit strahlt Zuversicht und Dynamik aus, worunter ihr Charme jedoch keinesfalls leidet. Jeder sucht ihre Nähe und Freundschaft als anregende Gesellschaft, aber nur ein echter Mann hat bei ihr wirkliche Chancen. Ihre positiven Eigenschaften sind vor allem Ehrgeiz, Ausdauer, Standhaftigkeit, Selbstvertrauen, Großmut und Gerechtigkeit. Neben die meist hohe geistige Begabung gesellt sich viel Sinn für Schönheit und Harmonie. Da sie wortgewandt und klug ist, weiß sie ihre Chancen im richtigen Augenblick zu nutzen.

Zwischen Löwe-Mann und Widder-Frau wird es wohl kaum Langeweile geben. Allerdings sind beide Hitzköpfe, weshalb es nicht immer ohne Komplikationen abgehen wird. Die Zwillings-Frau ist eine gute Ergänzung zum starken Löwen, doch dürfte er bei ihr leidenschaftliche Gefühlsaufwallungen vermissen. Die Krebs-Frau könnte für den Löwen eine vorbildliche Partnerin sein, wenn er auf ihre häuslichen und mütterlichen Qualitäten Wert legt, wobei sie allerdings bei ihm feinere seelische Regungen vermissen wird. Aber auch eine kluge Waage-Frau kann den Löwen zähmen, wenn sie es geschickt anstellt. Ebenso positiv ist eine Verbindung mit der Schütze-Frau einzuschätzen, da sich beide Charaktere gut ergänzen. Die Wassermann-Frau stellt in gewisser Hinsicht einen guten Gegenpol zum Löwe-Mann dar.

Eine Löwe-Frau wird ihren Stier-Mann sicherlich verwöhnen können, wobei er sich keineswegs kleinlich erweisen wird und seine Dankbarkeit bei geeignetem Anlaß zeigt. Gemeinsame Interessen verbinden Löwe-Frau und Waage-Mann; denn beide verstehen es, zu repräsentieren und lieben einen schönen äußeren Rahmen. Vor Eifersucht sollten sich jedoch beide hüten. Die materiellen Anforderungen der Löwe-Frau sind beim Skorpion-Mann in besten Händen. Bei gegenseitiger Rücksichtnahme scheint eine dauerhafte Bindung möglich zu sein, vor allem, weil man sich auf dem Gebiet der Liebe sehr gut versteht. Steinbock und Wassermann können eine gute Ergänzung zur Löwe-Frau bilden, wenn sie sich ihr unterordnen.

Zu den bekannten Steinbock-Geborenen gehören: Paul Claudel, Claude Debussy, Alexandre Dumas, Napoleon I., George Bernhard Shaw, Walter Giller, Vittorio de Sica, Dr. Gustav Heinemann, Emil Jannings, Ivan Rebroff, Michael Holm und Knut Hamsun, Madame Dubarry, Prinzessin Margret von England, Jacqueline Kennedy, Marianne Koch, Prinzessin Irene von Holland, Renate Holm, Helen Vita, Mata Hari, Adele Sandrock, Sabine Sinjen und Vicky Leandros.

Der Sonne als Planetenbeherrscherin des Löwen ist der Sonntag zugeordnet. Bei den unter diesem Tierkreiszeichen geborenen Menschen sind Herz und Kreislauf besonders gefährdet. Zwar besitzen die Löwen im allgemeinen eine recht robuste Konstitution und eine starke Vitalität; doch verausgaben sie sich leicht, weil sie alles das, was sie tun, mit ihrer ganzen Kraft vollbringen wollen. In jedem Fall sollten sie mit ihren Kräften nicht Raubbau treiben. Nervöse Herzstörungen und Kreislaufschwächen sind häufige Leiden bei Löwe-Geborenen. Daneben sind Rücken, das Rückenmark und die Rückenmuskulatur besondere Gefahrenpunkte, auf die zu achten ist. Aber so leicht bringt den Löwen nichts um, denn die meisten von ihnen erreichen ein hohes Alter.

Gold ist das bevorzugte Metall aller Löwe-Geborenen, in das ihre Glückssteine eingefaßt werden. Orange ist die vorteilhafteste Farbe für ihre Kleidung oder Teile derselben und ihre nähere Umgebung. Orange ist die Farbe der flammenden Sonne.

Für alle Löwen ist der *Rubin* ein besonderer Glücksstein, der schon im Altertum als wirksamer Talisman getragen wurde. Ihm werden starke magnetische Kräfte und magische Eigenschaften zugesprochen. Nach dem Glauben der Hindus sind Rubine Tropfen aus dem Blut des Gottes Assura, ein Symbol für Kraft, Leidenschaft und Sieg. Von dem Rubinring, den Peter der Große trug, wird berichtet, daß er ihm erstaunliche magnetische Kräfte verliehen habe. Der herrlich rotschimmernde Rubin gilt als Talisman für Glück und Liebe. So trugen die Kreuzritter, die einst ins Morgenland zogen, einen Rubin als Liebespfand bei sich. Der Orient kennt ihn als wirksamen Glücksbringer, der feindliche Angriffe abwehrt, vor Vergiftungen schützt und vor drohendem Unheil bewahrt. Der Sage nach verdunkelt er sich, wenn seinem Träger Gefahr droht. Hilfreich gegen Blutarmut und Schwäche, soll er dem Menschen Mut und Standhaftigkeit verleihen.

Daneben gelten vor allem *Bergkristall, Goldtopas, Tigerauge* und *Bernstein* als Glückssteine der Löwe-Geborenen. Bernstein ist aufgeladen mit Elektrizität und läßt Funken sprühen, wenn man ihn reibt. Der Sonne, als Planetenbeherrscherin des Löwe-Zeichens, werden *Chrysoberyll* und *Diamant* zugeordnet.

Für die im Juli geborenen Löwe-Menschen sind die Monatssteine *Karneol* und *Topas* neben dem Rubin besonders glücksbringend, für die im August geborenen Löwen *Peridot* und *Aventurin*.

Glückssteine der Jungfrau-Geborenen
(24. August bis 23. September)

Der Tierkreis Jungfrau wird als Erdzeichen von dem Planeten Merkur regiert, der sich in besonderer Weise bemerkbar macht. Jungfrau-Menschen unter dem Verstandesplaneten sind konzentriert und auf Ordnung bedacht.

Methodisch, kühl und nüchtern ist der Jungfrau-Mann von einem starken Gerechtigkeitssinn beseelt. Im allgemeinen ist er bescheiden, sanft, freundlich und wohltätig, besitzt aber auch einen starken Willen. Sein Sinn ist auf das Nützliche und Zweckmäßige eingestellt, ein anvertrautes Geheimnis kann er für sich behalten. Rasche Auffassungsgabe, wache Intelligenz, Findigkeit und systematische Arbeitsweise lassen den Jungfrau-Mann im Leben erfolgreich sein, wobei er aber nie seine Familie und nächsten Freunde vergißt, um deren Nöte und Sorgen er sich stets kümmert. Zuverlässigkeit ist bei ihm nicht nur ein Wort, sondern eine Haltung, nach der er lebt.

Frauen, die unter dem Tierkreis Jungfrau geboren sind, besitzen einen nüchternen Realitätssinn und bestechen durch geistige Aufgeschlossenheit, Ordnungsliebe, Strebsamkeit und allgemeine Lebenstüchtigkeit. Bei ihrer ernsten Lebensauffassung nehmen sie es mit ihren Pflichten sehr genau – im Beruf und im privaten Bereich. Sorglose Fröhlichkeit oder zügellose Leidenschaft sind Eigenschaften, die der Jungfrau völlig fremd sind. Es ist nicht ganz leicht, einen Zugang zu ihrem Herzen zu finden. Mit Ehrgeiz und zäher Ausdauer weiß sie ihre Ziele zu verfolgen und ruht nicht eher, bis sie diese erreicht hat. Obwohl sie durchaus Phantasie und Originalität besitzt, verliert sie jedoch nie ihren praktischen Sinn für die Realitäten des Alltags. Stets hilfsbereit und grundehrlich ist sie ein vertrauenswürdiger Mensch, an dessen Zuverlässigkeit man nicht zweifeln kann.

Den Jungfrau-Mann wird die Stier-Frau wegen ihrer häuslichen und wirtschaftlichen Talente beeindrucken. Mit der Zwillings-Frau verbinden ihn gewisse Berührungspunkte auf geistigem Gebiet. Die Partnerschaft mit einer Schütze-Frau ist für den in erotischer Hinsicht eher kühlen Jungfrau-Mann ein wenig problematisch.

Die Jungfrau findet in dem Stier-Mann einen Partner, dessen Charaktereigenschaften ihr durchaus imponieren; doch sollte sie daran denken, daß er sich nicht gern bevormunden oder erziehen läßt. Auch auf dem Gebiet der Liebe könnten sich Mißverständnisse ergeben, denn das etwas spröde Jungfrau-Herz will behutsam erobert werden. Der Krebs-Mann wird schon wegen seiner starken häuslichen Bindung und seinem ausgesprochenen Familiensinn der Jungfrau als Partner willkommen sein. Seine taktvolle Art und seine Feinfühligkeit wird sie zu schätzen wissen; doch sollte auch sie daran denken, daß er sehr sensibel ist und leicht verletzt reagieren kann. Beim Steinbock-Mann kommen der Jungfrau die gleichartigen Interessen zugute, denn auch er gehört wie sie einem Erdzeichen an. Materielle Sicherheit wird von beiden angestrebt.

Zu den bekannten Jungfrau-Geborenen gehören: Johann Wolfgang von Goethe, Leo Tolstoi, Clemens Brentano, Michael Faraday, Ludwig II. von Bayern, Theodor Storm, Albert Bassermann, Maurice Chevalier, Leonard Bernstein, Robert Lembke, Peter Sellers, Robert Stolz, Rudolf Schock, Hans Albers, Max Reinhardt, Hermann Löns und Aristoteles Sokrates Onassis, Agatha Christie, Clara Schumann, Greta Garbo, Sophia Loren, Romy Schneider, Prinzessin Paola von Belgien, Karin Baal, Ingrid Bergmann, Petra Schürmann, Vivi Bach und Raquel Welch.

Dem Jungfrau-Zeichen ist der Plantenbeherrscher Merkur und der Wochentag Mittwoch zugeordnet. Gesundheitliche Gefahrenpunkte liegen im Verdauungssystem, vor allen Dingen im Bereich des Dünn- und Dickdarms, des Blinddarms, der Leber und der Gallenblase. Auch unter nervösen Stimmungsschwankungen können die Jungfrau-Menschen besonders leiden. Sie sollten daran denken, daß negatives Denken zu Krankheiten führen kann und einen Heilungsprozeß verlangsamt.

Bronze und Quecksilber sind außer Gold die bevorzugten Metalle aller Jungfrau-Geborenen, in denen ihre Glückssteine gefaßt werden. Sie bevorzugen Violett und alle blauen Farbschattierungen. Blau spiegelt den ruhigen Ernst und das Gleichgewicht der Jungfrau-Persönlichkeit wider.

Der *Topas* ist der besondere Glücksstein der Jungfrau-Menschen. Der Edeltopas kommt in verschiedenen Farbschattierungen vor. Besonders wertvolle Steine sind klar, hell, farblos und vollkommen durchsichtig. Dem Topas wird nachgesagt, daß er beruhigend auf die Nerven wirke und die Gabe verleihe, folgerichtig zu denken. Im Mittelalter wurde er als wirksames Mittel gegen Verwirrung der Gedanken, Schlaflosigkeit, Gicht und Asthma verwandt. Daneben sollte er vor Neid und Mißgunst bewahren und törichte Gedanken vertreiben. Bischof Andreas von Cäsarea meinte von ihm:

„Manche, die an den Augen leiden, können wohl sehen, aber nicht erkennen, denn ein milchiger Ausfluß trübt ihren klaren Blick. Diesen Ausfluß aber hemmt der Topas. Und darum ist er des Matthäus Stein, denn dem ward gegeben, zu erleuchten seine Gemeinde, deren Herz verdunkelt ward, und zu heilen alle, welche Augen haben zu sehen und doch nicht sehen."

Der *Jaspis*, der auf der Brust getragen werden soll, schützt den Jungfrau-Geborenen vor Krankheiten und bewahrt ihn gegen feindliche Angriffe. Auch der grüne *Nephrit* gilt als glückbringender Talisman. Der *Karneol* soll vor Krampfanfällen und Krankheiten schützen, die im Fieber auftreten. Auch der gelbe *Achat* ist ein Glücksstein aller Jungfrau-Geborenen. Dem Merkur unter dem Jungfrau-Zeichen ist der gelbe *Saphir* zugeordnet.

Für alle im August geborenen Jungfrau-Menschen gelten die Monatssteine *Peridot* und *Aventurin*, für die im September geborenen *Saphir* und *Lapis* als Schutz- und Glückssteine.

Glückssteine der Waage-Geborenen
(24. September bis 23. Oktober)

Als Luftzeichen wird der Tierkreis Waage von dem Planeten Venus beherrscht. Alle unter diesem Zeichen geborenen Menschen zeichnen sich durch ein natürliches Gerechtigkeits- und

Harmoniestreben aus, wodurch sich der friedvolle Gleichklang zwischen Körper, Geist und Seele ausdrückt. Der Einfluß der Venus als Symbol der Liebe und der Kunst wirkt sich auf die charakterlichen Anlagen dieser Menschen sehr positiv aus und bewirkt eine starke Anziehungs- und Ausstrahlungskraft.

Der Waage-Mann ist ein Optimist, dessen Unabhängigkeitsdrang stark ausgeprägt ist. Er ist human und hilfsbereit, schätzt eine kultivierte Umgebung und besitzt einen ausgeprägten Schönheitssinn. Mit seiner diplomatischen Haltung und seiner klugen Anpassungsfähigkeit vermag er leicht Kontakte zu knüpfen. Gutmütig, hilfsbereit, großzügig, duldsam und tolerant besitzt er ein ausgeprägtes Gefühl für Gerechtigkeit und Fairneß. Kultur und Ästhetik sind ihm Bedürfnis.

Bei der Waage-Frau regiert Venus, die Göttin der Liebe und Schönheit. Heiter und voll Lebensfreude verbreitet sie um sich eine freundliche Atmosphäre. Ihre anziehende Erscheinung und ihr liebenswerter Charme versammeln um sie zahlreiche Verehrer. Eine fröhliche Gesellschaft und ein netter Freundeskreis gehören zu ihr. Stets bemüht sie sich um Ausgleich, Vermittlung und Verständigung, ist hilfsbereit, besitzt Taktgefühl, Schönheitssinn und Einfallsreichtum und zeigt eine natürliche Begabung für künstlerische Probleme und Gestaltung.

Der Waage-Mann kann bei seiner Anpassungsfähigkeit durch eine zielbewußte Widder-Frau sehr gewinnen. Auch die zähe Ausdauer der Stier-Frau kann sich günstig auf das Weiterkommen des Waage-Mannes auswirken; zumal beide sich auch auf dem Gebiet der Erotik ergänzen, ist gegen diese Verbindung nichts einzuwenden. Mit der Zwillings-Frau verbinden ihn die gemeinsamen Interessen, wobei auch die Liebe nicht zu kurz kommen wird. Sicher wird ihm auch die leidenschaftliche, temperamentvolle und aufgeschlossene Schütze-Frau mit ihrem starken Unternehmungsgeist nicht gleichgültig sein. Ein dauerhaftes Partnerglück verspricht die Verbindung mit einer Wassermann-Frau, bei der sich alle seine positiven Eigenschaften entfalten können.

Die Anziehungskraft zwischen Waage-Frau und Widder-Mann beruht auf der naturbedingten Gegenpoligkeit des männlichen und ewig weiblichen Prinzips. Ihre Diplomatie und Liebenswürdigkeit wird sicher auch mit diesem Dickschädel fertig werden. Mit dem Stier-Mann verbindet sie der gleiche Venuseinfluß, und beide besitzen das gleiche leidenschaftliche Gefühlsleben. Eine harmonische Atmosphäre schafft die Verbindung mit einem Zwillings-Mann, da ihre Interessen auf vielen Gebieten übereinstimmen. Ähnlich ist es auch bei einer Partnerschaft mit dem Löwe-Mann, der ihr den Rahmen bieten kann, den sie sich wünscht und den sie braucht, um sich entfalten zu können. Waage-Frau und Schütze-Mann bilden in vieler Hinsicht ein ideales Gespann, sowohl in der allgemeinen Lebensauffassung als auch in der Liebe. Auch die Verbindung mit einem Wassermann zeigt mehr positive als negative Zeichen, wobei er vielleicht in der Liebe ein wenig eifriger sein könnte.

Zu den bekannten Waage-Geborenen gehören: Mahatma Gandhi, Alfred Nobel, Giuseppe Verdi, Rudolf Virchow, Oscar Wilde, Friedrich Nietzsche, Paul von Hindenburg, Heinrich von Kleist, US-Expräsident Eisenhower, Max Schmeling, Luis Trenker, Heinrich George, David Oistrach, Udo Jürgens, Freddy Quinn, Horatio Nelson und Albrecht von Wallenstein, Eleonora Duse, Rita Hayworth, Anita Eckberg, Brigitte Bardot, Nana Mouskouri, Erna Berger, Kaiserin Farah von Persien, Lil Dagover, Liselotte Pulver und Daliah Lavi.

Dem Waagezeichen ist neben dem Planeten Venus der Wochentag Freitag zugeordnet. Nieren und Harnwege sind bei den unter diesem Tierkreis geborenen Menschen besonders anfällig, obwohl sie sonst eine gesunde Widerstandskraft besitzen. Auch Kreuzschmerzen, Bewegungsstörungen und Venenleiden sind besonders häufig festzustellen. Mehr als andere Menschen

brauchen Waage-Persönlichkeiten für ihr gesundheitliches Wohl-
befinden eine harmonische Atmosphäre. Verdrängungen von
Ärger führen zu Verkrampfungen und Ablagerungen, zur Stein-
bildung verbunden mit Nieren- und Gallenkolik. Vernünftige
Lebensweise und Ernährung sind wichtig, um Organschäden
vorzubeugen.

Kupfer ist das bevorzugte Metall aller Waage-Menschen
außer Gold, in das ihre Glückssteine gefaßt werden. Ihre bevorzugten Farben sind Gelb und Rosa. Mit keiner anderen Farbe
kann man feinste Stimmungen besser betonen als mit Rosa, der
Farbe der Harmonie und Schönheit.

Der besondere Glücksstein der Waage-Geborenen ist der
Aquamarin, seit altersher der Stein der Liebenden und ein Amulett für glückliche Brautleute: ein passendes Hochzeitsgeschenk
des Bräutigams für seine Braut, das die Treue sichern soll.
Dieser Stein gilt auch als Talisman für alle Seefahrer. Seinen
Namen „Der Meerwasserfarbene" erhielt er wegen seiner was-
serfarbenen Durchsichtigkeit. Bei Arabern und Juden wurde
er als magischer Stein besonders verehrt und geschätzt. Im Mittelalter wurde er gegen Hals-, Zahn- und Kiefererkrankungen
angewandt. Gegen Magen- und Leberleiden empfahl man ein
Pulver, das aus zerstoßenem Aquamarinstein hergestellt wurde.
Auch wurde behauptet, daß er seine Farbe verändere, wenn er
in die Hand falscher Zeugen gelange.

Ferner sind *Rauchtopas,* der orangefarbene Topas, *Opal,*
Koralle und *Lapislazuli* Glücksbringer aller Waage-Menschen.
Der Opal, als Geburtsstein getragen, bringt Glück und verleiht
Kraft. Die Koralle ist ein Amulett der Kinder und Mütter und
galt im Mittelalter als Schutz gegen den bösen Blick, während
der tiefblaue Lapislazuli vor Schlaganfall und Epilepsie schützen
sollte. Der Venus unter dem Waage-Zeichen ist der *Padpa-*
radscha zugeordnet.

Den im September geborenen Waage-Menschen bringen die Monatssteine *Saphir* und *Lapislazuli*, den im Oktober geborenen *Turmalin* und *Opal* besonders viel Glück.

Glückssteine der Skorpion-Geborenen
(24. Oktober bis 22. November)

Der Skorpion wird als Wasserzeichen von dem Planeten Mars beherrscht, der starke Willenskraft und viel Unternehmungsgeist vermittelt. Somit gleichen die Skorpion-Geborenen den Widdern, obwohl erstere sehr viel diplomatischer und nicht so impulsiv und ungestüm sind.

Der Skorpion-Mann, der seine Gefühle nach außen hin zu beherrschen weiß, gleicht einem schlummernden Vulkan. Mit Zähigkeit und Ausdauer verfolgt er seine einmal gefaßten Pläne bis zum Ziel. Wird er einmal von einem Menschen enttäuscht, so kann er zu einem unversöhnlichen Feind werden. Der Skorpion-Mann besitzt eine lebhafte Intelligenz und befaßt sich gern mit schwierigen Problemen. Seine Aktivität und vielfältigen Interessen, seine reiche Phantasie und sein gesundes Urteilsvermögen lassen alles gelingen, was er anfaßt. Er kann sich sehr großzügig zeigen und ist in der Lage, viel Liebe zu schenken.

Skorpion-Frauen lieben es, sich mit einem Schleier des Geheimnisses zu umgeben. Von ungeheurer Energie beflügelt, sind sie oft schöpferisch erfolgreich tätig und sind immer auf der Suche nach dem Verborgenen. Sie sind sowohl der leidenschaftlichsten Liebe wie zu abgrundtiefem Haß fähig. Nichts bleibt ihnen gleichgültig. Im allgemeinen geht von der Skorpion-Frau eine große Faszination aus, der sich so leicht niemand entziehen kann. Auf ihr einmal gegebenes Wort kann man sich verlassen. Sie liebt das Leben und die Liebe, die Betriebsamkeit und ihre Tätigkeit, kann großzügig und hilfsbereit sein und besitzt eine unerschöpfliche Lebenskraft.

Den Skorpion-Mann kann die warmherzige und mütterliche Stier-Frau fesseln. Für diese Beziehung wird das Sprichwort wirksam: „Was sich liebt, das neckt sich!" Auch die Krebs-Frau besitzt die Eigenschaften, die der Skorpion-Mann erwartet und schätzt, doch sollte er seine seelisch empfindsame Partnerin rücksichtsvoll behandeln. Die Schütze-Frau ist ihm ebenbürtig und kann sein Erfolgsstreben positiv beeinflussen. Bei gegenseitiger Anpassung bildet auch die Verbindung mit einer Wassermann-Frau eine solide Basis.

Die Skorpion-Frau wird in dem unverwüstlichen und vitalen Stier-Mann einen guten Partner in der Liebe und im praktischen Lebensalltag finden, wobei sich allerdings diese beiden starken Charaktere leicht aneinander reiben können. Der sanfte Krebs-Mann wird sich gern von der Skorpion-Frau beraten lassen. Bei dieser Partnerschaft läßt sich oft eine überraschend gute Verständigung erzielen. In erotischer Beziehung versteht sie sich mit dem Löwen recht gut; doch ist damit zu rechnen, daß man sich sonst das Leben ein wenig schwer macht. Eine ähnliche Situation könnte sich bei einer Verbindung mit einem Schütze-Mann ergeben, dagegen dürfte eine Lebensgemeinschaft mit einem Steinbock-Mann in harmonischeren Bahnen verlaufen.

Zu den erfolgreichen und bekannten Skorpion-Geborenen gehören: Martin Luther, Paracelsus, Voltaire, Friedrich von Schiller, Gerhart Hauptmann, Fedor Dostojewski, Paul Hindemith, Georges Bizet, Pablo Picasso, Paul Lincke, Emerich Kalman, Loriot, Burt Lancaster, Erik Ode, Alain Delon, Martin Held, Schah Reza Pahlewi, Pandit Nehru, Gilbert Bécaud, Leo Trotzki und Charles de Gaulle, Prinzessin Gracia von Monaco, Indira Gandhi, Marika Rökk, Vivien Leigh, Katherine Hepburn, Petula Clark, Luise Ullrich, Elke Sommer, Barbara Rütting und Barbara Hutton.

Dem Tierkreis Skorpion ist neben dem Planeten Mars der Dienstag zugeordnet. Die unter diesen kosmischen Einflüssen geborenen Menschen sind besonders anfällig gegen Krankheiten der Unterleibsorgane. Hier können Krankheiten und Anomalien innerlich wie äußerlich auftreten. Hormonelle Störungen und Blasenleiden sind nicht selten anzutreffen. Ferner besteht die Neigung zu Verletzungen, zu Infektionskrankheiten, zu Vergiftungen und zur Zersetzung des Blutes. Gleichfalls sind Nebenhöhlen, Kiefer und Zähne gefährdet. Dennoch verleiht eine kräftige Konstitution allen Skorpion-Menschen eine lange Lebensdauer. Nach dem 35. Lebensjahr ist allen Frauen unbedingt eine halbjährliche fachärztliche Untersuchung anzuempfehlen.

Eisen ist das bevorzugte Metall der Skorpion-Menschen neben Gold, in das ihre Glückssteine gefaßt werden. Zu dem oft etwas geheimnisvoll wirkenden Skorpion paßt die schwarze Farbe. Wer aber Schwarz mit ein wenig Rot und Rosa absetzt, mildert die Schwere des farblosen Schwarz und lenkt die Wärme anderer Farben und der Sonne auf sich.

Als besonderer Glücksstein für Skorpion-Geborene gilt der *Granat*, der auch dem Planetenbeherrscher Mars unter diesem Tierkreis zugeordnet ist. Albertus Magnus, der weise mittelalterliche Philosoph, verglich diesen Stein mit der Granatblüte. Der Name kommt aus dem Lateinischen und bedeutet „der Körnige". Er ist in reinen, durchsichtigen, hell- bis dunkelroten Exemplaren erhältlich. Als Gesundheitsstein soll er eine herzstärkende Wirkung besitzen und gegen Gifte immun machen. In Persien trug man den Granatstein als Schutz gegen Fieber und Pest. Das Mittelalter kennt ihn als zauberkräftiges Vorbeugemittel bei allen entzündlichen Krankheiten, wobei er zerrieben und geröstet eingenommen wurde. Friedrich II. soll allerdings bei dieser Einnahme zu Tode kuriert worden sein. Als Talisman soll er vor Mutlosigkeit und Depression schützen und neue Lebensenergie spenden.

Im übrigen gelten auch der blutrote *Karneol*, der *Sard-Onyx*, *Topas* und *Turmalin* als Glückssteine für Skorpione. Für alle im Oktober geborenen Menschen dieses Tierkreiszeichens empfehlen sich die Monatssteine *Turmalin* und *Opal*, für die im November geborenen *Topas* und *Tigerauge*.

Glückssteine der Schütze-Geborenen
(23. November bis 21. Dezember)

Das Feuerzeichen Schütze wird von dem Planeten Jupiter beherrscht, der allem Guten dient und eine belebende Kraft ausstrahlt.

Der Schütze-Mann liebt seine Unabhängigkeit und Freiheit, ist auf seine Würde bedacht und steht allen materiellen Fragen des Daseins großzügig und sorglos gegenüber. Ungerechtigkeit ist ihm ein Greuel – und dabei kann der sonst so friedliche Schütze recht streitbare Eigenschaften entwickeln. Aber er ist nicht nachtragend, und so verflüchtigt sich auch sein Zorn wieder schnell. Denjenigen Menschen, die sein Vertrauen besitzen, ist er ein verläßlicher und treuer Freund. Als Mann der Tat ist er unternehmungsfreudig, aber dabei interessiert ihn weniger die materielle Seite. Dennoch macht ihn sein optimistischer Charakter zu einem Erfolgsmenschen, wobei ihm seine liebenswürdige und verbindliche Art hilfreich zur Seite steht. Besondere Vorliebe entwickelt er für Auslandsreisen. Er kann sich auf seinen guten Instinkt verlassen und lebt nach dem Motto „Leben und leben lassen".

Die Schütze-Frau verdient wegen ihrer vielen menschlichen Vorzüge Bewunderung. Trotz allem Temperament wirkt sie meist ruhig und gelassen. In bezug auf Unabhängigkeitsliebe, Selbstbewußtsein und Großzügigkeit steht sie dem Schütze-Mann nicht nach. Ihr optimistischer Wagemut kann sie gelegentlich in kritische Situationen verstricken, aus der sie sich jedoch immer wieder herauszuwinden versteht. Beweglich und

von großer Aktivität kennt sie keine Langeweile und liebt die
Geselligkeit, die Veränderung und das Reisen, ihre Unabhängigkeit und die ganze Fülle des Lebens. Vom Intellekt geprägt sucht
sie den Erfolg. Kein Ziel scheint ihr hoch genug gesteckt zu sein,
um es nicht erreichen zu wollen. Ihre angeborene Heiterkeit,
ihre Güte, Toleranz und ihr Charme sind bewunderungswürdig.
Prophetische Vorschau, Instinkt und Scharfsinn verleihen ihr
ein gutes Urteilsvermögen. Vielseitig begabt liebt sie die schönen
Künste und die Musik.

Der Schütze-Mann findet in der Widder-Frau eine interessante Ergänzung – in der Liebe wie im Alltag. Nach der Über-
windung anfänglicher Schwierigkeiten könnte auch die Verbindung mit einer Stier-Frau reizvolle Aspekte bringen. Mit der
Zwillings-Frau findet er schnell Kontakt, obwohl er sich in der
Liebe manchmal mehr Feuer wünschen mag. Gemeinsame
Liebesfähigkeit und geistige Interessen verbinden ihn mit der
Waage-Frau, während er in der Wassermann-Frau eine ver-
ständnisvolle und anregende Partnerin findet.

Die Schütze-Frau kann mit dem Widder-Mann im wahren
Sinn des Wortes Pferde stehlen. Beide sind abenteuerliche und
begeisterungsfähige Naturen des Feuerzeichens von starker Lie-
beskraft. Allerdings liegt in dem unbeugsamen Führungsan-
spruch des Widders einiger Zündstoff. Im Löwe-Mann findet
sie einen leidenschaftlichen Liebhaber, der neben Temperament
Aktivität, Würde und Autorität besitzt und zahlreiche Interessen mit ihr teilt. Gute Kontaktmöglichkeiten ergeben sich
auch mit einem Waage-Mann. Der ehrgeizige, lebenstüchtige
Skorpion-Mann findet ihre Bewunderung; dennoch führt diese
Verbindung auf Grund der charakterlichen Unterschiede zu
manchen Reibereien. Mit dem Wassermann verbinden sie viele
gemeinsame Interessen und Ideale, die eine gute Harmonie erwarten lassen, wenn sie in erotischer Hinsicht nicht allzu große
Erwartungen hegt.

Erfolgreiche Schütze-Geborene sind: Ludwig van Beethoven, Heinrich Heine, Rainer Maria Rilke, Robert Koch, Mark Twain, Stefan Zweig, Henri de Toulouse-Lautrec, Winston Churchill, Walt Disney, Willy Brandt, Kirk Douglas, Rudi Carrell, Reinhard Mey, Heinrich Böll, Frank Sinatra, Curd Jürgens, Horst Buchholz, Kaiser Nero und Werner Heisenberg, Edith Piaf, Maria Callas, Agnes Fink, Elisabeth Schwarzkopf, Königin Christiane von Schweden, Jane Fonda und Maria Stuart.

Dem Schützen ist neben dem Planeten Jupiter, der dieses Tierkreiszeichen beherrscht, der Donnerstag zugeordnet. Der schwache Punkt in der Widerstandskraft der Schützen liegt besonders in einem empfindlichen Nervensystem. Energieverbrauch und Nervenverschleiß gehen Hand in Hand. Im übrigen findet man vor allen Dingen rheumatische Erkrankungen, Migräne, nervöse Kopfschmerzen und Herzbeschwerden. Schwache Punkte sind auch die Hüften und Oberschenkel. Aber die kräftige Konstitution der Schütze-Menschen läßt alle auftretenden gesundheitlichen Komplikationen verhältnismäßig schnell überwinden.

Zinn ist das bevorzugte Metall der Schütze-Geborenen neben Gold, in das sie ihre Glückssteine einfassen lassen. Neben Blau wird die Purpurfarbe bevorzugt. Mit dieser königlichen Farbe sind Weisheit und Würde verbunden.

Der himmelblaue bis meergrüne *Türkis* ist der besondere Glücksstein aller Schützen. Für den begeisterten Reiter – und das sind alle Schütze-Menschen – ist dieser Stein ein Talisman für sich und sein Pferd. In einer alten Schrift von Camillus Leonardus heißt es: „Solange der Reiter einen Türkis bei sich hat, wird ihm niemals ein Unfall zustoßen, denn dieser Stein vermag alles Unheil abzuwenden." Im Mittelalter sollte er die Tugend junger Mädchen schützen und Frauen zufrieden und glücklich machen. Er war ein Symbol der Treue, und Männer versprachen sich von ihm Macht und Erfolg. Über der linken Hüfte getragen, soll er Schutz gegen Überfall und Raub geboten haben. Man sagte ihm nach, daß er Wünsche erfüllen könne und die Zuneigung des Partners sichere.

Man behauptete, daß der Stein seine schöne blaue Farbe in eine grüne wechsele, sobald der Träger krank werde, und wieder seine übliche Farbe annehme, wenn er wieder gesunde. König Johann von England soll sein herannahender Tod durch eine solche Farbveränderung eines Türkis, den er ständig bei sich trug, angekündigt worden sein.

Außer *Sapirquarz* und *Chalzedon* gelten noch *Topas* und *Chrysolith* als Glücksbringer für Schütze-Menschen, wobei der tiefgrüne Chrysolith Schutz gegen böse Geister bieten soll. Die Steine des Planetenbeherrschers Jupiter im Zeichen Schütze sind *Saphir* und *Lapislazuli*.

Als Monatssteine für die im November geborenen Schützen empfehlen sich *Topas* und *Tigerauge,* für die Dezember geborenen *Zirkon* und *Türkis*.

Glückssteine der Steinbock-Geborenen
(22. Dezember bis 20. Januar)

Der Steinbock wird als Erdzeichen von dem Planeten Saturn beherrscht. Seinem ganzen Wesen nach ist er der Erde, der harten Materie verbunden.

Als Realist, Arbeits- und Pflichtmensch zählen für den Steinbock-Mann nur greifbare Tatsachen. Träume und Illusionen sind für ihn keine Maßstäbe, nach denen er seine Pläne zu verwirklichen sucht. Strenge Sachlichkeit und ausgeprägte Besitzliebe gehören zu seinen hervorstechenden Charaktereigenschaften. Es wäre jedoch falsch, ihn als Eisklotz zu bezeichnen, denn unter seiner kühlen Maske verbirgt sich eine empfindsame Seele und leidenschaftliche Energie. Zähe Ausdauer, Zuverlässigkeit,

Pflichtgefühl und Selbstbeherrschung kennzeichnen den Steinbock-Mann, bei dem Liebe und Freundschaft tief verankert sind.

Die Steinbock-Frau trägt nahezu die gleichen charakterlichen Züge wie der Mann, der unter diesem Tierkreiszeichen geboren ist. Mit viel Ehrgeiz wird sie sich die Sonnenseite des Lebens erkämpfen, wobei ihr die Natur die entsprechenden Fähigkeiten mit auf den Weg gegeben hat. Nichts wird sie so leicht aus der Ruhe bringen. Beharrlich in ihren Gefühlen für Freundschaft und Abneigung wählt sie bedachtsam ihren engeren Kreis aus. Hinter ihrer Zurückhaltung verbirgt sich jedoch ein liebesbedürftiges und warmherziges Gemüt. Mit Gründlichkeit, Methodik und Konzentration geht sie an die Bewältigung ihrer Aufgaben und scheut keine Verantwortung.

Der Steinbock-Mann wird in der Stier-Frau eine fürsorgliche und mütterliche Partnerin finden mit der gleichen realistischen Einstellung zum Leben, wie er sie besitzt. In ihren Gefühlen besitzen beide Tiefe und Ausdauer. Ähnlich verhält es sich mit der Krebs-Frau, allerdings gefährdet die beiderseitige Empfindlichkeit die sonst gute Gemeinschaft. Bei kluger Anpassung könnte auch eine Verbindung mit einer Jungfrau beständiges Glück verheißen. Gleiches gilt für die Skorpion-Frau.

Die Steinbock-Frau verbindet mit dem Stier-Mann zahlreiche gemeinsame Interessen. Beide halten sich an die Tatsachen und verstehen sich auch in der Liebe gut. Trotz der unterschiedlichen Wesensart geben Steinbock-Frau und Krebs-Mann ein gutes Gespann ab. An den auftretenden Konfliktsituationen werden beide reifen. Eine Verbindung mit einem Jungfrau-Mann kann durchaus glücklich verlaufen, wenn die ersten Schwierigkeiten überwunden sind. Eine gute Ergänzung verspricht die Partnerschaft zwischen ihr und dem Skorpion-Mann. Allerdings werden einige Komplikationen in erotischer Hinsicht auftreten, die aber allmählich abgebaut werden können.

Zu den erfolgreichen Steinbock-Geborenen zählen: Johannes
Kepler, Theodor Fontane, Edgar Allan Poe, Louis Pasteur,
Albert Schweitzer, Anton Tschechow, Mao Tse-tung, Konrad
Adenauer, Benjamin Franklin, Heinrich Pestalozzi, Kurt Tuchol-
sky, Maurice Utrillo, Michael Schanze, Guido Baumann, Pablo
Casals, Carl Zuckmayer, Willy Millowitsch, Humphrey Bogart,
Elvis Presley, Grock, Cary Grant und Gustav Gründgens,
Jeanne d'Arc, die Pompadour, Annette von Droste-Hülshoff,
Charlotte von Stein, Marlene Dietrich, Hilde Krahl, Cordula
Trantow, Ingrid Andree, Hildegard Knef, Caterina Valente,
Maria Schell und Françoise Hardy.

Dem Steinbock-Geborenen ist neben dem Planetenbeherrscher
Saturn der Samstag zugeordnet. Besondere Gefahren in gesund-
heitlicher Hinsicht drohen den Menschen, die unter dem Tierkreis Steinbock geboren sind, im Knochensystem. Steinkrank-
heiten bilden sich beim Steinbock-Menschen eher als bei anderen Sterntypen. Dem Steinbock-Zeichen werden die Kniege-
lenke, das Knochensystem sowie das Knochenmark zugeordnet.
Das Knochengerüst leidet meist unter Kalkmangel. Anfällig ist
der Steinbock besonders für Erkältungskrankheiten und rheumatische Erkrankungen. Vor Knieverletzungen sollte man sich
hüten. Abfallprodukte des Stoffwechsels bilden Rückstände im
Organismus und führen zu Gelenkleiden und Arthritis. Eine vernünftige Lebensweise und Haushalten mit den Körperkräften
sind deshalb besonders zu empfehlen.

Blei ist das bevorzugte Metall aller Steinbock-Geborenen
neben Gold, in das sie ihre Glückssteine fassen. Die braune
Farbe wird bevorzugt, besonders wenn sie ein wenig nach Rot
oder Gold hinüberschimmert. Rotbraun vermittelt das Gefühl
der Würde.

Onyx und *Chrysopras* sind die besonderen Talismane der
Steinbock-Menschen. Schon im Altertum wurde der Onyx als
besonderer Glücksstein angesehen. Das Privatsiegel der Kaiser

von China war aus Onyx gefertigt, wobei es den Untertanen bei Todesstrafe verboten war, sich des gleichen Steines zu bedienen. In einem alten Buch heißt es: „Einen Onyx soll nur der tragen, der einen gut aspektierten Saturn in seinem Horoskop hat. Ist der Saturn ungünstig bestrahlt und man trägt dazu noch einen schwarzen Onyx, soll man aus der Not nie mehr herauskommen. Ein grüner oder weißer Onyx ist dem schwarzen ohnedies vorzuziehen." Die alten Ärzte benutzten den Stein zur Heilung von entzündeten Augen und streuten ihn in pulverisierter Form auf eiternde Wunden. Innerlich angewandt sollte das Mittel gegen Herz- und Kreislaufschwäche helfen. Der Stein soll auch die Melancholie abwenden und böse Träume vertreiben.

Dem Chrysopras wird nachgesagt, daß er die Herzkraft stärke und schwache Augen erfrische, aber auch Sanftmut und Zuversicht verleihe. Daneben gelten aber auch noch *Rubin, Katzenauge* und *Malachit* als Glücksbringer. Der Stein des Planetenbeherrschers Saturn im Zeichen Steinbock ist der blaue *Spinell.* Besonders wirksam wird ein glücksbringender, in einen Ring gefaßter Stein, wenn er am Mittelfinger getragen wird, denn dieser ist dem Saturn zugeordnet.

Für die im Dezember geborenen Steinbock-Menschen gelten auch die Monatssteine *Zirkon* und *Türkis,* für die im Januar geborenen *Granat, Rosenquarz* und *Opal* als Glückssteine.

Glückssteine der Wassermann-Geborenen (21. Januar bis 19. Februar)

Als Luftzeichen wird der Wassermann wie auch der Steinbock vom Planeten Saturn beherrscht. Aber auch der Uranus macht seinen Einfluß geltend. Menschen unter diesem Zeichen streben nach Fortschritt und ständiger Erneuerung und setzen sich für die Verwirklichung hoher Ziele ein. Den friedfertigen Geistesmenschen prägt eine philosophische und idealistische Gesinnung fern aller materialistischen Denkweise. Das Wassermann-Zeichen symbolisiert eine humanitäre Verhaltensweise.

Die Suche nach der Verwirklichung seiner Ideale hindert den Wassermann aber nicht daran, Freude und Glück zu suchen und zu finden. Seine Liebenswürdigkeit, Lebensfreude, sein Unternehmungsgeist und sein Optimismus lassen ihn zahlreiche Freunde erwerben. Hinter der ruhigen Fassade verbirgt sich ein ungestümes Temperament. Durch Mißerfolge läßt sich der Wassermann nicht entmutigen. Alles, was ungewöhnlich ist, zieht ihn an, und nichts befriedigt ihn mehr, als wenn er seine schöpferischen Kräfte ungehindert entfalten kann. Eine hervorragende Eigenschaft des Wassermann-Geborenen ist seine Hilfsbereitschaft, gepaart mit Großzügigkeit. Er ist rücksichtsvoll und anpassungsfähig, erwartet aber auch von seiner Umwelt Verständnis und Toleranz.

Die Wassermann-Frau besitzt ein liebenswürdiges und geselliges Wesen. Die reizvolle Persönlichkeit voll heiterem Optimismus fasziniert ihre Umwelt, wobei sie ihren Charme durchaus bewußt einsetzt. Je aktiver sie sein kann, um so wohler fühlt sie sich. Sie versteht es, gepflegte Konversation zu treiben und ihre Umwelt von ihren Ideen zu überzeugen. In der Mode entwickelt sie ihren eigenen Stil und unterwirft sich nicht vorgegebenen Modeströmungen. Mit Geschmack und Phantasie weiß sie sich effektvoll zu kleiden. Fremdes und Geheimnisvolles scheint sie magisch anzuziehen. Sie interessiert sich für Malerei und Musik neben ihren häuslichen und beruflichen Pflichten. Der unverbindliche Flirt reizt sie fast mehr als eine lebenslange Bindung, wovor sie ein starkes Unabhängigkeitsbedürfnis warnt. Der richtige Partner muß deshalb aufgeschlossen und tolerant sein. Wenn man sie braucht, ist sie großzügig und hilfsbereit, wobei ihre Nachsicht und ihr Verständnis wohltuend wirken.

Der ideenreiche Wassermann findet in der ehrgeizigen Widder-Frau eine gute Gefährtin, wobei sich aus der Verbindung der beiderseitigen Fähigkeiten eine ideale Arbeitsgemeinschaft ergeben kann. Allerdings könnte es im Bereich des Gefühlslebens zu allerlei Komplikationen kommen. Einen harmonischen Gleichklang des Herzens findet der Wassermann in der Zwillings-Frau, da hier zahlreiche gemeinsame Interessen vorhanden sind. Eine erfolgreiche Lebensgemeinschaft dürfte sich auch aus einer Verbindung mit einer Löwe-Frau ergeben, wenn beide ihre starken Kräfte geschickt verbinden. Allerdings scheint fraglich, ob der eher kühle Wassermann der feurigen Löwe-Frau in der Liebe genügen kann. In der geselligen Waage-Frau findet der Wassermann allerdings eine ebenbürtige Partnerin. Die kleineren charakterlichen Unterschiede dürften hier schnell überwunden werden. Durch die gleichen Interessen findet er in der Schütze-Frau einen guten Partner.

Die Wassermann-Frau findet im Widder-Mann eine gute Ergänzung, wobei er den Weg zu ihrem Herzen sicher durch rücksichtsvolle und zärtliche Annäherung finden wird. Mit dem Zwillings-Mann verbindet sie die gemeinsame Vorliebe für gesellige Kontakte, Reisen und Veränderungen, wobei die geistige und seelische Harmonie bei dieser Partnerschaft überwiegt. Der Löwe-Mann macht auf sie einen gewaltigen Eindruck; doch gilt zu befürchten, daß sie diesem überaus vitalen und feurigen Mann nicht gewachsen ist. Die gemeinsamen Interessen mit Waage- oder Schütze-Mann, der seelische Gleichklang und die positiven Anlagen, sind ebenfalls eine gute Basis für eine dauerhafte Bindung.

Zu den erfolgreichen Wassermann-Geborenen zählen: Galileo Galilei, Kopernikus, Lord Byron, Jules Verne, Wolfgang Amadeus Mozart, Bert Brecht, Friedrich der Große, Charles Lindbergh, Gotthold Ephraim Lessing, Wilhelm Furtwängler, Abraham Lincoln, Theodor Heuss, Mario Lanza, Charles Dickens, Rudolf Platte, Mark Spitz, Heinz Drache, Clark Gable, Hans Jürgen Bäumler und Roy Black, Hedwig Courths-Mahler, Maria

Cebotari, Renata Tebaldi, Heide Rosendahl, Nicole Heesters, Lisa della Casa, Juliette Gréco, Heidi Brühl, Wencke Myhre, Sonja Ziemann und Prinzessin Beatrix der Niederlande.

Wie bei den Steinbock-Geborenen, so ist auch bei den Wassermann-Menschen das Blei ein bevorzugtes Metall neben Gold, in das die Glückssteine gefaßt werden. Der Wassermann zieht jene Farbe vor, die man mit Indigo bezeichnet, eine Blautönung, die leicht nach Violett hinüberschimmert. Wer diese Farbe liebt, wird sich im praktischen Leben meist durchzusetzen wissen.

Uranus und Saturn als Planetenbeherrschern ist der Samstag zugeordnet. Die Wassermann-Typen besitzen im allgemeinen eine sehr kräftige Konstitution und können sich lange frisch und jugendlich erhalten, wobei sie Krankheiten verhältnismäßig leicht überwinden. Dem Tierkreiszeichen werden die Beine vom Knie bis zum Fußknöchel zugeordnet. Diesbezügliche Krankheitserscheinungen können sich in Schwellungen, Entzündungen und Krampfadern zeigen. Aber auch nervöse Herzbeschwerden und Drüsenüberfunktionen können auftreten, die auf Störungen im Nervensystem zurückzuführen sind.

Der segenspendende *Amethyst,* eine besondere Art des violetten Quarzes, ist der Glücksstein der Wassermann-Geborenen. Ägypter und Griechen tranken Wein aus funkelnden Amethystpokalen, weil sie glaubten, daß der Stein vor Trunkenheit schütze. Als Symbol der Seelenreinheit trugen Bischöfe Amethystringe. Von ihnen glaubte man, daß sie sinnliche Triebe abschwächen würden. Assyrer benutzten den Stein als Abwehrzauber. Nach den Erkenntnissen der modernen Medizin übt der Amethyst einen beruhigenden Einfluß aus. Es wird berichtet, daß ein leises Bestreichen der Stirn eines Kranken bei Fällen von akuter Neuralgie und ähnlichen Nervenleiden Gesundung gebracht hat, obwohl diese Krankheiten mit üblichen Mitteln nicht geheilt werden konnten. Auch als Schönheitsmittel wurde er bekannt, denn mit Speichel befeuchtet, soll er Flecken und Pusteln im Gesicht zum Verschwinden bringen.

Auch *Türkis, Falkenauge, Granat* und *Zirkon* gelten für die Menschen, die unter dem Tierkreis Wassermann geboren sind, als besondere Glückssteine. Der Granat verbürgt die Treue und wird deshalb gern unter Liebenden verschenkt. Er soll vor Blitz schützen und ein wirksames Vorbeugemittel gegen Fieber und Infektionen sein. Der Zirkon, eine täuschende Nachahmung der Natur des Diamanten, gilt als Abwehrmittel gegen alles Böse und Ungesunde in der Welt. Der dem Planetenbeherrscher Saturn im Zeichen Wassermann zugeordnete Glücksstein ist der *Aquamarin.*

Für die im Januar geborenen Wassermann-Menschen gelten auch die Monatssteine *Granat, Rosenquarz* und *Opal,* für die im Februar geborenen *Amethyst* und *Onyx* als besonders glücksbringend.

Glückssteine der Fische-Geborenen
(20. Februar bis 20. März)

Das letzte Bild des Tierkreises wird als Wasserzeichen von dem Planeten Neptun beherrscht, wobei aber auch Jupiter seinen Einfluß geltend macht.

Der Fische-Mann wirkt nach außen hin ruhig und bescheiden. Er liebt die Ruhe und zeigt eine ungewöhnliche Bereitschaft, anderen Menschen völlig uneigennützig zu helfen. Sobald er einen Weg gefunden hat, ist der Fische-Mann zu einer großen Arbeitsleistung fähig. Alles Geheimnisvolle und Rätselhafte fasziniert ihn, wobei er immer wieder versucht, in die Tiefe der Probleme vorzudringen. Seine romantische Seele träumt von einem idealen Geist. Um sich richtig entwickeln zu können, braucht er viel Verständnis, Zuneigung und eine harmonische Umgebung. Meist verfügt er über künstlerische Talente und die Gabe der Vorausschau.

Die verträumte Fische-Frau ist friedlich und rücksichtsvoll. Güte und Sanftmut bestimmt ihren Charakter. Für alle Gefühlseindrücke empfänglich, ist sie sehr sensibel. Liebe und eine harmonische Ehe sind für sie die erstrebenswertesten Ziele ihres Daseins. Sie ist anpassungsfähig und zuverlässig. Da sie anderen Menschen helfen möchte und am Schicksal ihrer Umgebung lebhaften Anteil nimmt, ist sie eine ideale Ärztin, Krankenschwester oder Sozialhelferin. Nicht selten kommt es vor, daß sie die Gabe des Zweiten Gesichts hat und künftige Ereignisse gewissermaßen vorausfühlt. Treu und hingebungsvoll, liebevoll und fürsorglich ist sie der Mittelpunkt der Familie, bei der sich alle Mitglieder geborgen fühlen.

Der Fische-Mann kann in der lebenstüchtigen und tatkräftigen Widder-Frau eine gute Ergänzung finden, denn sie kann ihm viele Sorgen abnehmen. Allerdings wird er sich an ihre temperamentvolle und impulsive Art gewöhnen müssen. Auch in der Stier-Frau kann er eine vorzügliche Lebensgefährtin finden, bei der sich seine positiven Eigenschaften und Fähigkeiten entwickeln. Sehr intensiv wird er die seelische Zusammengehörigkeit mit einer Krebs-Frau empfinden, die mütterlich, fürsorglich und praktisch seinen Idealvorstellungen sehr nahekommt. Die tatkräftige Skorpion-Frau wird sich gern einen Fische-Mann angeln, doch im intimen Zusammenleben können sich einige Konfliktsituationen ergeben, die nur bei beiderseitigem guten Willen zu überwinden sind. Wie er ist auch die Steinbock-Frau sehr feinfühlig, doch wird ihn ihr Ehrgeiz manchmal stören.

Der Fische-Frau verspricht der Widder-Mann einen starken Rückhalt; allerdings sollte sie nicht zuviel auf seine sensible Seele hoffen, denn die hat er meist nicht. Dagegen ist die Verbindung mit einem Stier-Mann sehr viel positiver zu beurteilen, denn hier ergeben sich durch gemeinsame Interessen und Gefühle schöne Berührungspunkte. Sehr günstig ist die Partnerschaft mit einem Krebs-Mann, der sie wohl am besten versteht und ihrem häuslichen und mütterlichen Wesen am nächsten kommt.

Zu den erfolgreichen Fische-Geborenen gehören: Enrico Caruso, Benjamino Gigli, Frédéric Chopin, Michelangelo, Albert Einstein, Arthur Schopenhauer, Friedrich Hölderlin, Henrik Ibsen, George Washington, Auguste Renoir, Lord Snowdon, Sascha Guitry, Gert Fröbe, Chris Roberts, Karlheinz Böhm, Joachim Fuchsberger, Heinz Rühmann, Erich Kästner und Karl May, Agnes Miegel, Anna Magnani, Liz Taylor, Luise Dumont, Katja Ebstein, Sandie Shaw, Michèle Morgan, Uschi Glas, Nadja Tiller, Grethe Weiser und die Begum Aga Khan.

Dem Fische-Zeichen ist neben Neptun und Jupiter der Donnerstag zugeordnet. Menschen, die diesem Tierkreis angehören, besitzen im allgemeinen eine schwache Konstitution, wobei sie besonders unter einem schwachen Nervensystem zu leiden haben, was meist auf Überanstrengung zurückzuführen ist. Ferner besteht eine Tendenz zu Blutarmut und eine Neigung zur Tuberkulose. Nicht selten wird auch das Verdauungssystem durch auftretende depressive Stimmung beeinträchtigt. Dem Fische-Zeichen sind Füße und Knöchel zugeordnet, wobei Ödeme, Krampfadern und Mikrobeninfektionen nicht selten sind. Den empfindlichen Füßen sollte viel Pflege gewidmet werden.

Das bevorzugte Metall der Fische-Geborenen ist Zinn neben Gold, in das die Glückssteine dieses Tierkreises gefaßt werden. Blau und Grau sind die bevorzugten Farben der Fische, mit denen er sich kleidet und umgibt.

Als besonderer Glücksstein der Fische-Menschen gilt die *Koralle*. Bei den Ägyptern war dieser Stein der Göttin Isis, bei den Römern der Venus geweiht. Frauen trugen Korallen als Amulett gegen Unheil und Unfruchtbarkeit, Männer verstreuten

Glückssteine, Zuordnung und Symbole auf einen Blick

Tierkreis	Symbol	Geburtsdaten	Element	Planeten-beherrscher	Wochentag
Widder		21. 3. – 20. 4.	Feuer	Mars	Dienstag
Stier		21. 4. – 20. 5.	Erde	Venus	Freitag
Zwillinge		21. 5. – 21. 6.	Luft	Merkur	Mittwoch
Krebs		22. 6. – 22. 7.	Wasser	Mond	Montag
Löwe		23. 7. – 23. 8.	Feuer	Sonne	Sonntag
Jungfrau		24. 8. – 23. 9.	Erde	Merkur	Mittwoch
Waage		24. 9. – 23. 10.	Luft	Venus	Freitag
Skorpion		24. 10. – 22. 11.	Wasser	Mars	Dienstag
Schütze		23. 11. – 21. 12.	Feuer	Jupiter	Donnerstag
Steinbock		22. 12. – 20. 1.	Erde	Saturn	Samstag
Wassermann		21. 1. – 19. 2.	Luft	Saturn, Uranus	Samstag
Fische		20. 2. – 20. 3.	Wasser	Neptun, Jupiter	Donnerstag

(Glückssteine, die kursiv gesetzt sind, werden dem Planeten-beherrscher des Tierkreiszeichens zugeordnet.)

Organe	Metall	Farbe	Glückssteine
Kopf, Gesicht	Eisen	Rot	Diamant, Blutstein, Amethyst, Karneol, Granat, *Rubin*
Hals, Kehle, Schulter	Kupfer	Gelb	Saphir, Karneol, Rosenquarz, Achat, Smaragd, Turmalin, *Hyazinth*
Atmungsorgane, Nerven	Quecksilber	Violett	Chalzedon, Goldberyll, Goldtopas, Tigerauge, Karneol, Achat, Aquamarin, *Edeltopas*
Magen, Galle, Leber	Silber	Grün, Weiß	*Smaragd*, Chrysopras, Aventurin, Opal, *Perle, Mondstein*
Herz, Kreislauf	Gold	Orange	Rubin, Bergkristall, Goldtopas, Tigerauge, Bernstein, *Chrysoberyll, Diamant*
Verdauungssystem	Bronze, Quecksilber	Violett, Blau	Topas, Jaspis, Nephrit, Karneol, gelber Achat, gelber *Saphir*
Nieren, Harnwege, Gefäße	Kupfer	Gelb, Rosa	Aquamarin, Topas, Opal, Koralle, Lapislazuli, *Padparadscha*
Unterleibsorgane, Kiefer, Zähne	Eisen	Schwarz mit Rot oder Rosa	*Granat*, Karneol, Sard-Onyx, Topas, Turmalin
Nervensystem, Hüften, Oberschenkel	Zinn	Blau, Purpur	Türkis, Saphirquarz, Chalzedon, Topas, Chrysolith, *Saphir, Lapislazuli*
Knochensystem	Blei	Braun, Rotbraun	Onyx, Chrysopras, Rubin, Katzenauge, Malachit, blaue *Spinell*
Knie bis Fußknöchel, Nerven	Blei	Indigo	Amethyst, Türkis, Falkenauge, Granat, Zirkon, *Aquamarin*
Nerven, Blut, Füße, Knöchel	Zinn	Blau, Grau	Koralle, *Amethyst,* Saphir, Chrysolith, Mondstein

zermahlenen Korallenstaub auf ihren Feldern, um sie vor Un
wetter und Heuschreckenplage zu schützen. Die Mittelmeer
völker glaubten daran, daß die Koralle böse Geister fernhalte
und vertreibe. Von ganz jungen Mädchen wurden sie getragen,
weil Korallen die Tugend beschützen sollten. Dem Stein sagt
man nach, daß selbst das herrlichste Rot blaß werde, wenn der
Träger krank wird, aber die alte Farbe wieder annehme, wenn
er von der Krankheit wieder genesen sei. In der Medizin und
Heilkunde spielte die Koralle in allen Zeiten eine große Rolle.
Zermahlen und in Wasser vermengt wurde sie gegen alle inne-
den Leiden angewandt. Pulverisiert, gebrannt und mit Fett vermengt soll man eine unfehlbare Salbe erhalten, die Wunden
schließt und Geschwüre abheilen läßt. Mit dem Amulett wurden
schwangere Frauen und Kinder beschützt, letztere besonders vor
Keuchhusten. Rosenkränze aus Korallen sollten alles Böse ab-
halten.

Amethyst, Amethystquarz und alle dunkelvioletten Steine sollen im übrigen dem Fische-Geborenen Glück bringen. Im Altertum galt der Amethyst als Glücksbringer in der Liebe, beim Geschäft und auf der Jagd. Er bewahrte vor Neuralgien und allen
Nervenleiden und war ein mächtiger Talisman gegen Trunkenheit. Auch *Saphir, Chrysolith* und *Mondstein* gelten für Fische
als glücksbringend. Dem Jupiter als Planetenbeherrscher dieses
Tierkreises ist der Amethyst zugeordnet.

Ferner gelten für alle im Februar geborenen Fische-Menschen
die Monatssteine *Amethyst* und *Onyx,* für die im März geborenen *Aquamarin* und *Jaspis* als Glücksbringer.

Edelsteine im Spiegel von Dichtern und Denkern

Die Theorie der Monatssteine beruht auf der astrologischen Anschauung, daß die Sonne während eines Jahres alle zwölf Tierkreiszeichen durchwandert und in jedem etwa einen Monat verweilt. Der Glücksstein wird demnach aus dem Tierkreiszeichen, dem beherrschenden Planeten und dem Sonnenstand bestimmt. Das astrologische Jahr beginnt nicht mit dem ersten eines Kalendermonats, sondern am 21. März mit dem Tierkreiszeichen Widder.

Die Schönheit edler Steine hat Dichter und Denker seit der Antike beschäftigt. Das Geheimnis ihrer Entstehung und der Hauch uralter Vergangenheit – nach der Vorstellung alter Mystiker aus den klaren Wassern des Paradieses geboren und aus der Ätherkraft der Sonne, des Mondes und der Planeten gebildet – umgeben die Edelsteine mit dem Zauber ewiger Jugend. Sie sind zeitlos und kennen weder Altern noch Verwesung. Ihr Adel besteht in ihrer Durchsichtigkeit und Härte, in ihrem prachtvollen Farbenspiel und Lichtgefunkel.

Die Grundstoffe Kohlenstoff, Tonerde, Kieselsäure, Kalk und Magnesium wurden vermöge des Funkens göttlicher Schöpferkraft zu Diamanten, Rubinen, Saphiren, Smaragden und Amethysten. Ordnung, Gesetzmäßigkeit und Harmonie der Weltschöpfung offenbaren sich in der Schönheit dieser Steine, dieser geheimnisvollen Kristalle.

Der bezaubernde Glanz als Ausdruck ihrer Strahlkraft und ihre Seltenheit ließen die edlen Steine zu Trägern göttlicher oder übernatürlicher Kräfte werden. Sagen, Märchen und Erzählungen ranken sich um sie in abenteuerlicher Fülle. Dabei gleicht kein Edelstein dem anderen; denn jeder Kristall ist ein unnachahmliches Meisterwerk der Natur, das den Menschen geschenkt wurde. Paracelsus sagte, sie seien die höchste Subtilität der Natur. In einem altägyptischen Hymnus an den Gott Osiris heißt es: „Du bist es, der Glieder von Gold, einen Kopf von Lapislazuli und eine Krone von Malachit hat, dessen Arm einen Himmelsträger bildet."

Wir folgen an dieser Stelle den Aussagen von Philosophen und Propheten, Dichtern und Denkern, die die Schönheit und Macht der Edelsteine gepriesen haben.

Worte aus Hellas, Visionen der Propheten

Aristoteles (384–322 v. Chr.)

„Die Natur des Diamanten ist im vierten Grad der Kälte und Trockenheit. Er besitzt zwei besondere Eigenschaften. Die eine davon ist, daß er mit keinem natürlichen Körper zusammengebracht werden kann, ohne ihn zu zerdrücken und zu zerbrechen; wenn er auf den Körper getan wird, spaltet er ihn; und zweitens hat kein einziger Stein über ihn Macht, diese hat nur Blei. Die Farbe des Diamantsteins ist die Farbe des Salmiaks. Der Stein Diamant und das Gold lieben sich gegenseitig, und der Diamant bewegt sich rasch zum Golde hin. Wird der Diamant mit Hilfe des Bleis pulverisiert auf eine eiserne Spitze gebracht, so durchbohrt er alle Arten von Gestein und Steinen wie Perlen, Rubin, Saphir, Smaragd und andere."

*

„Der Stein Türkis. Dies ist ein grüner Stein mit Blau gemischt, und in ihm ist etwas, das sich durch Schönheit des Anblickes auszeichnet. Es ist ein Stein, dessen Farbe mit der Reinheit der

Luft rein ist und bei ihrer Trübung sich trübt; in seiner Substanz ist Weichheit. Wenn geschmolzenes Gold mit ihm zusammenkommt, so nimmt es ihm seine Schönheit. Seine Farbe erfreut den Sorgenbeladenen."

*

Ezechiel

„Du weiltest im Eden, im Gottesgarten. Lauter Edelsteine waren dein Kleid: Karneol, Topas und Jaspis, Chrysolith, Beryll und Onyx, Saphir, Rubin und Smaragd. Deine Fassung und deine Verzierung waren aus Gold. Sie wurden erschaffen am Tag, da du erschaffen warst... Du warst auf dem heiligen Götterberg, ergingst dich inmitten feuriger Steine." (28, 13–15)

*

„Ich schaute, und siehe: Ein Sturmwind kam von Norden her, eine gewaltige Wolke und loderndes Feuer mit Glanz rings um sie her; aus seinem Innern strahlte es wie blinkendes Glanzerz, aus der Mitte des Feuers. Aus ihm heraus erschien etwas, das vier lebendigen Wesen glich. Ihr Aussehen aber war dieses: sie hatten Menschengestalt. Zwischen den Lebewesen war etwas, das aussah wie brennende Feuerkohlen, wie Fackeln, die zwischen den Lebewesen hin- und herfuhren; das Feuer hatte einen hellen Glanz, und aus dem Feuer zuckten Blitze hervor." (1, 4–5, 13)

*

„Oberhalb der festen Platte über ihrem Haupte war etwas, das wie ein Saphirstein aussah, etwas, das einem Throne gleichsah." (1, 26)

*

Jesaias

„Siehe, ich bette deine Steine in Bleiglanz und gründe dich aus Saphiren. Ich baue deine Zinnen aus Rubinen, deine Tore

aus Karfunkelstein und deine Umfriedung aus Edelgestein."
(54, 11, 12)

*

Tobias

„Jerusalems Tore sind aus Saphir gefügt und Smaragd, aus
edlem Gestein alle seine Mauern ringsum." (13, 20)

*

Johannes

„Die Mauer war aus Jaspis und die Stadt selbst aus lauterm
Gold so rein wie Glas. Die Grundmauern waren mit allerlei
Edelsteinen geziert: Der erste Grundstein war ein Jaspis, der
zweite ein Saphir, der dritte ein Chalzedon, der vierte ein Smaragd, der fünfte ein Sard-Onyx, der sechste ein Sardis, der siebte
ein Chrysolith, der achte ein Beryll, der neunte ein Topas, der
zehnte ein Chrysopras, der elfte ein Hyazinth, der zwölfte ein
Amethyst. Die zwölf Tore waren zwölf Perlen, jedes Tor war
eine Perle. Die Straßen der Stadt waren reines Gold wie durch-
sichtiges Glas." (Offenbarung 21, 18–21)

*

„Er (Gott) sah aus wie Edelstein, wie Diamant und Rubin.
Rings um den Thron war ein Regenbogen, der aussah wie
Smaragd . . . vor dem Thron lag es wie ein gläsernes Meer, wie
Kristall." (4, 3, 6)

*

Daniel

„Um seine Hüften trug er einen Gürtel aus feinstem Gold.
Sein Leib strahlte wie Chrysolith, wie der Blitz leuchtete sein
Antlitz. Seine Augen glichen Feuerfackeln. Seine Arme und Füße
funkelten wie geschliffenes Erz." (10, 6)

*

Henoch

„Die Mauern und Wände des Himmels sind wie aus Kristall-
steinen gebaut. Der Thron der Gerechtigkeit Gottes ist ihm wie

ein Reif, um ihn herum war etwas, das der leuchtenden Sonne glich und das Aussehen von Cheruben hatte. Unterhalb des Thrones kamen Ströme lodernden Feuers hervor." (14, 18)

*

„Ich ging weiter und sah einen Ort brennend Tag und Nacht, da wo die sieben Berge aus Edelstein sind ... Von denen in der Richtung nach Osten ist einer aus farbigem Stein, einer aus Perlen und einer aus Topas. Die in der Richtung nach Süden sind aus rotem Stein. Der mittlere, der bis zum Himmel reicht, ist wie der Thron Gottes aus Rubin und die Spitze des Thrones ist aus Saphir." (18, 6–10)

Zeugnisse des Mittelalters

Hildegard von Bingen

Die später heiliggesprochene Äbtissin, die von 1098–1179 n. Chr. wirkte, schrieb folgendes:

„Im Osten und wo allzu heftige Sonnenglut herrscht, entstehen die Edelsteine. Die Berge in jenen Gegenden haben von der Sonnenglut Hitze wie Feuer, und die Flüsse dort sind von ihr immer heiß, so daß zuweilen eine Überschwemmung dieser Flüsse losbricht und sie zu jenen Bergen emporsteigen. Es werden dann die ebenfalls von der Sonnenhitze glühenden Berge von ihnen berührt, und wo das Wasser mit dem Feuer zusammentrifft, werfen sie Schaum aus, wie es bei feuerglühendem Eisen oder feuerflüssigen Steinen ist. Nun bleibt hier der Schaum haften und erstarrt während dreier oder vier Tagen zu Stein. Hört dann die Überschwemmung der Wasser wieder auf, so daß sie wieder in ihr Bett zurückkehren, dann trocknet dieser Schaum, der an verschiedenen Plätzen an den Bergen hängen bleibt, je nach den verschiedenen Tageszeiten und deren Temperatur aus.

Je nach der Temperatur dieser Tagesstunden bekommt der Schaum Farbe und Kräfte und wird zu Edelsteinen verhärtet. Wie Fischschuppen werden sie von ihren Plätzen losgelöst und fallen dann in den Sand. Tritt dann wieder eine Überschwemmung der Flüsse ein, dann nehmen sie zahlreiche derartige Steine auf und tragen sie in andere Länder, wo sie schließlich von Menschen gefunden werden.

Diese Berge aber, an denen so zahlreiche und so gewaltige Edelsteine entstehen, erglänzen dort wie das Tageslicht. Und also werden die Edelsteine von Feuer und Wasser erzeugt, deshalb haben sie auch Feuer, Wasser und viel Kräfte und Wirkungen in sich, so daß man sehr viel mit ihnen unternehmen kann: Dinge, die gut, ehrenvoll und dem Menschen nützlich sind, nicht aber Verführung, Unzucht, Ehebruch, Feindschaft, Mord und ähnliches, was auf Laster hinzielt und dem Menschen schädlich ist; denn die Natur der Edelsteine sucht Ehrbares und Nützliches und verabscheut Verkehrtes und Böses, so wie auch die Tugenden die Laster abschütteln und wie Laster nicht mit den Tugenden zusammenwirken können." (Aus den *Schriften der hl. Hildegard von Bingen*, 4. Buch, übertragen von J. Bühler, Leipzig 1922, S. 149 ff.)

Wolfram von Eschenbach (1170–1220)

> Aus desselben Tieres Hirngebein
> Nahmen wir den Karfunkelstein,
> Der ihm darin wächst unter Horn,
> Bestrichen damit die Wunde vorn,
> Und senkten selbst den selt'nen Stein
> In die giftig-eiternde hinein.

Bei dem erwähnten Tier handelt es sich um das legendäre Einhorn aus der Schilderung des heiligen Gral im *Parsival*

(V, 60). Über das Prachtbett des kranken Amfortas sagt der Dichter (III, 90):

> Es ist mit einer Pracht geschmückt,
> Daß schwerlich jemandem es glückt,
> Dergleichen noch zu schaun auf Erden.
> Von den edlen Steinen am Gestell
> Des Ruhbetts, funkelnd, klar und hell
> Soll hier ein Teil genannt euch werden:
> Karfunkel, Balagius, Silenit,
> Gagatones und Jerachit,
> Antrodragma, Bestion,
> Onyx, Korallen, Chalcedon,
> Epistites, Ceraunius,
> Heliotropia, Pantherus,
> Praser, Sarda Gellidon,
> Sard-Onyx und Calcofon,
> Dionysia, Emathites,
> Iris, Jaspis und Echites,
> Ligurius, Karneol, Achat …
> Auch blitzen leuchtend dort und hier
> Pyritt, Türkis, Pallas, Saphir,
> Lipparia, Chrysold, Rubine,
> Diamant, Medus, Sardine …
> Und noch viel andere, die ungenannt
> Hier bleiben müssen. Es wohnt in ihnen
> Gar manche geheime Wunderkraft,
> Die hier zur Heilung sollte dienen.

*

Walther von der Vogelweide (1170–1230)

> Die Kron ist älter, als der König Philipp ist,
> drum scheints's ein Wunder jedem Auge, das ermißt,
> wie ihr der Schmied das rechte Maß verliehen.

Sein kaiserliches Haupt geziemt ihr also gut,
daß, wer sie scheiden will, als ein Verräter tut,
keins mag dem andern Stein und Glanz entziehen.

Sie leuchten beid einander an,
die edlen Steine und der junge süße Mann:
der Anblick muß den Fürsten wohl gefallen.

Wen nun nach anderen Herrn verlangt,
der schaue, wem der Waise* über Scheitel prangt:
der mag ein Leitstern sein den Fürsten allen.

(Gedicht auf die Krönungsfeier Philipps von Schwaben in
Mainz am 8. September 1198, wobei der Dichter den in der
Krone befindlichen Milchopal als den Leit- und Richtstein für
alle Fürsten feiert, die nach dem König suchen. Seit dem
14. Jahrhundert ist der Stein aus der Krone verschwunden. Er
wurde durch einen indischen Saphir ersetzt.)

Dante Alighieri (1265–1321)

Also erstiegen wir den ersten Stein,
Schneeweißen Marmor, blank auf jeder Seite,
So daß ich selbst mich sah im Spiegelschein.
Dunkler gefärbt denn Purpur war der zweite,
Zackig und rauh wie von Feuerglut
Geborsten in die Läng und in die Breite.
Der dritte, dessen Last zu oberst ruht,
Schien Porphyr mir, und seine Farbe brannte
So rot, wie aus der Ader spritzt das Blut.
Die Füße stützt auf ihn der Abgesandte

---

* Der „Waise" ist der Name des Zaubersteins in der Königskrone.

Des Himmels, und des Tores Schwelle glich,
Darauf der Engel saß, dem Diamante.

(Aus der *Göttlichen Komödie*, Purg. 9, 94–105.)

*

Konrad von Megenberg (1309–1378)

„Es ist eine Frage, wie die edlen Steine in den Adern der Erde wachsen. Nach der Meister Schrift wachsen die Steine in der Erde aus dem Erddunst und aus der Feuchtigkeit, die in den Erdadern und ihren Zellen eingeschlossen sind; denn in den Dünsten und in der Feuchtigkeit sind die vier Elemente gemischt: Feuer, Luft, Wasser und Erde. Der Steine Form und Gestalt ist von der besonderen Kraft der Sterne, die Gewalt und Macht haben, Form und Bildung zu wirken.

Die Farbe der Steine machen die Sternkräfte nach der Mischung von Dunst und Feuchtigkeit. Ist das Erdreich sehr feucht, so wird der Stein schwarz oder dunkel, ist viel Wasser da, so wird der Stein klar, von viel Luft gelb oder bleich und von viel Feuer rot.

Es ist auch eine große Frage, von wo und wie die großen Kräfte und wunderliche Macht der Steine kommen; denn sie besitzen große Macht für die Gesundheit des Menschen und andere Dinge." (*Das Buch der Natur*, Stuttgart 1856, S. 427.)

Aus neuerer Literatur

Johann Wolfgang von Goethe (1749–1832)
Ach, da standen Blumen an dem Flusse,
Und da waren Farben auf der Wiese,
Gold und Schmelz und Purpur und ein Grünes,
Alles wie Smaragd und wie Karfunkel.

(Aus *Amor als Landschaftsmaler*)

Schau! Im zweifelhaften Dunkel
Glühen blühend alle Zweige,
Nieder spielet Stern auf Stern
Und, smaragden, durchs Gesträuche
Tausendfältiger Karfunkel.

(Aus dem *Westöstlichen Diwan, Vollmondnacht*)

*

Das einfach Schöne soll der Kenner schätzen,
Verziertes aber spricht der Menge zu.
Drum leihe mir der Perlen sanftes Licht
und der Juwelen leuchtende Gewalt.

(Aus *Die natürliche Tochter*)

*

Ein anderes Gestirn, ein anderes Licht
erheitert mich. Und wie in dunklen Grüften
– das Märchen sagt's – Karfunkelsteine leuchten,
mit herrlichem mildem Schein der öden Nacht
geheimnisvolle Schauer hold beleben,
so ward auch mir ein Wundergut beschert.

(Aus *Die natürliche Tochter*)

*

Wahrlich, zur Kette soll das Kettchen werden, o Dora!
Neunmal umgebe sie dir, locker gewunden, den Hals!
Ferner schaff ich noch Schmuck, den mannigfaltigsten: goldne
Spangen sollen dir auch reichlich verzieren die Hand.
Da wetteifere Rubin und Smaragd, der liebliche Saphir
stelle dem Hyazinth sich gegenüber, und Gold
halte das Edelgestein in schöner Verbindung zusammen.
O wie den Bräutigam freut, einzig zu schmücken die Braut!

Seh ich Perlen, so denk ich an dich, bei jeglichem Ringe
kommt mir der länglichen Hand schönes Gebild in den Sinn.

(Aus der Elegie *Alexis und Dora*)

*

Ferner sagte der Meister, er habe gelesen, es könne,
wer den Ring am Finger bewahrt, in grimmiger Kälte
nicht erfrieren, er lebe gewiß ein ruhiges Alter.
Außen stand ein Edelgestein, ein heller Karfunkel.
Dieser leuchtete nachts und zeigte deutlich die Sachen.
Viele Kräfte hatte der Stein: er heilte die Kranken,
wer ihn berührte, der fühlte sich frei von allen Gebrechen,
aller Bedrängnis, nur ließ sich der Tod allein nicht bezwingen.
Weiter entdeckte der Meister des Steins herrliche Kräfte:
Glücklich reist der Besitzer durch alle Lande, ihm schadet
weder Wasser noch Feuer, gefangen oder verraten
kann er nicht werden, und jeder Gewalt des Feindes entgeht er.
Und besieht er nüchtern den Stein, so wird er im Kampfe
hundert überwinden und mehr, die Tugend des Steines
nimmt dem Gifte die Wirkung und allen schädlichen Säften.

(10. Gesang des *Reinecke Fuchs*)

*

Soll ich vom Smaragden reden,
Die dein Finger niedlich zeigt?
Manchmal ist ein Wort vonnöten,
Oft ist's besser, daß man schweigt.

Also sag ich, daß die Farbe
Grün und augerquicklich sei!
Sage nicht, daß Schmerz und Narbe
Zu befürchten nah dabei.

Immerhin, du magst es lesen!
Warum übst du solche Macht?
So gefährlich ist dein Wesen.

(Aus dem *Westöstlichen Diwan*, „*Bedenklich*")

*

Und Haufen Goldes waren mein,
am herrlichsten der Edelstein;
Nur der Smaragd allein verdient,
daß er an deinem Herzen grünt.

Nun schwanke zwischen Ohr und Mund
das Tropfenei aus Meeresgrund,
Rubinen werden gar verscheucht,
das Wangenrot sie niederbleicht.

(Aus *Faust*, 2. Teil, Ehrengeschenk für Helena)

*

Talisman in Karneol
Gläubigen bringt er Glück und Wohl;
Steht er gar auf Onyx-Grunde,
Küß ihn mit geweihtem Munde!
Alles Übel treibt er fort,
Schützet dich und schützt den Ort;
Wenn das eingegrabne Wort
Allahs Namen rein verkündet,
Dich zu Lieb' und Tat entzündet,
Und besonders werden Frauen
Sich am Talisman erbauen.

(Aus dem *Westöstlichen Diwan* „*Segenspfänder*")

Kräuterbuchs Sechster Theil/
Von Beschreibung/ Natur und
Eigenschafft der Metallen und Ertz.

 Etall und Ertz werden genannt die Gewächs/ so inn-
wendig der Erden wachsen und gegraben werden/ Solcher Me-
tall seyn fürnemlich sieben:. Nemlich/ Gold/ Silber: Queckfil-
ber/ Kupffer/ Zin/ Eisen/ Bley. Von diesen wollen wir nach
Ordnung aufs kürtzest anzeigen/ und darneben auch andere der-
gleichen/ so diesen Metallen zugehörig seyn/ erklären/ samt den
mancherley Geschlechten/ so auß der Erden kommen/ und von der
Erden genommen werden/ als von Schwefel/ Alaun/ Salpeter/ Kalck/ Berggeel/
Saltz/ Zwitter/ Operment/ Spangrün/ Glaß/ Spießglaß/ Gips/ Lett/ Bolus und
dergleichen. Wollen also vom Gold anfahen.

Hie ist zu mercken/ daß die Metall allesamt auß Vermischung deß Queckfilbers und
deß Schwefels herkommen/ welche beyde nach ihrem Zusatz deß nichren oder mindern
Theils/ auch nach der Substantz/ der Sauberkeit oder Unreinigkeit/ gemeldte fürnem-
liche Metall constituiren und machen.

Gold/ Aurum. Cap. I.

 Das Gold wird auf Griechisch Χρυσὸς, Lateinisch
Aurum, Frantzösisch Or, Italianisch und Hispanisch
Oro genannt/ und in Bächen und Brunnen/ inglei-
chem auch in Bergen gefunden/ kompt auß Vermischung
eines saubern klaren und rothen Schwefels/ und sauberem
klarem Queckfilber. Ist köstlicher denn alle andere Metall/
wäret länger/ und läst sich mehr arbeiten. Es scheinet allezeit/
und ob es schon verwüstet wird/ roftet es nicht/ wird auch nicht vom Rost verzehret.

Es

Es erquickt das Gesicht / und je röhter es ist / je für besser man es hält. Es ist auch zwey-mal so schwer als Silber / Kupffer oder Zin. Im Feuer verzehret es sich nicht / sondern wird je mehr gereiniget und probiret.

Gold zu Pulver gerieben und gessen / verzehret die Auffätzigkeit / und stärcket alle Glie-der deß Menschen.

Hertz-stärckung. Die Abfeilung vom Gold genützt / stärcket das Hertz über alle andere Artzney / und läßt kein faule Materi im Leib wachsen.

Geschaben Gold genossen / benimt das Zittern deß Hertzens / daß da auß der Melan-choley entsteht.

Gold ist recht temperiert in seiner Tugend / dann kein ander Metall.

Auffatz. Und wer sich der Auffätzigkeit besorgt / der nemme in der Wochen zweymal geschla-gen Gold auf ein halb Quintlin / und trincke das ein mit einem Loth Hiera Logadii / das ist ein Electuarium / welches reinigt die Feuchtigkeit deß auffätzigen Menschen.

Ohnmacht. Gold mit dem Safft deß Krauts Borrago genannt / oder mit Pulver / genannt Os de corde cervi, und Zucker gemischt / und genützt / ist gut denjenigen / so fast Ohnmächtig seyn / und darvon geschwinden.

Was mit Gold geöffnet wird an deß Menschen Leib / als mit Lassen / Schröpffen und Schneiden / das heilet ohne Schaden / und wächst kein faul Fleisch in denselbigen Wunde.

Hertzzit-tern. Melan-choley. Gold ist für das Zittern deß Hertzens / benimt die Traurigkeit / und wird von denjeni-gen / so mit ihnen selbsten reden und fantasieren / mit grossem Nutz gebraucht.

Gold stärcket das Hertz über alle andere Artzney / und macht ein gut fröhlich Geblüt.

Kan vom Erdrich / Wasser / Lufft / oder mit Feuer nicht verzehrt werden / sondern wird vielmehr durch das Feur gereiniget und geläutert.

Miltz. Fallende sucht. Wein / darinnen Gold offtmals gelöschet / ist gut wider Wehthum deß Miltzes.

Gefeilet Gold in Speiß oder Wein genützt / ist für die Fallendsucht.

Gold ist hitziger Natur / heilet die Auffätzigkeit und den Grind / zu Pulver gestossen / und in die Artzney gethan.

Silber / Argentum. Cap. 2.

Das Silber auf Griechisch Ἀργύριον, ἢ ἄργυρος, Latinè Argentum, Fran-tzösisch Argent, Italianisch Argento, und Hispanisch la Plata genannt. Komt auß Vermischung eines klaren weissen Quecksilbers / und einem weissen saubern Schwefel / so nicht sehr hitzig ist / darum ist es auch schön weiß.

Ist kalt und temperiert in seiner Feuchtigkeit / und dienet wider die zähe Phlegma. Käl-ter und truckner von Natur.

Räudig-keit. Faul Fleisch. Wunden hefften. Silber geschabt / mit Weinsteinöl gemischt / benimt die böse Räudigkeit / dieselbige damit geschmiert.

In faule Wunden gestrichen / verzehret es das böse Fleisch.

Silber heilet die Wunden zusammen / also / daß man sie nicht hefften darff.

Silber stärcket das Hertz / und macht gut Geblüt.

Glet /

Kräuterbuchs Siebender Theil/
Von Edelgesteinen/ derselbigen
Beschreibung und fürnehmsten Tugenden.

Von Polierung der Edelgestein.
Das 1. Capitel.

It dem pulverisirten Feuerstein werden alle Stein als Berillen/ rc. poliert.

Rubin oder Ballas zu polieren / brenn einen Amethisten zwischen zweyen Tigeln / zerreib den auf einem Stein/ brenne ihn noch einmahl/ so wird er gut zu allen weichen Steinen. Reiner Bimms brenne auf einem Stein / so wird er gut zu allen linden Steinen/ die mustu polieren auf einem Böcfin Leder / oder Byrnbäumen Breth.

Rubin soltu auf einem Bley / mit Schmirill schleiffen/ darnach auf einem Kupffer/ mit schwartzen Feuerstein/ wol gebrandt und gerieben/ polieren.

Smaragd soll man außwendig auf dem Rohr mit reinem Wasser poliern/ man mag ihn auch auf Byrnbäumenholtz mit Farben von Trippel / und auf dem Rohr poliern/ so bekomt er seinen lautern Glantz.

Berillen werden auf weissem Leder/ mit Perlenmutter/ der wol gebrandt und gerieben sey/ poliert.

Ballas aber mit Marcasit / das ist / Golderrtz/ und mit Leinöl / auf Kupffer gethan/ Es macht einen rechten Glantz mit Perlenmutter/ die wol gebrandt ist/ und mit lauterm Wasser gerieben / auf weissem Leder / so wird er schön.

Saphir wird mit schwartze Feuerstein auf Kupfer mit lauterm Wasser poliert.

Topasien mit Trippelfarben/ die wol gerieben sey auf Zin gethan.

Amethist wird auf Zyn oder Byrnbäumenholtz / mit gebrandtem Feurstein poliert.

Der Türckis als der Smaragd.

Carneol / Roman / Onichilum / Agat / Chalcidonien/ Jaspis/ soll man auf Zyn polieren mit Trippelfarb/ oder Feurstein auf Byrnbäumenholtz.

Crystall mit gebrandtem Crystall und Lindenholtz/ mit Trippelfarben.

Turquillis wird auf einem Wetzstein geschliffen.

Adamant/

Adamant / Diamant / Demant / Adamas. Cap. 2.

DEr Diamant auf Griechisch Ἀδάμας, Latinè Adamas, Frantzöfifch Diamant, Italianifch und Hifpanifch Diamante. Ift ein gar harte Stein / ein wenig dunckeler / dann der Cryftall / doch schwartz gläfenfarbig / also hart /
daß er weder mit Feuer noch andern Dingen gebrochen werden mag / Er wird aber
doch weich gemacht und aufgethan / befonder mit Bocksblut. Wie einige darfür
halten.

Sein Gröffe ift erfunden gleich einer Hafelnuß. Er wächft in Arabia und Cypern / aber der in Cypern ift weicher und dunckler.

Wann diefer Stein untern Magnet gelegt wird / fo bindet er ihn / und läft ihn
kein Eifen an fich ziehen.

Seine gröfte Tugend ift in Gold / Silber und Stahel / darinn an lincken Arm gebunden / ift er gut wider Unfinnigkeit und für die ungezähmte Thier / wider Krieg /   Unfinnig-
Hader und Gifft / Anlauf der Fantafey und böfen Geiftes. Mit diefem Stein wer-   keit.
den andere Stein durchlöchert / als Smaragd / Saphir und andere.

Achat / Achates. Cap. 3.

DEr Achat auf Griechifch Ἀχάτης, Latinè Achates genannt / hat groffe Tugend / befonder der ein Farb hat gleich eines Löuen Haut oder Haar. Ift fonft   Ge-
ein schwartzer Stein mit weiffen Aederlin. Und wird ein anderer deß Ge-   fchlecht.
fchlechts gefunden / viel kleiner / der dem Corall gleich ift.

Das dritte Geschlecht wächft mehrertheils in der Infel Creta / das im schwartzen
geelfarbe Adern hat. Sein viedte Geschlecht ift tunckelblau und von mancherley
Farben / gleich als ob er mit Blut befprenget were.

Achates ift gut zu deß Scorpions Biff / darauf gebunden oder aufgeftrichen / mit
Waffer / nimt alsbald den Schmertzen hinweg. Geftoffen auf die Wunden gelegt /   Schlan-
oder im Tranck mit Wein gegeben / heilet er der Schlangen Biff. Angetragen /   genbiff.
macht er wol reden / weiß / lieblich und angenehm. Zum Haupt eines Schlaffenden
gelegt / zeigt er ihm vielerley Bildungen der Träume.

Carbunckel / Carbunculus. Cap. 4.

DEr Carbunckel auf Griechifch Ἄνθραξίτης, Latinè Carbunculus, Frantzöfifch Efcarboncle, Italianifch Carboncolo, Hifpanifch el Carvonzol. Ift der
allerköftlichfte Stein / und faft feltzam. Seine Farb ift feurig / leuchtet wie
ein Feuer / hell und klar bey der Nacht. Mit der Farb und Tugend übertrifft er alle
brennende Stein / dann er allein hat in ihm aller anderer Tugend. Der Carbunckel fürnemfte Geschlecht feyn vier / nemlich / erftlich der rechte Carbunckel / darnach   Ge-
der Rubin / der Granatftein und der Balagius. Aber die befte find / fo da gläntzen /   fchlecht.
als ob fie Feuer von ihnen geben.

Der Carbunckel ift der herzlichfte Edelgeftein / hat alle Tugend und Krafft an
fich / welche den andern Edelgefteinen allefamt werden zugefchrieben.

Rubinftein / Rubinus. Cap. 5.

DEr Rubin auf Griechifch Πύρωπος, Lateinifch Rubinus,
Frantzöfifch un rubes ou Efcharboude, Italianifch Carbon-
chio, und Hifpanifch Caroncol. Ift kleiner / dann der Jacint.
Findet fich in Orient. Wann ihm der Balierer die Haut abzeucht /
fo wird er schön und klar.

Der ihn bei fich trägt / ift für böfen forchtfamen Träumen ficher.
Der in die Sonn gefehen hat / daß ihm fein Geficht schwach worden ift / und mit dem
Rubin feine Augen reibet und trücket / fo wird dardurch geholffen / und die Augen widerum klar gemacht. Und wann einer den Stein an dem Haar auf dem Kopff
reibt / fo zeucht er die Rißlin und Schüpen an fich / wie der Magnet das Eifen.

Granat /

Granat / Granatus. Cap. 6.

Er Granatus oder Granat ist von der Carbunckel Geschlecht / aber ein durchsichtiger Stein / roth und ein wenig röther / dann ein Carbunckel.

Granat macht das Hertz frölich und vertreibt die Traurigkeit. Ist hitzig und trocken. Wird in Morenland / und etwann bey der Statt Tyro im Meersand gefunden.

Balagus. Cap. 7.

Er Balagus vergleichet sich gantz dem Carbunckel / ist auch der Carbunckeln Geschlecht / seine Farb liechtroth / jedoch bleicher / als der Carbunckel. Seine Krafft ist wie deß Carbunckels / jedoch etwas ringer.

Catzedonien / Carchedonius. Cap. 8.

Er Catzedonier oder Caltzedonier auf Griechisch Καρχηδονιος, Lateinisch Carchedonius, wird von Plinio unter die Carbunckel gezehlet / hat ein mittelfarb zwischen dem Berill und Hiacinth / mit einer leichten Purpurfarb. Sein Geschlecht ist Männlin und Weiblin. Leuchtet hell / wie ein Stern. Sein Krafft ist wider die bose Gespenst / Traurigkeit und Forcht / und macht den Menschen sieghafft.

Sardonyx. Cap. 9.

Er Sardonyx, auf Griechisch Σαρδονυξ, hat die Gestalt eines Menschennagels / schön durchsichtig. Sein Krafft ist wider die Unkeuschheit und Hoffart / deßgleichen wider die böse Geschwer der Nägel.

Sardius. Cap. 10.

Nasen-bluten. Sardius ist ein tunckelrother Stein. Er vertreibt die Forcht / macht gehertzt / behütet den Menschen vor Gifft und andern bösen Dingen. Stillet das Nasenbluten / erfreuet das Gemüth / macht scharffsinnig. Und ist auch gut zun Nagelgeschweren.

Topasius. Cap. 11.

Topasius auf Griechisch Τοπαζιος, Latinè Topasius, Frantzösisch Topasse, Italianisch Toppazzio, und Hispanisch Topazio. Ist dem Gold gleich. So man ihn in ein siedend Wasser wirfft / und dann ein Hand darein stößt / so mag man sie ohn Schaden wider herauß ziehen. Gegen der Sonnen gehalten / gibt er Ströme von ihm wie Feuer. Er löschet die Brunst der Unkeuschheit.

Der Stein auf eine Wunden gelegt / stillet derselbigen Verblutung alsobald.

Turckiß / Turchios, Turcois. Cap. 12.

Er Türckiß auf Griechisch θυίτης, Lateinisch Thyites und Turchasios. Wächst in Türckey. Seine Tugend ist / daß er das Gesicht gesund behält / und von außwendigen schädlichen Unfällen bewahret.

Ist ein Stein Leibfarb / mit weiß gläntzender grüne / als wenn Milch ins grün kommen were / und nehme darinnen überhand / er ist aber nicht durchsichtig noch dunn / sondern satt.

Smaragd / Smaragdus. Cap. 13.

Er Smaragd auf Griechisch Σμαραγδος, Latinè Smaragdus, Frantzösisch une Esmeraude, Italianisch Smeraldo, und Hispanisch Esmeralda. Ist grün durchsichtig / also daß er den nahen Lufft mit seiner Grüne färbet / doch ist der beste / der sich weder von Liecht noch Schatten ändert.

Koimt auß Schottland und Britannien / und wird in den Ertzgruben gefunden. Etliche seyn gesprengt / etliche als Calcedonier. Die auß Schottland seyn die beste.

Gifft. Welcher von seinem Abschabet oder Abgefeileten zu trincken gibt / acht Gersten Körner schwer / dem der Gifft genossen hat / ehe er niderligt / so kommet er darvon / und fällt ihm sein Haar auß.

Fallende Sucht. Wer ihn in einem Ring trägt / den kommet die Fallendsucht nicht an / wenn er ihn an den Finger steckt / ehe ihn die Sucht bestehet.

Saphir / Saphirus. Cap. 14.

Er Saphir oder Saphirus koimt auß Orient und Indien / ist durchsichtig an der Farb / als der klare Hiniel / aber in ihm überwindet er die blaue Farb.　Da-

Darum iſt das der beſte / welcher finſtere Wolcken hat / die ſich auf die Röthe ziehen. Welcher die weiſſen Maſen hat / wird auch gut befunden / deßgleichen auch ſein Subſtantz und Weſen ſoll ſeyn / als krummer durchſichtiger Wolcken.

Er macht freudig / friſch / mild und andächtig / ſtärckt das Gemüth in guten Dingen. Zum Frieden iſt er Gnadenreich.

Perlen / Unio, Margarica. Cap. 15.
Perlenmutter / Conchæ margaritiferæ.

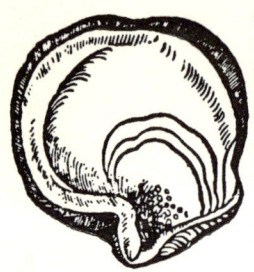

Die Perlen werden auf Griechiſch Mapya-δειτα, Lateiniſch Unio, Margarica, Frantzöſiſch vne Perle, Italianiſch Perla, und Hiſpan. la Perla genannt. In beſondern Muſcheln / die im Meer liegen / und ſonderlich in India gefunden. Solche Muſcheln werden Perlenmutter / Conchæ margaritiferæ genennet. Auch findet man viel in Engelland und in Flandern.

Ihre Tugend ſind die lebendige Geiſter / ſo vom Hertzen kommen / zu ſtärcken / und benemmen das Hertzzittern und den Schwindel deß Haupts. Hertz-zittern. Schwindel.

Auch wer geneigt were zu groſſer Ohnmacht / alſo daß ihm darvon geſchwindet / der brauche Perlen die mit Zucker bereitet ſind / Manus Chriſti cum perlis genannt / ſie ſtärcken das Hertz.

Wer tunckele Augen hat / der brauche Perlen / die nemmen die weiſſen Flecken im Augapffel hinweg.

Sie ſind auch gut wider den Blutfluß und die rothe Ruhr. Sie verhalten den Frauen ihre Zeit / und machen ſchöne Zähn. Rote Ruhr. Frauen-zeit.

Corallen / Corallium. Cap. 16.

Schwartze Corallen / Corallium nigrum.   Rothe Corallen / Corallium rubeum.

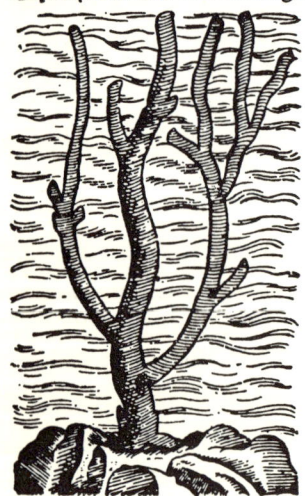

Die

Weiſſe Corallen/ Corallium album.

Die Corallen auf Griechiſch Κοϱάλιον, Latinè Corallium, Frantzöſiſch du Coral, Italiäniſch Corallo, und Hiſpaniſch el Coral genannt. Seynd in allen Landen/ jungen und alten Leuthen wol bekant/ dieweil man ſie nicht allein in der Artzney zu Hertzſtärckungen und andern vielfältigen Gebrechen deß Leibs gebraucht/ ſondern zur Zierung und Geſchmuck/ und Verhütung böſer Zufälle/ Geſpenſt un Zauberegen/ auch wider die Melancholy/ und zur Fröligkeit deß Gemüts und Geblüts/ den Kindern und alten Leuten/ an die Arme und an den Halß/ zu hencken pflegt.

Es ſeynd die Corallen ein Meergewächs/ ſo an den Ufern deß Tyrrheniſchen und Sicilianiſchen/ und andern Meeren wachſen/ mit vielen harten ſteinichten Zincken. Und ſeind dreyerley: Das erſte iſt gantz ſchwartze und harte/ welches Dioſcorides Antipathes und Corallium nigrum nennet.

Antipathes Corallium nigrum, Corallium rubeum, Corallium album.

Das andere ſo das gemeineſt und gebräuchlichſte/ iſt das Rothe/ Corallium rubeum, ſo überall bekant.

Das dritte iſt weiß/ Corallium album, welches allerdings wächſt wie das Rothe/ allein daß es ſehr löcherecht und hol iſt/ wie ein Bimſenſtein/ und bekomt etwann ſehr dicke Zincken/ wie die hiebey geſetzte Figur der weiſſen Corallen inſonderheit außweiſet.

Die Corallen Gewächſe alle drey/ ſeynd erſtlich gar unſauber und unrein anzuſehen/ werden aber nachmals geſchabt/ von aller Unreinigkeit geſäubert und poliert/ und auf mancherley art zu runden Körnern/ groß und klein gedrähet und durchlöchert/ und auch zu ſchönen Zincken abgeſchnitten.

Krafft und Wirckung.

Corallen haben eine ſtärckende Natur/ das Hertz und Geblüt frölich zu machen. Seynd kalt im erſten/ und trucken im andern Grad. Die weiſſe Corallen kühlen mehr/ als die rothe.

Sie werden alle äuſſerlich und innerhalb deß Leibs gebraucht.

Geſpenſt. Fallende ſucht.
Corallen an Haiß gehenckt/ ſeynd gut für böſe Geſpenſt und für die Fallendeſucht/
Zähn.
und werden alſo für dieſelbige eingegeben. Stärcken das verſehrte Zahnfleiſch und
Weiberfluß.
wacklende Zähn.
Rothe Ruhr.
Dienen zu dem überflüſſigen Weiberfluß/ zu dem weiſſen Fluß/ rother Ruhr und
für den Fluß Männlichen Saamens.
Mäuſich Samen. Grimen Stein. Miltz. Blut ſpeyen. Hagel. Donner.
Stillen das Grimmen und den Blaſenſtein.
Erweichen den harten Miltzen/ und machen denſelbigen klein/ offtmals eingenommen. Sind gut denen/ ſo Blut ſpeyen.
Es werden auch Corallen unter allerhand Artzney/ ſo das Hertz ſtärckt/ gemiſcht.
Wo Corallen in einem Hauſe ſeynd/ oder wo Corallen geſtoſſen/ und auf einen Acker geſtreuet/ oder an die Bäume gehencket werden/ ſolches Hauß/ Acker/ oder Bäume ſind für Hagel und Donnerſchlag ſicher und gefreyet/ wie die Alten davon bezeugen.

Magnet / Magnes. Cap. 17.

Der Magnet wird auf Griechiſch Μαγνῆτις, Latinè Magnes, Frantzöſiſch Aimant, Italiäniſch Calamita pietra, und Hiſpaniſch la Piedray mance vodel b:erro genannt.

Der

**Die Edelstein-Gedichte
von Otto Conradt**

aus
Tanzspiel der Edelsteine
o. O. 1940

*

Opal

Rausch und Freude, Glück und Jubel,
Jahrmarktslärm und Festtagstrubel!
Aufgepaßt! Hergeschaut!
Ei, wer schreit denn da so laut!
Seht nur den Bajazzo, seht,
wie er auf der Bühne steht,
seht ihn tanzen, Possen reißen,
in den bunten Feuern gleißen,
voller Mucken
sprühn und zucken,
Bälle werfen, Bälle fassen,
Hokuspokus und Grimassen –
welch ein Lichtnarr! Wie er lacht,
was er wilde Augen macht!
Einmal dunkel, einmal hell,
ein geschäftiger Gesell.
Auen
blauen,
Gluten glühn,
Sterngeglitzer,
Saatengrün!
So ein Großhans, so ein Schlemmer
ohne Sanftheit, ohne Dämmer,
hält an blanken Silberfäden

Feuerwerk und Blitzraketen –
Ach, nun steht er auch noch Kopf,
geistvoll kühn verwegner Tropf,
plärrt wie tausend Jazztrompeter
mit Gekeife und Gezeter.
O vergnügliche Bewegung,
andres Bild aus jeder Regung,
der erblaßt und der errötet,
jeder Ruck gebärt und tötet,
Welten springen vom Podest,
kommt heran, hier ist das Fest!
Rausch und Freude, Jubel, Glück,
und mein Auge strahlt's zurück,
holder Wechsel jeden Bebens,
lebend freu ich mich des Lebens.

Hoffende

Dann hebt sie aus der karneolnen Schale
Die Kette hoch von hellem Chrysopras
Und läßt sie, still bewundernd, durch die schmale,
Gepflegte Hand hingleiten, die am Maß

Der Kugeln, das sich schwellend mehrt und weitet,
Den Rhythmus ihres Wesens leis verspürt.
Und wie die Kette ihr vom Nacken gleitet
Und schwer das tiefe Dekolleté berührt,

Da fühlt sie die geheime Sehnsucht schwellen,
In Freudeschauern wird das Glück ihr kund,
Da führen die kristallenen Rondellen
Wie Atemzüge zu der Kugeln vollstem Rund.

Die Amethyst-Druse

Murmelnd floß ein Quell zu Tale,
Und der Berge Erd-Entströmen
Schlug sich nieder zu Kristallen
Auf dem Grunde der achatnen Schale.

Sonne, blinkend wie Opale,
Küßte sie in innigem Vergatten,
Und ihr Licht-Erguß gerann zu satten
Farben unterm Herzen der Gemahle.

Ewigkeit hat diese Frucht getragen,
Sie in ihrem Schoß geformt, gestaltet,
Bis die Zeit kam, da sie sich entfaltet,
Und dein Puls zum erstenmal geschlagen.

Da die Glut äonenalter Sonnen
Freundlich nun aus dir mich grüßt,
Sich ein Strom der Schönheit, wie aus fernem Bronnen,
Glühend wie Bordeaux aus dir ergießt.

Der Amethyst

Und manchmal leuchtet es, als hätte sich
Der Abend heimlich bei dir eingenistet,
Als wär der Tag, von dem die Sonne wich,
Von herbstlich mildem Dunkel überlistet.

Bist du Symbol der Reife, die sich satt
Ergießt aus deines Glanzes reiche Fülle?
Wird alles Kämpferische an dir matt?
Bist du ein Teil des Friedens, Teil der Stille?

Als ob in dir aus aller Zeiten Lauf
Ein schwerer Seufzer noch zu lösen sei,
So bange schwingt die Sattheit deiner Glut,

Als schlüg in deinem samtnen Innern scheu
Die Wehmut ihre dunklen Augen auf,
Denn deine Farbe ist angstvolles Blut.

Die Perle

Legtest die Hand an deines Busens Wellung,
der sich im Atem drängend in sie hob,
sie trank die Schöne seiner jungen Schwellung,
darauf der Mattglanz einer Perle wob.

Und des Geschmeides schimmernde Erhellung
nahm alle Röte, die im Licht zerstob,
daß sich die Flut der bleichenden Entquellung
in weißen, marmorglatten Schmelz erhob.

Die Lichter spielten liebkosend um dich,
bis aller Schatten ganz von hinnen wich –
O Weib, in das der Herr den Atem blies,

das er (vor Freude lächelnd) angeschaut,
ich sah im Spiegel deiner weißen Haut
die Schöpferhand noch, die dich grade ließ.

Afrikanischer Turmalin

Sahet ihr die grünen Nächte
in dem chtonischen Kristall?
Dreieckflügel, schwarz und feurig,
himmelan und Niederfall,

boten sie dem Himmel Erde,
reichten den Gebreiten Licht:

Nehmet, kostet von dem Mahle,
da der Herr die Brote bricht!

Schlürfend köstliche Verwirrung,
schenkt sich jede Fläche ganz
und wird Fata und Oase,
atmet, zeugt, ist Tod und Tanz.

*

Aquamarin

Himmel mußt du gewesen sein und Äther
und Ferne.
Du bist wie Anbeginn, bist Reinheit. Sterne
und alle Kreatur sind später.

Im Geheimnis deines Schoßes ruht das Licht
in Weltentiefe,
wo kein Hall das Schweigen bricht,
als schliefe,
sanft umhüllt von dunkler Bläue,
Gott in seinen Schöpfungstag.

Deine Reinheit
war vor aller Zeiten Schlag.

*

Rubin

O Lippen, tropfenfrischer Brunnenrand,
kirschrote Vase meiner stillen Küsse,
darin sie bräutlich blühn aus deiner Süße –
O Hände, Hände, wundermilde Hand –

Geliebte nimm, nimm meines Bluts Gesang,
aufklinge er in deines Wesens Welle!
O hoher Stern, verein mich deiner Helle,
heb mich in deines Himmels Überschwang,

ich will dir Sonne sein, die Wunder tut
an deinen vollen Trauben, deinem Wein,
daß er von Erdenwürze üppig triefe,

nimm mich wie ein Rubin in deine Glut
und laß aus des Errötens dunkler Tiefe,
laß mich dein Glanz, dein reines Feuer sein.

*

Diamant

Welch eine Zeit liegt in dem Rund geborgen?
War es ein Gestern? Wird es erst ein Morgen,
Das aus dem Wann ins Jetzt herüberrückt?

Da drinnen klärt ein Kern sich aus dem Schaum,
Als ob (betrachtend) in dem Hin und Her
Ein Wechselwirbel eingeschlossen wär,
Und Licht mit Nacht sich stritte im engen Raum.
Im Schnitte zuckt die Sonne wie zerstückt.
Ist das Geburt? Ist es Erstarrtes schon?
Den kleinen Stein erfüllen tausend Fragen –

Vom Innern klingt es auf in starkem Ton,
Wie Stimmen, die durch weite Säle tragen.
Ist das der Ruf der ungezählten Sonnen,
Die der Facetten Ebenmaß befreit,
Der Freudenschrei des Lichts, das froh entronnen
Aus grauer Haut, aus wesenloser Zeit?

Es ist das „Ja", das jedem Werker klingt,
Wenn etwas wird (und ihm ist alles Werden),
Das Licht, das glückhaft in die Augen dringt
All denen, die noch bauten und vermehrten.

*

Smaragd

Gemach, gemach,
ein still verborgnes Und-Gott-sprach –
O erster Frühling, heiß erblüht und trunkener
aus Gottes schaffender Begeisterung,
o in der jungen Wonne Sprung
ganz unverweht versunkener!

Die Sonne scheute noch das Blühn.
Und was in Knospen eingefaltet war
an nicht im Tag vergoßnem Grün,
verkuschelte wie Vögel in Gefahr,
um tausend und wieder tausend Jahr
zu träumen, ach, und nur zu träumen
von jungem Efeu und von schlanken Bäumen,
um tief im Mutterschoß der Erden
aus Traum und Trieb Kristall zu werden.

Was in dem warmen Dunkel ist erschafft,
hier strahlt's mit eines Frühlings ganzer Kraft –
Trompetenstoß: Hebt an! die Welt ist jung!
Verkündigung!
Verkündigung!

*

Australischer Saphir

Du blickst ihn an, das Auge schaut sich trunken
in dieser Nacht, des Südens Nacht. Da ruht

der Ozean versöhnt, wie hingesunken,
spielt mit dem Strand, wie man mit Frauen tut.

Aus Uferbüschen glitzernd wilde Speere,
dort steht das Land mit scheuem Blick, verzagt,
und birgt sein Grün wie Nacktheit vor dem Meere,
das großen Auges in das Innre fragt.

In deiner Seele spiegelt sich die Nacht,
und ihre Stille glättet alle Wogen,
im tiefsten Herzen wirst du gut und froh –

Komm, neig dein Ohr und lausche in die Pracht:
Auf samtnem Orgelpunkt in ewgem Bogen
der Erde süßestes Adagio.

Die Monatssteine
von Theodor Körner

Nach arabischer Mythe

Ein schöner Glaube blühte sonst dem Herzen
Auf stiller, wunderbarer Spur,
Und jeder knüpfte Freuden so wie Schmerzen
An dunkle Rätsel der Natur.
Er fand ein geheimes Wort in Baum und Blüte,
Geheimes Wort in lichter Steine Glanz,
Und oben, wo das Heer der Sterne glühte,
Schloß sich der wunderheilge Kranz.

Was auch das Herz auf dunklen Wegen strebte,
Das Auge blickte hoffend himmelan,
Und wie die nahe Stunde sich verwebte,
Verborgen lag's in der Planeten Bahn;
Nicht bloß um unsere Nächte zu erhellen,
Das Sternenlicht sich durch die Lüfte goß,

Nein, in des Menschenlebens tiefsten Quellen
Stand ihrer Kräfte klares Zauberschloß. –

Die Erde war aus Sternenhöh gesunken,
Gefallen von der Götterbrust
Nur in der Steine Sonnenfunken,
Da lebte noch der Sterne Lust.
Sie hüteten in tiefen Höhlen
Die Lieblinge so treu und süß
Und hauchten in die klaren Seelen
Des Lichtes Strahlenparadies. –

Und hoher Wirkung heilger Worte
Durchflammten ihren fremden Glanz
Und so aus tiefer Erdenpforte
Entblühte ihr geheimer Kranz
Und wand sich um den Flug der Zeiten
Nach hoher, rätselvoller Wahl
Und trat mit sinnigem Bedeuten
Sich wirkend in der Monden Zahl.

Und mit geheimnisvollem Zeichen
Erfreute sie des Meisters Hand;
Doch plötzlich ward aus Lebens Reichen
Der Sternenglaube streng verbannt.
Der schönste Traum ward uns entrissen,
Seit man die Geisterwelt verwarf,
Seit man nur kalten Weisheitsschlüssen
Und nicht dem Herzen glauben darf. –

Es spricht sich in den lichten Steinen
So klar der Farben Rätsel aus;
Wie ewge Blüten sie erscheinen
In ihrer Mutter dunklem Haus.
Drum, wem noch in dem treuen Herzen
Die leise Ahnung freundlich glüht,

Wie süßer Trost in tiefen Schmerzen,
Der horche still dem Geisterlied.

Im Januar

Beginnt das Jahr
So kalt und klar,
Aller Freuden bar;
Drum hat ihm die Natur tiefglühend Leben
Im Hyazinthe beigegeben,
Der das Auge mit Flammenrot begrüßt
Und tiefes Wirken in sich schließt.
Er wärmt das Herz
Bei kaltem Schmerz,
Besiegelt die Freundschaft
Mit fröhlicher Lust
Und treibt die Feindschaft
Aus tiefer Brust.
Du sollst ihn tragen als heilge Last
Am Halse, im reinsten Golde gefaßt.

Im Februar

Nimmt schon die Welt
Verjüngtes Leben wahr;
Drum hat Natur so licht und klar
den Amethyst ihm zugesellt.
Er knüpft das Rote mit dem Blauen
In seiner Farben Lieb und Treu
Magst du der stillen Wirkung trauen:
Er macht die Seele frisch und frei,
Besänftigt das empörte Blut
Und zähmt den trunkenen Übermut;
Und wird er an dem Haupte prangen,
So magst du Fürstengunst erlangen.

Der März

Richtet schon des Lebens Keime
Himmelwärts.
Doch durch seine dunklen Träume
Schlägt noch kein Herz
Nur wenig Lebensfunken
Der künftgen Liebeswelt
Sind blutigrot gesunken
Ins grüne Hoffnungsfeld;
Denn also ist des Steines Art,
Der sich im jungen März bewahrt.
Der Heliotrop, von der Natur erkoren,
Ward vom Saturnus kalt geboren;
Doch ist er nicht aller Wirkung bar,
Er macht die trübe Stirne klar
Und schützt vor des Giftes heimlicher Pein;
In der Herzgrube will er getragen sein.

Der April

Läßt das junge Leben
Mit freudigem Beben
Nicht länger still.
Er springt aus dem kalten Grab,
Streift sich die Hülle ab
Und will mit stürmischem Walten
Sich neugestalten.
Ihm ward dafür
Der klare Saphir.
Er ist ein heiteres Sternenkind,
Wie alle Joviskinder sind,
Blickt das Leben so freundlich an,
Man meint, er hätt uns was Liebes getan.

Mit leichten Scherzen
Versöhnt er die Herzen,
In glühenden Schmerzen
Kühlt er die Herzen.
Drum sorgenfrei,
Fest und treu
Trag ihn am Herzen!

Im Mai

Treten des Frühlings frühe Keime
Still, aber frei,
Aus dem lieblichen Reich der Träume.
Mit tausend Farben prangt die Flur
Und tausend Blüten blühn;
Aber der schönste Schmuck der Natur
Bleibt das lebendige Grün.
Drum ward der Smaragd
Strahlenbeseelt
Und der Frühlingspracht
Des Mais vermählt.
Er bringt den Menschen dauerndes Glück,
Erfreut das Auge und stärkt den Blick;
Und wie alles, was so edel schaut,
Sich vor dem Gemeinen und Schlechten graut,
So wirft er auch nur den Strahlenschein,
Wo Liebe treu ist und engelrein;
Doch an falscher Hand behagt es ihm nicht,
Und so wie die Treue der Stein zerbricht.

Im Junius

Winkt die Liebe den ersten Gruß;
Es kostet der Zephir auf rosigen Spuren,
Es erwacht die Sehnsucht in der Welt,

Und auf den vollblühenden Fluren
Neu üppiges Leben schwellt.
Drum hat Natur des Chalcedons Kraft,
Die still bescheidene, freundlich geschafft,
Daß er mit wechselndem Farbenspiele
Erfreue des Herzens dunkle Gefühle.
Denn freundlich ist er im lichten Morgen
Und auf den vollblühenden Fluren
Er treibt aus der Brust die quälenden Sorgen
Und läßt nur die Sorgen der Liebe zurück.

Der Julius

Drückt auf die Welt den Bräutigamskuß;
Da flammt die Lieb auf allen Zweigen,
Da flammt die Lieb aus jeder Brust,
Und in der Gefühle berauschten Reigen
Webt sich die höchste geistige Lust.
Drum ward ihm der Karneol erkoren
Ein feuerlebendiger Venussohn,
Der in guten, glücklichen Stunden geboren,
Hellglühend wie heißer Minne Lohn.
Er kräftigt das Herz und stärkt das Gemüt,
Daß es neu im Leben und Lieben glüht.

Der August

Glüht in versöhnter Liebeslust,
Und wie lebendig das Herz auch schlägt,
Keine Unruhe mehr die Seele bewegt.
So ward ihm denn zum freudigen Leben
Der doppelt gefärbte Onyx gegeben,
Den Zeus zugleich und Merkur gezeugt,
Und dem kein Stein auf der Erde gleicht.
Drum stellt er auch zwiefache Wirkung dar;

Denn er macht den Geist lebendig und klar,
Doch stärkt er das Herz auch zu kühnerm Wagen;
Drum mögen ihn die Gewaltigen tragen.

Zu Septembers Frist

Die reifere Kraft das Leben begrüßt,
Die Natur hat die ernste Weihe empfangen,
Da gilt nicht mehr das eitle Prangen;
Gediegener Wert und stiller Schein
Tritt mit bescheidener Klarheit herein.
Drum ward der Chrysolith erwählt,
Der solches Treiben in sich vermählt.
Er ist so klar, so mild, so hold
Wie goldenes Grün, wie grünes Gold.
Und wie des Mannes reife Kraft
Den Frieden in tobender Brust erschafft,
So läßt er auch mit sanftem Walten
Den Zorn im Herzen sich nicht gestalten
Und schützt mit seiner stillen Pracht
Vor bösen Träumen die friedliche Nacht.

Mit Oktobers Beginn

Reift des Spätjahrs ruhiger Sinn.
Die Luft wird wieder kühl und klar
Und stellt sich friedlich den Blicken dar.
Jetzt siehst du in der Tage Verblühn
Gleich Tropfen des Taues den Aquamarin
Mit grünlichen Strahlen wie Meereswelle,
Aber unendlich klar und helle.
Er ist für das Auge ein lichtes Bad
Und schützt vor Feindes List und Verrat.
Doch ist er nicht aller Leute Lust,

Und Eifersucht weckt er in mancher Brust,
Trägt man ihn in stillen Mondennächten
Beim einsamen Wandeln an der Rechten.

Novembers Zeit

Tritt in die Welt mit dem Winterkleid.
Die Früchte fallen, die Blätter ab,
Und die Natur wird ein weites Grab.
Aber hellglühend wie goldener Wein,
Wie sonnenflammendes Glas
Glänzt der Topas
Ins kalte Leben lebendig herein.
An der linken Hand als freundliche Zierde
Stillt er des Herzens wilde Begierde,
Macht die Seele des Zornes frei
Und zügelt die glühende Phantasei.

In Dezembers Wut

Starrt all der Natur lebendigs Blut;
Es birgt sich die Erde im Nebelkranze.
Es deckt sich die Flur mit des Schnees Glanze;
Nur in des Chrysopras lichtem Blick
Kehrt des Lebens Farbe zurück.
Und wie er im abgestorbenen Greis
Das künftige Leben verkündet leis
Und so die Hoffnung nicht sinken läßt,
So hält er im Herzen die Hoffnung fest.
Trag ihn voll Glauben, wenn du bangst,
Er bezwingt des Herzens quälende Angst,
Macht die Seele freudig in Gefahr
Und schließt im heiligen Kreise das Jahr!

Die Aufzählung der Monatssteine durch Körner, der einer alten arabischen Mythe folgte, weicht von der gewöhnlichen ab.

Die Monatssteine

Monat	alte Bezeichnung	Hauptsteine	weitere Steine
Januar	Hartung	Granat, Rosenquarz, Opal	Hyazinth
Februar	Hornung	Amethyst, Onyx	Saphir, Türkis
März	Lenzing	Aquamarin, Jaspis	Heliotrop, Turmalin
April	Ostermond	Diamant, Bergkristall	Saphir, Zirkon
Mai	Wonnemond	Smaragd, Chrysopras	Beryll grün, Opal
Juni	Brachet	Perle, Mondstein	Chalzedon, Tigerauge
Juli	Heuert	Rubin, Karneol, Opal	
August	Ernting	Peridot, Aventurin	Onyx, Sard-Onyx, Bergkristall
September	Scheidung	Saphir, Lapislazuli	Chrysolith, Chrysoberyll
Oktober	Gilbhart	Turmalin, Opal	Aquamarin
November	Nebelung	Topas, Tigerauge	Citrin
Dezember	Julmond	Zirkon, Türkis	Chrysopras

Von der Heilkraft der Edelsteine

Ägypter, Inder, Chinesen, Griechen, Römer und Araber verwendeten sehr viele Arten von Edelsteinen als Heilmittel gegen die verschiedensten Krankheiten. Dabei unterscheiden sie sogenannte *Schutzsteine,* die als Talismane gegen bestimmte Gebrechen und Erkrankungen getragen wurden (und wohl mehr magische Bedeutung hatten), ferner *Heilsteine,* die als Medikamente in der Medizin Verwendung fanden; und schließlich *magische Steine,* deren sich der Magier bei seinen Beschwörungen und Zaubereien bediente.

Die Lithotherapie, wie die Edelsteinheilkunde heißt, wird auch heute noch besonders in Indien und China praktiziert, wobei sie heute, unter neuen Formen, wieder mehr denn je aufgeschlossene Forscher interessiert − sowohl Mediziner als auch insbesondere Chemiko-Physiker bzw. Biophysiker. So schrieb beispielsweise der auf dem Gebiet der Chemie anerkannte Forscher A. Süßenguth in seiner Abhandlung *Edelsteine als Heilmittel* (Süddeutsche Apotheker-Zeitung 1938, S. 847):

„Wir wissen heute von Hochleistungs- und Spurenelementen, welche für den menschlichen Organismus von hohem Wert sein können. Bei Eisenpräparaten zum Beispiel ist der ‚verunreinigende' Gehalt an Mangan, Kobalt und Kupfer von direkt ausschlaggebender Bedeutung. Nun enthalten wenigstens die meisten der aufgeführten Edelsteine Spurenelemente. Sie sind es ja, welche den Steinen ihre schöne Farbe geben. Da sind zum Beispiel Mangan, Titan, Chrom, Kobalt, Nickel und Eisen, und es kann kaum einem Zweifel unterliegen, daß Spuren dieser Metalle bei der Vorbehandlung (Pulverisieren, Brennen etc.) in Lösung gehen. Beachtlich sind Fluorgehalte (z. B. des Topas), Berylliumgehalt des Smaragds . . . Lapislazuli gibt durch Salzsäurebehandlung Schwefel frei, wird also auch im Magen zerlegt . . . Man sieht aus diesen Beispielen, daß es nicht angeht, die Edelsteinmedizin in Bausch und Bogen zu verurteilen oder verächtlich zu machen, wie das seither geschehen ist."

Alte Edelstein-Rezepte

Über die kosmische Strahlenbedeutung der Edelsteine, die als Amulett getragen ihre Wirkung verrichten, berichteten wir bereits im Kapitel über die Glückssteine im Zusammenhang mit den einzelnen Tierkreiszeichen. Zahlreiche Edelsteinbücher aus der Zeit des Altertums und des Mittelalters haben sich mit der Anwendung edler Steine zu Heilzwecken beschäftigt. So gibt das pharmakologische Werk eines Mesuë jun. aus dem elften nachchristlichen Jahrhundert ein Rezept an, das als „Lectuarium ex Gemmis Johannis Mesuae" über Jahrhunderte in der abendländischen Pharmakologie beliebt war:

Rp. Margaritar. alb. . . . .   3 iij
    Saphiri fragmentorum,
    Hyacinthi fragm., Sardinis fragm.,
    Granatorum fragm.
    Smaragdi fragm.   . . . .   ana   3 iß
    Zedoariae,   Doronici,
    Corticum Citri,   Macis,
    Seminis Ozymi caryophyllati   . . . .   ana   3 ij
    Coralli rubri,   Electri,
    Limaturae Eburis   . . . .   ana   3 ij
    Been albi,   Been rubri,
    Caryophyllorum,   Zingiberis,

Piperis longi,	Spicae Nardi,			
Folior. Spicae				
Nardi,	Croci,			
Cardamomi		ana	3	j
Trochiscor.				
Diarhodon,	Ligni Aloes . . .	ana	3	V.
Zurumbet (Zedoaria)		ana	3	iß
Folium Auri	Foliorum			
	Argenti	ana	3	ij
Ambrae			3	ij
Moschi			3	ß

Confice cum melle etc. (Joh. Mesuae „Damasceni medici clarissimi opera", Venetiis apud Juntas 1589, pag. 95)

„Das ‚Electuarium ex Gemmis' ist von großer Wirksamkeit bei den kalten Affektionen von Herz, Magen, Leber und Gebärmutter, denn es hilft den Melancholischen, welche ohne Ursache traurig und furchtsam sind und der Einsamkeit nachgehen, es erheitert sie und führt sie wieder zu geordneter Lebensweise. Es bessert Herzklopfen und Ohnmachten, stärkt den infolge schlechter Witterung kränklichen Magen und bringt sowohl seine Verdauungskraft als auch die der Leber wieder in Ordnung, wobei der Körper eine gesunde Farbe und Wohlgeruch annimmt. Wegen solcher Vorzüge ist dieses Mittel bei Königen und Würdenträgern sehr beliebt."

Ein wahrhaft königliches Mittel – weil seine Ingredienzien nahezu unerschwinglich teuer waren – ist auch eine Rezeptur, die als „Species de hyazintho" bekannt war. Diese bestand aus Limonensirup, feinstem zerriebenem Hyazinthpulver, roten Korallen, Zitronensamen, Safran, Myrrhe, Rosen, rotem Sandelholz, gebranntem Hirschhorn, Elfenbein, Saphir, Smaragd, Topas, Perlen, Rohseide, Blattgold und Blattsilber. Als Papst Clemens VII. im Jahr 1534 tödlich erkrankte, gaben ihm seine

Ärzte ein solches Pulver aus verschiedenen zerriebenen Diamanten und Edelsteinen. Innerhalb von vierzehn Tagen schluckte er
solche Steine im Wert von 40.000 Dukaten.

Vom Ayurweda zur Edelstein-Strahlentherapie

Ayurwedische Ärzte, die sich auf altindische heilige Schriften
beziehen, verwenden noch heute die seit Jahrhunderten ge-
bräuchlichen Rezepte und stellen aus der Asche gebrannter
Edelsteine wirksame Heilmittel her. Allerdings sind diese der
großen Masse der leidenden Bevölkerung nicht zugänglich, da
sie im Vergleich zu allen anderen Medikamenten sehr teuer
sind. Lediglich den Reichen stehen die Wundermittel aus Edelsteinen zur Verfügung. Wie der indische Arzt Dr. A. K. Blatta-
charyya, der die heiligen Bücher der Ayurweden eingehend
studiert hat, zu berichten weiß, haben sich Veränderungen in
der kosmischen Strahlung als die Ursache von Erkrankungen
gezeigt, „und deshalb müssen die kosmischen Strahlen auch die
einzigen Kräfte sein, die in der Lage sind, Krankheiten von
Grund auf zu heilen".

Planeten wie Edelsteine sind nach den altindischen heiligen
Schriften nichts anderes als Kondensationen der sieben kosmischen Strahlungen, die sich unter anderem auch in den sieben
Farben des Regenbogens zeigen. Die wahre kosmische Strahlung in einem Edelstein ist allerdings nicht immer auf Anhieb zu
erkennen, weil uns sein äußerer Glanz blendet. Die wahre
kosmische Farbe eines Edelsteins läßt sich nur mit Hilfe eines
Quarz- oder Glasprismas feststellen, durch das man den betreffenden Edelstein betrachtet.

Ein Diamant, mit bloßem Auge betrachtet, erscheint so klar
wie Glas. Durch das Prisma gesehen, erkennt man jedoch, daß
dieser Stein einen dunkelblauen Strahlenkranz zeigt. Er ist eine
Quelle unerschöpflicher indigoblauer Strahlung. Ein Mondstein
beispielsweise erscheint glasig weiß, wenn man ihn mit bloßem

Auge betrachtet. Die Durchsicht durch ein Prisma beweist aber, daß von ihm ein hoher Anteil blauer kosmischer Strahlung ausgeht. Perlen, die ja im eigentlichen Sinn nicht zu den Edelsteinen zählen, jedoch eine große Rolle in der Lithotherapie spielen, erscheinen milchig weiß, unter dem Prisma jedoch zeigt sich eine orange Färbung. Ferner zeigen der Rubin eine kosmische Rotstrahlung, die Koralle eine gelbe, der Smaragd eine grüne, der Topas eine blaue und der Saphir eine violette kosmische Strahlung.

Nach der Überlieferung der alten indischen Bücher entsteht eine Krankheit dann, wenn die Schwingung, die von einer lebenden Zelle ausgeht, nicht in Harmonie mit der zugehörigen kosmischen Strahlung steht. Ist eine Zelle erkrankt, so kann sie nur mit Hilfe der geeigneten kosmischen Strahlung gesunden.

VIBGYOR ist kein magisches Geheimwort, wie man auf den ersten Blick meinen könnte, sondern es setzt sich aus den Anfangsbuchstaben der sieben Farbbezeichnungen zusammen, welche die kosmischen Strahlungen kennzeichnen. Dabei steht V für Violett, I für Indigo, B für Blau, G für Grün, Y für Yellow (Gelb), O für Orange und R für Rot. Zahlreiche indische moderne Ärzte, die im Westen ausgebildet worden sind, kennen die geheimen Kräfte der kosmischen Strahlen, die von den Edelsteinen ausgehen. Sie beteuern, mit ihrer Hilfe zahlreiche „unheilbare" Krankheiten kuriert zu haben.

Dem Element Feuer ist die rote Farbe zugeordnet. Rote Strahlung erzeugt Wärme im Körper und wirkt positiv auf die Verdauung. Besonders bei Erkältungskrankheiten soll die rote Strahlung nach dem Ayurveda wirksam sein. Wo Hitzegegensätze ausgeglichen werden sollen, da ist die Anwendung der roten Strahlung zu empfehlen. Rot gilt als Gegenspieler von Orange. Deshalb kann ein Überschuß einer orangen Strahlung mit roten kosmischen Strahlen ausgeglichen werden. Die rote Farbe ist ein Symbol der Sonne und ihrer wärmenden Kraft.

Bei seelischen Erkrankungen und auch bei Augenleiden hilft die rote Strahlung. Durch eine längere Bestrahlung können sogar schlechte Gewohnheiten eines Menschen verbessert und „kühle Temperamente" aktiviert werden.

Dem Element Wasser entspricht die orange Strahlung und der Planet Mond. Orange Strahlung produziert Kälte und dämpft die Aktivität der „heißen" roten Strahlung, denn sonst würde der Körper verbrennen. Das zugehörige Sinnesorgan ist die Zunge mit ihren Geschmacksnerven. Orange Strahlung wird nach den weisen indischen Büchern in allen Fällen von überhöhter Körpertemperatur angewandt. Der Inder setzt die Sonne als Gleichnis für seine Seele, den Mond aber als Gleichnis für seinen Körper. Fieber und Schlaflosigkeit sollen erfolgreich mit der orangen Strahlung bekämpft werden.

Das Wärmegleichgewicht des menschlichen Körpers wird durch die gelbe Strahlung gesteuert. Diese Farbe entspricht dem Planeten Mars. Mangel an gelber Farbe zeigt sich bei kraftlosen Patienten. Menschen, die an Tuberkulose, fiebrigen Erkrankungen oder an einem rheumatischen Herz leiden, zeigen einen Überschuß an gelber Bestrahlung. Sie sollten deshalb kühlenden elektromagnetischen Wellen von Orange oder Grün ausgesetzt werden.

Die grüne kosmische Strahlung entspricht dem Element Erde und dem Planeten Merkur. Als Mittlerin von Kraft und Zähigkeit bekämpft sie alle Vergiftungen, bakterielle Erkrankungen und Infektionen chronischer Art.

Blaue Strahlungen werden nach indischer Lehre dem Element Akasa, das die alten Griechen mit dem Äther bezeichneten, gleichgesetzt und entsprechen dem Planeten Jupiter. Blau ist die Farbe des unendlichen Himmels und war die erste Kraft, die bei der Entstehung der Erde beteiligt war. Das kosmische Blau vermittelt die Lebenskraft und unterscheidet sich von der Luft, die wir atmen und die als Atmosphäre bezeichnet wird. Blaue Strahlung wird vor allen Dingen bei Erkrankungen von Hals, Mund, Nase und Ohr von indischen Ärzten eingesetzt. Eindrucksvolle Erfolge wurden bei Keuchhustenkranken erzielt. Das tiefe Blau des Indigo beherrscht die Lymphdrüsen des Körpers. Die Indigostrahlung ist dem Planeten Venus zugeordnet, dem seinerseits das Element Wasser angehört. Indigoblaue Strahlungen beeinflussen alle Drüsenerkrankungen und steuern somit auch die Hormontätigkeit. Sie vermitteln ein Gefühl des Wohlbefindens und heben den allgemeinen Gesundheitszustand. Indische Ärzte bestrahlen Frauenkrankheiten mit Indigoblau, beheben so angeblich Sterilität von Frauen und setzen dieses Mittel auch gegen alle möglichen Alterskrankheiten ein.

Die violette Strahlung entspricht schließlich in ihrer Farbtönung dem Element Luft, das für unsere Existenz von ganz besonderer Wichtigkeit ist. Ohne Atemluft könnten wir wie alle Lebewesen nicht auskommen. Unsere Lunge nimmt Sauerstoff auf und reichert unser Blut damit an. Der an die roten Blutkörperchen gebundene Sauerstoff spielt bei der Verbrennung der Nährstoffe eine wichtige Rolle. Gesunde Haut, die mit dieser Strahlung verbunden ist, erscheint violett, wenn man sie durch ein Prisma betrachtet. Die violette Strahlung entspricht dem Planeten Saturn. Sie beeinflußt alle Erkrankungen des Nervensystems.

Nur durch ein gestörtes Gleichgewicht der kosmischen Strahlung – meist ausgelöst durch unvernünftige Lebensweise, Genußmittelgifte und schädliche Umwelteinflüsse – wird unser Organismus erkranken, wie die indische Lehre sagt. Der kundige Arzt aber kann durch geschickte Bestrahlung mit Hilfe der Edelsteintherapie dieses gestörte Gleichgewicht wiederherstellen und damit Krankheiten heilen.

Im Sinn der kosmischen Strahlentherapie verwenden indische

Ärzte besonders neun Edelsteine – zählt man Perle und Koralle
dazu.

Der als heilig verehrte Rubin, der in Milch gelegt wird, über-
trägt seine rote Farbe und seine Kraft auf die Flüssigkeit, vor-
ausgesetzt, daß die Milch in einem engen Gefäß gerade den
Stein bedeckt. Setzt man einen Rubin, der auf eine Silberschale
oder eine Perlmuttschale gelegt wird, dem direkten Sonnenlicht aus, dann erscheint die gesamte Unterlage in einem tiefen
strahlenden Rot. Nur die Steine, bei denen sich diese Phäno-
mene zeigen, sind für Heilzwecke geeignet. Die Asche eines
solchen Rubins ist nach dem Ayurweda in der Lage, das Leben
zu verlängern, Verstopfungen, Magenschmerzen, Koliken und
Magenbrennen, das durch Vergiftungen verursacht wurde, zu
heilen.

Die milchig weiße Perle gilt in der indischen Edelsteinmedizin
als besonders wirksam, wenn sie gleichmäßig glänzend, rund
oder oval ist. Ihre orange Strahlung wird besonders dann eingesetzt, wenn das Blutgewebe des Fleisches oder die Knochen
Feuchtigkeit benötigen. Überschüssige Hitze des Körpers wird
entweder allein mit der Asche von Perlen, die im Geschmack
kalt und süß ist, bekämpft, oder aber in Verbindung mit Blau
und Grün. Perlenasche ist Balsam für die Augen und verleiht
dem Blick ein strahlendes Aussehen. Indische Ärzte verordnen
sie auch bei chronischem Fieber aller Art, bei Atemlosigkeit,
Herzjagen, Bluthochdruck und bei Verdauungsbeschwerden.

Die hellrote Koralle wird von indischen Ärzten als Heilmittel
besonders geschätzt. Sie sendet warme, leuchtend gelbe Strahlen
aus und ist wirksam bei allen Lymphdrüsenerkrankungen, gegen
Arthritis und bei allen Leiden des Knochenmarks und Zentral-
nervensystems. Mit Korallenstrahlung wird Asthma behandelt.
Sie soll aber auch Untertemperatur normalisieren, als Appetit-
anreger wirken und hervorragende Ergebnisse bei Depressionen
erbracht haben.

Der leuchtend grüne Smaragd reflektiert ein klares sanftes Licht. Nach alter indischer Überlieferung hängt die Gesundheit des Menschen vor allem von der grünen kosmischen Strahlung ab. Alle Hitzeerkrankungen der Organe können durch eine Bestrahlung mit einem Smaragd geheilt werden. Die Asche dieses Edelsteines ist kalt, süß, fettig, appetitanregend und vertreibt sowohl Säure als Hitze. Seine grünen Strahlen heilen schleichendes Fieber, alle Arten von Vergiftungen, Schwellungen und Entzündungen.

Topas und Mondstein senden eine hellblaue Farbstrahlung aus und gelten als Lebensspender und Förderer der Intelligenz und des Gedächtnisses. Der Topas wird meist in Verbindung mit anderen kühlenden Steinen, mit Smaragd, Diamant, Saphir oder Perle zur Behandlung von Entzündungen und Fieber verwendet. Die blaue Einstrahlung heilt Appetitlosigkeit, Verdauungsbeschwerden und Leberschmerzen. Zu Asche verbrannter Mondstein wird von indischen Ärzten verordnet, um den Körper zu entschlacken und ihn von Giftstoffen zu befreien. Sie bekämpft Unwohlsein und Brechreiz.

Der Diamant hat eine dunkle indigofarbene kosmische Ausstrahlung, die besonders auf alle sekretionsbildenden Organe im menschlichen Körper, beispielsweise auf alle Hormon- und Schleimdrüsen, wirkt. Diamantasche wird bei allen psychischen Erkrankungen, u. a. bei Epilepsie, verordnet. Sie gilt als lebensverlängernd, stärkt den Körper, fördert die Durchblutung des Gewebes und die Ausscheidung der schädlichen Schlackenstoffe.

Durch das Prisma betrachtet, sieht man bei dem blauen Saphir eine intensive violette Aura. Wenn er in wenig Milch eingetaucht wird, erscheint diese blau, falls der Stein echt ist. Die violette kosmische Farbstrahlung soll alle Nervenkrankheiten günstig beeinflussen, wie sie auch fast alle Hauterkrankungen heilen soll. In schweren Fällen von akuten Neurosen oder latenter Idiotie wurde in Indien Saphirasche mit Erfolg eingesetzt.

Die Kalteinstrahlung von Orange, Grün und Blau wird durch die ultraviolette Strahlung des Zirkons verstärkt, während die infrarote Strahlung des Katzenauges die Hitzestrahlung von Rubin und Koralle erheblich erhöht. Zirkon und Katzenaug werden aber nicht allein für sich, sondern immer nur in Verbindung mit anderen Edelsteinen als Verstärker benutzt.

In Verbindung mit Saphir und Diamant wirkt die ultraviolette Strahlung des Zirkons besonders bei epileptischen Anfällen oder schweren Geistesstörungen. Demgegenüber können starke Depressionen durch die infrarote Strahlung des Katzenauges in Verbindung mit der kosmischen Strahlung eines Rubins in kurzer Zeit behoben werden. Auch Hautkrankheiten wie Akne und Schuppenflechte reagieren außerordentlich empfindlich auf ultrarote Hitzestrahlung.

VIBGYOR – aus diesen Regenbogenfarben setzt sich, wie gesagt, die gesamte kosmische Strahlung zusammen, die unter anderem in den Edelsteinen, aber auch in den bestrahlten Heilkräutern vorhanden ist. Nur so ist verständlich, weshalb gewisse Kräuter gegen bestimmte Krankheiten ganz besonders wirksam sind. VIBGYOR ist das Zauberwort, von dem uns die heiligen Schriften des altindischen Ayurweda berichten und ohne das es kein Leben, kein Gefühl und keine Intelligenz auf der Erde geben würde. Krankheiten aber sind nach dieser Lehre – das sei nochmals betont – nichts anderes als eine Störung des Gleichgewichts der kosmischen Einstrahlung. Der wissende Arzt kann nun diese Störung beseitigen und damit die Krankheit heilen, wenn er den leidenden Körper zusätzlich mit der fehlenden kosmischen Farbe bestrahlt – oder eine Überschußfarbe durch eine andere Farbbestrahlung mindert. Unsere Gesundheit ist also abhängig von dem Gleichgewicht der sieben Strahlungsfarben, also von VIBGYOR.

Nach der alten indischen Lehre ist der Tod ultraviolett und infrarot. In einem lebenden Körper müssen alle dazwischenliegenden Farben vorhanden sein. „Je nachdem, wie wir diese Regenbogenfarben in Qualität und Quantität als Lebensenergie zugeteilt bekommen haben, sind das Wachstum, die Gesundheit und die Intelligenz programmiert. Dies ist unser Erbe. So wiederholt sich in jedem einzelnen Lebewesen unserer Erde, sei es Mensch, Tier oder Pflanze, die große Hoffnung der *Heiligen Schrift,* die lautet: „Ich setze meinen Bogen in die Wolken, und dies wird der Bund sein, den ich zwischen mir und der Erde gebildet habe." So sagt es Dr. A. K. Bhattacharyya, den der Naturwissenschaftler Dr. Walter Stark in seinem Buch *Marah: Die Bibel weist modernster Wissenschaft den Weg* (erschienen ebenfalls im Ariston Verlag, Genf) ausführlich zitiert. In diesem faszinierenden Buch zeigt übrigens Dr. Stark, der als Biophysiker sensationelle Forschungen auf dem Gebiet der Luftelektrizität und kosmischer Strahlung betrieb (und zahlreiche Patente innehat), daß an diesem alten Wissen sehr viele Wahres ist, wie nun modernste Wissenschaft entdeckt.

Doch kehren wir zurück zur altindischen Lehre: Da im allgemeinen fast alle Erkrankungen komplexer Natur sind, das heißt nicht nur von einer fehlenden oder zu starken Bestrahlung verursacht werden, so empfiehlt die indische Lithotherapie zur Herstellung des kosmischen Farbstrahlungsgleichgewichts Kombinationen verschiedener Farbbestrahlungen durch die entsprechenden Edelsteine, wobei zu den sieben kosmischen Farbstrahlen die beiden unsichtbaren, das Ultraviolett und das Infrarot, hinzugerechnet werden. Nachfolgende Tabelle zeigt, welche Kombination nach dem VIBGYOR-System und den zugeordneten Edelsteinen zur Behandlung der verschiedenen Krankheiten besonders wirksam sind. Heute gibt es – wie Doktor Stark in dem obenzitierten Buch ausführt – bereits spezielle Generatoren, mit denen die Edelstein-Strahlentherapie arbeitet.

Tabelle nach den Angaben des indischen Ayurweda

Farb-Kombination	Edelsteine	Zu behandelnde Krankheiten
IBGO	Diamant, Mondstein, Smaragd, Perle	Fieber, Entzündungen, Infektionen, Gelbsucht, akute Lebervergrößerung, Erbrechen
VIBG + O	Saphir, Diamant, Topas, Smaragd + Perle	Epilepsie, Ekzeme Abwechselnd VIBG und O kontrolliert Gebärmutterbluten
OGIV	Perle, Smaragd, Diamant, Saphir	Niere, Blase, Steinerkrankungen, Harnleiter, Diabetes (Zuckerkrankheit); leichte blutdrucksenkende Wirkung
RYB/IR	Rubin, Koralle, Topas oder Mondstein/Katzenauge	Lähmungen, Blutkrankheiten, Schlaflosigkeit, Arthritis, Erkrankungen der Wirbelsäule, chronische Mandelentzündung, Blutarmut, alle Knochenentzündungen
VIBGYOR/ UV + IR	Saphir, Diamant, Topas oder Mondstein, Smaragd, Koralle, Perle, Rubin/Zirkon und Katzenauge	Alle neun Edelsteine werden einmal täglich bei chronischen Erkrankungen vorteilhaft nach der Verabreichung der üblichen Medikamente ausgestrahlt
GR/IR	Smaragd, Rubin/Katzenauge	Magenübersäuerung, Magengeschwüre, Magendruck, Verdauungsstörungen, Blähungen, Blinddarmentzündung, alle Darmerkrankungen

Farb-Kombination	Edelsteine	Zu behandelnde Krankheiten
GV/IR	Smaragd, Saphir/Katzenauge	Syphilis, Schuppenflechte, Bluthochdruck
BY	Topas oder Mondstein, Koralle	Akute Depressionen, chronische Mandelentzündung, chronische Gelbsucht, Hormonstörungen, Drüsenleiden
RV/IR	Rubin, Saphir/Katzenauge	Gelenkentzündungen, Asthma, Herzschwäche, Entzündung der Herzinnenhaut, Herzbeutelentzündung, Mittelohrentzündung, Lähmung nach Schlaganfall, chronische Depressionen
OV/IR	Perle, Saphir/Katzenauge	Menstruationsstörungen, Depressionen als Folge gestörter Monatsblutungen
IV/IR	Diamant, Saphir	Alle akuten und chronischen Hauterkrankungen
RJ/IR	Rubin, Diamant/Katzenauge	Schizophrenie, Depressionen, Verwirrtheit, Müdigkeit während des Tages und Schlaflosigkeit während der Nacht. Die Behandlung sollte wenigstens ein Vierteljahr dauern, um erfolgreich zu sein
RO	Rubin, Perle	Asthma

Edelsteine heilen Krankheiten

Bis ins 17. und 18. Jahrhundert bereiteten die Apotheker in Deutschland unter genauer Einhaltung eines bestimmten Zeremoniells den „Theriak" (theriaca coelestis), der, aus 54 Bestandteilen zusammengesetzt, u. a. Hyazinth, Rubin, Granat und Smaragd enthielt und als Allheilmittel gerühmt wurde.

Wir wollen nun die wichtigsten Krankheiten und die ihnen zugeordneten heilkräftigen Edelsteine anführen.

Angstgefühl

Seit alten Zeiten gilt der Amethyst, als Fingerring oder direkt am Herzen getragen, als wirksamer Talisman gegen alle Angstgefühle. Aber auch der Smaragd soll hier wahre Wunder wirken.

Appetitlosigkeit

Der Smaragd gilt seit dem frühen Mittelalter als kräftigender Heilstein, der die Säfte des Körpers anregt, so daß der Patient wieder Appetit bekommt.

Asthma

Bei den Arabern wurde bei asthmatischen Erkrankungen der Lapislazuli als Heilmittel angewandt. Konrad von Megenberg (1309–1378) gibt an, daß der Beryll, besonders aber der Aquamarin, wenn er in Wasser gewaschen wird und man dieses dem Patienten zu trinken gibt, hilfreich gegen Asthma wirkt. Die europäische Medizin des 19. Jahrhunderts benutzte noch gebrannten Bernstein zu Pulver verrieben gegen Erkrankungen der Atemwege und besonders bei Asthma.

Augenkrankheiten

Die Rezepte für Augenleiden sind besonders zahlreich. Schon die Ägypter schätzten den Blutstein (Hämatit) zur Bekämpfung aller Augeninfektionen. In Griechenland wurde er zermahlen und mit Honig vermischt. Dieses Mittel kam besonders bei triefenden Augen zur Anwendung.

Der griechische Philosoph Aristoteles (384 bis 322 v. Chr.) gab an, daß der Türkis den Augen nützt, wenn er einem Augenpulver beigemengt wird. Bei Griechen und Römern galt der Onyx als wirksames Augenamulett. Noch heute wird er in der Türkei zum gleichen Zweck angepriesen.

Der Römer Plinius (23 bis 79 n. Chr.) berichtet, daß der Smaragd das Augenlicht erhält und stärkt. Bernstein, mit attischem Honig abgerieben, sei dagegen bei trüben Augen hilfreich.

Josephus von Scythopolis (286 bis 356 n. Chr.) schrieb dem Chrysolith eine heilende Wirkung bei allen Augenkrankheiten zu. Ferner bemerkt er, daß der Saphir die Augen zum Funkeln bringt.

Über den Saphir schrieb die heilige Hildegard von Bingen (1098–1179): „Ein Mensch, der ein Häutchen in seinem Auge hat, halte einen Saphir in seiner Hand und wärme ihn darin oder am Feuer und berühre das Häutchen mit dem feuchten Stein. Das tue er drei Tage lang morgens und nachts, und es wird kleiner werden und verschwinden."

Der Benediktinermönch Marbod von Rennes (gest. 1123) berichtete, daß auch der Achat die Augen stärke und die Sehkraft schärfe, wie es auch schon Plinius angegeben hat.

Blähungen

Noch heute wird in Indien gegen Magenverstimmungen und Blähungen ein Rubin-Elixier zubereitet und dem Kranken eingeflößt.

Blasenleiden

Der Blutstein soll nach Dioskurides gegen alle Blasenleiden wirksam sein. Er wurde geröstet und zu Pulver vermahlen, in Wasser gelöst und dem Patienten verabreicht.

Darmkrankheiten

Gegen alle Darmkrankheiten verordneten griechische Ärzte den Chrysolith. Im 18. Jahrhundert wurde gegen Durchfall der Granat gepriesen.

Drüsenkrankheiten

Hildegard von Bingen schreibt dem Bergkristall die Fähigkeit zu, Drüsenkrankheiten zu heilen, während hundert Jahre später Konrad von Megenberg den Beryll – und hier wieder besonders den Aquamarin – als heilkräftig anführt.

Epilepsie

Die Römer waren der Ansicht, daß vor allem Chrysolith und Jaspis die Fallsucht heilen könnten.

Viele Jahrhunderte lang galt das Mittel der Äbtissin Hildegard von Bingen als hervorragend geeignet. Man lege einen Smaragd in den Mund, denn er schützt vor einem Anfall. Ferner führt die später als Heilige verehrte heilkundige Frau an, daß der Achat hilfreich sei, wenn er in Wasser gelegt würde. Dort sollte er drei Tage lang bei wachsendem Mond „weichen". Darauf sollte er zehn Monate hindurch beim Bereiten der Speisen für den Patienten verwendet werden.

Deutsche Apotheken des 19. Jahrhunderts verkauften pulverisierten Bernstein gegen Epilepsie.

Erbrechen

Arnoldus Saxo (gest. 1220) empfahl den Chrysopras zur Linderung unstillbaren Erbrechens, während der arabische Arzt Ibn al Beithar (gest. 1248) Bernsteinpulver in Rosenwasser gelöst vorzog.

Fieber

Die Römer glaubten an einen Bernsteintalisman, der das Fieber vertreiben sollte.

Das vierte nachchristliche Jahrhundert schrieb dem Achat eine fiebersenkende Kraft zu.

Der heiliggesprochene Kirchenlehrer und Naturforscher Albertus Magnus (1193–1280) meinte dagegen, der Jaspis sei das beste Mittel, um das Fieber zu senken. Spätere Lithotherapeuten vertraten die Auffassung, der Smaragd heile das dreitägige Fieber wirkungsvoll.

Als Durststiller bei anhaltendem Fieber erwähnt Plinius den Achat, wenn man ihn in den Mund des Kranken legt. Derselben Ansicht war auch der Mönch Marbod von Rennes.

Kaiser Nero trank aus einem Bergkristallbecher, weil er glaubte, dieser mindere den Durst.

In Indien wird noch heute ein Rubin-Elixier als Durststiller für Fieberkranke zubereitet.

Frauenkrankheiten

Griechische Ärzte verordneten zermahlenen Blutstein (Hämatit) in Wein gelöst gegen Frauenkrankheiten, vor allen Dingen bei Erkrankungen der Gebärmutter und der Eierstöcke sowie bei unregelmäßig auftretenden Blutungen.

Gallenbeschwerden

Das alte Indien sowie der arabische Arzt Ibn al Beithar empfahlen gegen Gallenschmerzen Lapislazuli, Marbod von Rennes den Chalzedon und Hildegard von Bingen den Bergkristall. Für Albertus Magnus war der Diamant das Heilmittel gegen Gallensteine.

Gelbsucht

Ibn al Beithar war davon überzeugt, daß der Bernstein, als Talisman um den Hals getragen, die Gelbsucht heile.

Hildegard von Bingen empfahl zur Heilung des Leidens, einen Diamanten in Wasser oder Wein zu legen, wobei der Kranke das so angereicherte Getränk schluckweise zu sich nehmen sollte.

Geschwüre

Der Türkis galt im alten Griechenland allgemein als Talisman zum Schutz gegen innere Geschwüre, während der Saphir

als zermahlener Heilstein innerlich gegen Darmgeschwüre angewandt wurde. Hautgeschwüre wurden mit dem Blutstein behandelt, wobei die befallene Stelle entweder mit dem Stein bestrichen wurde, oder der Stein wurde zu Pulver zermahlen und
zu einer Heilsalbe verarbeitet.

Gicht

Hildegard von Bingen schreibt, daß der Chrysopras und der
Diamant, wenn er in Wasser oder Wein gelegt und dieses anschließend dem Patienten eingeflößt wird, die Gicht heile.

Gürtelrose

Konrad von Megenberg empfahl zur Heilung der Gürtelrose
den Saphir.

Hämorrhoiden

Das späte Mittelalter glaubte Hämorrhoiden mit Smaragdpulver heilen zu können.

Halsleiden

Als Talisman zum Schutz gegen alle Halskrankheiten wurde
im Mittelalter der Amethyst getragen.

Harnbeschwerden

Zermahlener Blutstein in Wein gelöst galt im alten Griechenland als wirksames Heilmittel gegen Harnbeschwerden.

Der Römer Plinius empfahl den Bernstein, pulverisiert und
in Wasser gelöst oder als Talisman getragen.

Hautkrankheiten

Konrad von Megenberg war der Ansicht, daß der Onyx bei Hautkrankheiten besonders wirkungsvoll helfe.

Herzkrankheiten

Der Rubin galt nach dem Ayurweda, der Heilkunst des alten Indien, als Stärker des Herzens.

Für den arabischen Arzt Ibn Sina Avicenna (980–1037) waren Hyazinth und Lapislazuli herzstärkende Heilsteine.

Hildegard von Bingen empfahl den Bergkristall gegen Herzschmerzen, während Albertus Magnus Perlen gegen chronische und akute Herzschwäche verordnete.

Blauer Saphir und Onyx sollten noch im 18. Jahrhundert gegen Herzbeschwerden schützen, während der Granat das Herz stärken sollte.

Hysterie

Seit alten Zeiten gilt der Amethyst als Schutzstein gegen auftretende Hysterie.

Keuchhusten

Deutsche Apotheken des 19. Jahrhunderts boten gebrannten Bernstein zur innerlichen Einnahme an.

Kopfschmerzen

In römischer Zeit sollte der Achat gegen Kopfschmerzen schützen.

Der Smaragd galt in Indien und später dann auch in Europa als wirksames Mittel gegen Kopfschmerzen.

Manche alte Chinesen sollen noch heute pulverisierte Perlen gegen Kopfschmerzen einnehmen.

Krätze

Konrad von Megenberg gab an, daß der Onyx sie vertreibe und davor schütze.

Kreislaufstörungen

Nach Thurneisser (1583) soll der Granat ein „frisch Gebluet" machen und den Kreislauf stärken. Als Talisman wurde, um Kreislaufstörungen vorzubeugen, ein Onyx getragen.

Leberleiden

Dioskurides hielt den Blutstein für ein wirksames Mittel.

Nach Konrad von Megenberg verjagt der Aquamarin Leberschmerzen, wenn er in Wasser gelegt wird und dieses dem Patienten eingegeben wird.

Lungenkrankheiten

Gegen Blutspeien aus der Lunge verordneten griechische Ärzte zerriebenen Blutstein, in Granatapfelsaft gelöst.

Die Römer glaubten an die Heilkraft des Jaspis.

Konrad von Megenberg hielt den Saphir für das geeignete Mittel, um Lungenkrankheiten zu heilen.

Magenbeschwerden

Bei den Griechen galt als Heil- und Schutzstein gegen alle Magenbeschwerden der Chrysolith.

Plinius gab an, daß dagegen Bernstein, als Pulver zermahlen, das wirksamste Mittel sei.

Mandelentzündung

Nach Plinius ist eine Bernsteinkette als Talisman der beste und wirksamste Schutz gegen Mandelentzündung.

Masern

Seit dem Mittelalter gilt der Türkis als Schutzstein gegen Masern, wenn er als Talisman getragen oder unter die Matratze des Bettes gelegt wird.

Melancholie

Die Araber hielten den Lapislazuli für geeignet, die Schwermut zu bekämpfen.

Arnoldus Saxo war der Ansicht, daß der Chrysolith sie vertreibe, während Albertus Magnus den Chalzedon empfahl. Konrad von Megenberg wußte zu berichten, daß der Hyazinth die Melancholie banne.

Im Europa des 18. Jahrhunderts galten Saphir und Granat als wirksame Edelsteine zur Vertreibung der Schwermut.

Neuralgie

Gegen Nervenschmerzen aller Art sollte im späten Mittelalter der Amethyst schützen.

Nierenkrankheiten

Bei den Griechen wurde bei Nierenkrankheiten der Chrysolith eingesetzt.

Das vierte nachchristliche Jahrhundert wollte solche Erkrankungen mit dem Bergkristall heilen.

Hildegard von Bingen empfahl dagegen, einen Bergkristall mit einer Schnur um die Lenden zu legen, während Konrad von Megenberg bei Nierenerkrankungen den Saphir pries.

Ohrenkrankheiten

Römische Ärzte verordneten gegen Ohrenschmerzen zu Pulver verriebenen Bernstein mit Honig und Rosenöl. Diese Salbe wurde in die Ohrmuschel eingerieben.

Pest

Der arabische Arzt Avicenna – und nach ihm Konrad von Megenberg – empfahl als Schutzstein gegen die Pest den Hyazinth.

Auch das „Lectuarium ex Gemmis Johannis Mesuae", das wir zu Anfang dieses Kapitels wiedergegeben haben und das den zu Pulver zerriebenen Hyazinth enthält, galt als wirksames Schutzmittel.

Potenz

Nach Konrad von Megenberg verleiht der Achat Fruchtbarkeit.

Chinesische Drogisten bieten noch heute pulverisierte Perlen an, die die Fortpflanzungsfähigkeit erhöhen sollen.

Schlaflosigkeit

Ein hebräisches Rezeptbuch gibt an, daß der Amethyst angenehme Träume schenke.

Aristoteles empfahl einen in Gold gefaßten Granatstein, der, als Ring getragen, vor schreckhaften Träumen bewahre.

Der arabische Arzt Ibn al Beithar war der Ansicht, daß der Bergkristall böse Träume abwehre.

Marbod von Rennes und Arnoldus Saxo hielten den Chrysolith für geeignet, Fieberträume zu vertreiben.

Im späteren Mittelalter sollte auch der Diamant, wenn er dicht am Herzen getragen wurde, ängstliche Träume verhindern, während der Smaragd gegen Schlaflosigkeit und üble Träume helfen sollte.

Jakob Schopper aus Nürnberg pries im Jahr 1614 den Rubin, der beruhigenden Schlaf schenke.

Schlaganfall

Hildegard von Bingen empfahl folgendes Rezept: Man lege einen klaren Diamanten in Wasser oder Wein und trinke davon. Dieses Mittel schützt unfehlbar vor Schlaganfall.

Schönheitsmittel

Edle Steine wurden seit uralten Zeiten nicht nur getragen, um die eigene Schönheit zu unterstreichen, sondern fanden auch als Heilsteine Verwendung.

Im vierten Jahrhundert n. Chr. schrieb Josephus von Scythopolis, daß der Sard-Onyx durch und durch glühend mache.

Nach Hildegard von Bingen soll der mit Speichel befeuchtete Amethyst Pickel und Hautunebenheiten entfernen.

Konrad von Megenberg gibt gleich zwei Rezepte an: Achat läßt den Menschen angenehm und lieblich erscheinen, während Onyx dem Gesicht einen makellosen Glanz verleiht.

Schwangerschaft

Von den Griechen übernahm Albertus Magnus die Kenntnis, daß der Jaspis, wenn er von einer schwangeren Frau als Talisman um die Hüften getragen werde, zu einer leichten Geburt verhelfe.

Im vierten nachchristlichen Jahrhundert sollten gebärende Frauen einen Diamanten tragen, da dieser die Milchdrüsen anrege.

Der arabische Arzt Ibn al Beithar empfahl einen Bernstein, der als Talisman um den Hals getragen werden sollte, um vor einem ungewollten Abortus zu bewahren.

Auch Konrad von Megenberg war der Ansicht, daß der Bernstein schwangeren Frauen eine leichte Geburt sichere. Die gleiche Wirkung schrieb man noch im 18. Jahrhundert dem Opal und dem Smaragd zu.

Schweißausbrüche

Nach Konrad von Megenberg beruhigt der Saphir die innere Hitze und verhindert quälende Schweißausbrüche.

Schwindsucht

„Der Glanz des Mondsteins wächst und vergeht mit dem Licht des zu- und abnehmenden Mondes und hilft gegen Schwindsucht", sagte Konrad von Megenberg.

Steinleiden

Um Nieren- und Blasensteine abzuführen, verordneten griechische Ärzte ein Wasser, in das vorher einige Tage ein Beryll gelegt worden war. Aristoteles empfahl Diamanten, Galenos von Pergamon (129–199 n. Chr.) dagegen in Wasser gelöstes Blutsteinpulver.

Trunksucht

Nach Plinius, Josephus von Scythopolis und Konrad von Megenberg schützte der Amethyst vor Trunksucht und verhinderte eine schnelle Trunkenheit.

Hildegard von Bingen empfahl einen Diamanten, der dem Patienten in den Mund gelegt werden sollte, denn dieser heile ihn unfehlbar von seiner Sucht.

Traurigkeit

Josephus von Scythopolis hielt den Beryll für geeignet, angeborene Traurigkeit zu vertreiben.

Verbrennungen

Der arabische Arzt Ibn al Beithar verordnete Bernsteinpulver, das er auf die Brandwunden streute, die danach schneller verheilen sollten.

Vergeßlichkeit

Als ein wirksames Mittel gegen auftretende Vergeßlichkeit – besonders bei älteren Menschen – galt seit dem späten Mittelalter der Smaragd.

Vergiftungen

Im alten Griechenland verabreichte man gegen giftige Tier-
stiche und -bisse ein Elixier, in das vorher einige Tage lang
ein Saphir gelegt worden war.

Gegen jegliches Gift empfahl Plinius Diamant oder Achat.

Auch Marbod von Rennes und Konrad von Megenberg
waren der Ansicht, daß der Achat gegen jedes Gift schütze.

Noch im 16. Jahrhundert schrieb der Frankfurter Arzt Adam
Lonitzer (gest. 1580), daß der Achat, gestoßen und auf die
Wunden gelegt oder im Trunk mit Wein gegeben, den Schlan-
genbiß heilen würde.

Nach Hildegard von Bingen schütze vor Vergiftungen der
Beryll.

Verstopfung

Hindu-Ärzte des 13. Jahrhunderts verordneten Smaragdpulver als wirksames Abführmittel.

Wahnsinn

Nach Plinius vertreiben sowohl Diamant als auch Bernstein,
wenn sie ständig als Talisman getragen werden, den Wahnsinn.

Warzen

Arabische Ärzte bestrichen lästige Warzen mit Lapislazuli.
Nachdem dieses während drei Tagen wiederholt wurde, sollten
sie verschwunden sein, wie es in den Rezeptbüchern heißt.

Wassersucht

Der Jaspis soll nach Albertus Magnus die Wassersucht abwehren. In späteren Zeiten galt auch der Amethyst als Schutzstein.

Wunden

Im alten Ägypten stillte schwere Blutungen der Jaspis-Heliotrop. Auch Albertus Magnus war dieser Ansicht.

Plinius berichtet, daß der Malachit, gebrannt, gepulvert und anschließend mit Wachs und Öl gemengt, Wunden reinigt.

Ägypter und Griechen benutzten den Blutstein, um blutende Wunden zu schließen. Dieses Mittel galt während des gesamten Mittelalters als besonders wirksam.

Ibn al Beithar war der Ansicht, daß der Bernstein alle Blutflüsse heile.

Die Kreuzfahrer glaubten an den Turmalin als Talisman, weil er als Schutzstein gegen alle Verwundungen galt.

Wolfram von Eschenbach (1170–1220) wußte zu berichten, daß der Karfunkel (Blutstein und Rubin) alle Blutungen stille, während Konrad von Megenberg zu diesem Zweck den Karneol empfahl.

Bei eiternden oder entzündeten Wunden verordneten die Ärzte des späten Mittelalters Smaragd oder Onyx.

*

Alles dies klingt wie purer Aberglauben vergangener Zeiten. Modernste Strahlenforschung und Edelsteinmedizin lassen aber diese Überlieferungen in neuem Licht erscheinen.

Magie der edlen Steine durch die Jahrtausende

Wie die Medizin, so befruchteten die seltenen farbigen Kristalle auch die Magie; in ältesten Zeiten war ja Arzt, Priester und Magier meist ein und dieselbe Person. Einige der bereits im vorigen Kapitel behandelten Edelsteine, die als Talismane getragen wurden, haben ihre Bedeutung sowohl im Bereich der Medizin als auch in dem der Magie. Glück- und segenbringende Schutzsteine sollten nach Ansicht alter Weiser und Gelehrter von den Menschen so getragen werden, daß sie fremden Augen nicht sichtbar waren, damit ihre Kraft nicht verlorenging und sie dem Träger nützen konnten.

Der schon wiederholt zitierte Theologe, Philosoph und Gelehrte Albertus Magnus, der im 13. Jahrhundert wirkte und auch als Eingeweihter der Magie galt, bezeichnete den Jaspis als zauberkräftigen Stein aller Magier; er verleihe diesen Machtstellung und Sicherheit. Interessant ist in diesem Zusammenhang, daß schon Plinius im ersten nachchristlichen Jahrhundert berichtete, der Jaspis-Heliotrop – der grüne Jaspis mit blutroten Adern – mache unsichtbar, wenn er mit dem Kraut Heliotropin getragen würde; während der Amethyst, als Amulett getragen, gegen jede Zauberei wirksam sei und den Träger beschütze.

Zahlreichen Edelsteinen wurde auch die Kraft nachgesagt, daß sie hellsichtig machen könnten. Plinius nennt neben dem Mondstein, der nach seinen Worten einer Menschenzunge gleicht, vor allen Dingen den Chelonit – den Schildkrötenstein der alten Inder –, der, unter die Zunge gelegt, die Zukunft offenbare. Auch Konrad von Megenberg gibt im 14. Jahrhundert an, daß der Mondstein, wenn er unter die Zunge gelegt wird, die Zukunft erschließe. Demgegenüber galt in der Türkei der Türkis als Stein der Hellseher und Wahrsager. Die Magier des späten Mittelalters schrieben auch dem Smaragd und dem Opal die Macht zu, daß sie ihren Trägern unter bestimmten Voraussetzungen Geheimnisse offenbaren würden.

Die Suche nach den göttlichen Erkenntnissen und nach der Weisheit war seit allen Zeiten das Bestreben denkender Menschen. Josephus von Scythopolis, der im vierten nachchristlichen Jahrhundert wirkte, behauptete von dem Chalzedon, er verleihe Sachlichkeit. Die frommen und gelehrten Personen des Mittelalters nannten andere Steine. Hildegard von Bingen, die später heiliggesprochen wurde, nennt den Saphir, der weise mache und den Zorn vertreibe, wenn man ihn nüchtern über die Zunge streiche. Arnoldus Saxo vertrat die Ansicht, daß der Chrysolith, wenn er, als Ring in Gold gefaßt, an der linken Hand getragen würde, weisen Sinn verleihe. Der Benediktinermönch Marbod von Rennes behauptete schließlich, daß der Achat geschickte Rednergabe verleihe, während Konrad von Megenberg postulierte, der Amethyst bringe gute Vernunft und vertreibe böse Gedanken. In späterer Zeit sagte man dem Onyx nach, daß er tiefe Gedanken einflöße, der Smaragd aber das Gedächtnis stärke und Beredsamkeit verleihe.

Besonders groß war in frühgeschichtlicher Zeit bis auf unsere Tage immer schon die Furcht vor Dämonen und allen bösen Geistern, welche die Welt und den Menschen verderben wollten. König Salomo beherrschte durch seine Edelsteine die Dämonen. Der Magier, der mit den Teufeln umging und sie zu beschwören suchte, schützte seit altägyptischen Zeiten der rote Jaspis. Der Bernstein sollte vor allem als Talisman die Kinder gegen die Angriffe böser Geister beschützen.

Römische Magier durchbohrten den Chrysolith, zogen ein Eselshaar durch den Stein und befestigten ihn damit am linken Arm. So geschützt konnte ihnen kein Dämon schaden. Zur gleichen Ansicht kommt im 12. Jahrhundert Arnoldus Saxo, wenn er sagt, daß der Chrysolith, in Gold gelegt und an der linken Hand als Ring getragen, Dämonen und Nachtgespenster, Melancholie und Torheit vertreibe.

Nach der heiligen Hildegard von Bingen wirkte gegen Besessenheit ein bestimmtes Ritual. Der Exorzist sollte folgende Zauberformel sprechen: „Ego, o aqua, super istum lapidem in virtute illa te fundo, qua Deus solem cum currente luna fecit." Daraufhin sollte dem besessenen Opfer das Wasser eingeflößt werden, mit dem zuvor ein Chrysopras begossen worden war.

Der Diamant galt wegen seiner außerordentlichen Härte als der geeignete Stein, um die Teufel zu vertreiben. Schon Plinius beschreibt, daß Diamanten in einem Haus die Dämonen von diesem Ort fernhalten und den Eigentümer beschützen. Dieses Zaubermittel wies nach ihm auch Hildegard von Bingen. Konrad von Megenberg sagt dem Diamanten nach, er helfe in der Zauberkunst und beschütze den Träger vor Feinden, vertreibe wollüstige Träume und halte Gift und Mord fern; auch heile er Besessenheit.

Im alten Ägypten, im Orient und im mittelalterlichen Europa galten Karneol und rote Korallen als Schutzstein gegen den gefürchteten „bösen Blick". Die gleiche Wirkung sagte man in späteren Zeiten dem Onyx nach. Noch im 19. Jahrhundert galt der Smaragd als glücksbringend für werdende Mütter, als Talisman für Seeleute und als Schutzstein gegen den bösen Blick. Diese Erkenntnis beruhte wohl auf der Aussage von Josephus von Scythopolis aus dem 4. Jahrhundert n. Chr., der von diesem Stein sagte, daß er die Dämonen vertreibe. Hildegard von Bingen hielt ferner auch den Saphir für einen wirksamen Schutz gegen Besessenheit.

Arnoldus Saxo und Albertus Magnus kamen zu der Überzeugung, daß der Achat angenehme Traumbilder hervorrufe; der Amethyst garantiere Wohlstand und Glück. Im alten Persien sagte man von der Hand, die mit einem Türkis siegelte, daß sie niemals arm werde und der Träger vor einem unnatürlichen Tod geschützt sei. Im übrigen gilt der Türkis als der älteste Reitertalisman – neben dem Amethyst, von dem gesagt wurde, er mache Reiter und Pferd unverwundbar, vertreibe Haß, Jähzorn, Trauer und Heimweh und wende alle Gefahren ab. Aristoteles meinte vom Türkis, daß er die Sorgen vertreibe.

Plinius schrieb dem Diamanten die Kraft zu, daß er die Furcht vertreibe. Gleiche Eigenschaften wurden in späteren Zeiten dem Amethyst nachgesagt. Der Onyx sollte das Herz stärken und zu kühnem Wagen anfeuern. Der Bergkristall sollte eine sichere Fahrt über alle Meere garantieren und den Reisenden vor jeder Krankheit beschützen. Ähnliches behauptete Marbod von Rennes vom Hyazinth. Der Träger eines Chalzedon konnte keinen Prozeß verlieren, und der Stein verlieh seinem Besitzer ungewöhnliche Beredsamkeit.

Im Altertum und im Mittelalter war kriegerisches Geschehen gang und gäbe. Große Kriege, Kreuzzüge und ritterliche Privatfehden rafften das Leben der Kämpfenden hin. Neben vielen anderen Steinen, die wir bereits im Zusammenhang mit den einzelnen Tierkreiszeichen behandelten, galt vor allem der Opal als Warner vor Gefahren – wenn nämlich sein Farbenspiel stumpf wurde, dann drohte Unheil. Die Kreuzfahrer glaubten fest daran, daß der Turmalin sie unverwundbar mache. Ähnliches sagte man später auch dem Aquamarin nach. Ein Rubin, wenn er dicht am Herz getragen wurde, hieß es, verlieh Mut und Tapferkeit. Nach Arnoldus Saxo schützte der Beryll gegen Feindesgefahr, und Albertus Magnus sagte, daß der Diamant Mut gegen Feinde mache.

Kein Wunder, daß die Magier mit Hilfe der Edelsteine auch die Natur in ihrem Sinn zu beeinflussen suchten. Plinius gibt an, der Achat schütze vor Sturm und Blitz. Merkwürdig ist, daß auch die Perser durch Räuchern mit Achatpulver sich vor den gleichen Naturerscheinungen schützen wollten. Nach Plinius wehrt der Amethyst Hagel und Heuschrecken ab. Im Mittelalter glaubte man, daß dieser Stein das Gedeihen der Pflanzen fördere. Im 4. Jahrhundert n. Chr. schützten sich die Menschen mit Hilfe der Koralle gegen Dürre und Hagelschlag, während man später dem Mondstein die Fähigkeit zuschrieb, den Bäumen zu reicher Frucht zu verhelfen. Der Onyx sollte die Landwirtschaft fördern und die Bauern vor Unfällen auf ihrem Acker beschützen. Gegen Naturkatastrophen aller Art empfahl Plinius den Smaragd, der besonders wirksam sein sollte, wenn man aus ihm einen Adler oder einen Käfer schnitt. Marbod von Rennes glaubte ebenfalls, daß der Smaragd vor jeglichem Unwetter schütze.

Der besonderen Bedeutung der Liebesmagie entsprechend gab es sehr viele Edelsteine, die in dieser Hinsicht wirksam sein sollten. Nach alter Vorstellung ist der Amethyst ein Talisman glücklicher Ehe und somit ein passendes Hochzeitsgeschenk des Bräutigams an seine Braut. Nach Angaben des Benediktinermönches Marbod von Rennes ist der Schutzstein der ehelichen Liebe der Beryll, von dem Konrad von Megenberg ergänzend sagte, daß er entzweiten Eheleuten die Liebe zurückbringe.

Bis in unsere Zeit hat sich der Glaube erhalten, daß der Aquamarin liebesstark mache. Nach Josephus von Scythopolis schenken sich Eheleute den Jaspis, weil dieser den Ehebruch verhindere. Im Mittelalter wurde besonders auch der Mondstein von Magiern zum Liebeszauber benutzt. Dem Onyx sagte man nach, daß er dem Mann die gute Wahl einer Gattin garantiere. Arnoldus Saxo hielt den Sard-Onyx für einen Zauberstein, der keusch und sittsam mache.

Nach Konrad von Megenberg schützt der Saphir gegen Untreue. Als Talisman der Geistlichen war er der Stein der Keuschheit. Auch der Smaragd sollte Beständigkeit und Treue in der Liebe schenken. Im Fall der Untreue eines Ehepartners, so wird berichtet, verwandelt sich die frühlingsgrüne Farbe des Steines in herbstliches Fahlbraun, „dann fahren heulende Geister aus ihm aus und verfolgen den Treulosen". Im alten China beschützte der Turmalin die Liebe zwischen zwei jungen Menschen.

Wen wundert es noch, daß auch die Kirche in den Edelsteinen göttliche Kräfte wirken sah? Allerdings sollten die Edelsteine geweiht werden, bevor ihre Macht wirksam werden konnte. Die Weiheformel für die Edelsteine (an Epiphanie) lautet:

„Deus, pater omnipotens, qui etiam quasdam insensibilis creaturas virtutem tuam hominibus ostendisti, qui (Moysi) famulo tuo inter cetera vestimenta sacerdotalia rationale judicii duodecim lapidibus pretiosis adornari praecepisti nec non et Joanni Evangelistae caelestem civitatem Jerusalem virtutibus eosdem lapides signantibus construendam essentaliter ostendisti majestatem tuam humiliter deprecamur, ut hos lapides consecrare et sanctificare digneris per sanctificationem et invocationem sancti nominis tui, ut sint sanctificati et consecrati et recipiant virtutum effectum, quem eis dedisse sapientum experientia comprobavit, ut, quicumque illos super se portaverint, virtutem tuam sibi per illos adesse sentiant donate donaque tuae gratiae et tutelam virtutis accipere mereantur per Jesum Christum Filium Tuum, in quo omnis sanctificatio existit, qui tecum . . ."

Diese Beschwörung lautet in der Übersetzung:

„Gott, allmächtiger Vater, der Du auch durch die leblosen Geschöpfe Deine Macht den Menschen gezeigt hast, der Du Deinem Diener Moses die Anweisung gegeben hast, am hohenpriesterlichen Gewande das Brustschild der Gottesentscheidungen mit zwölf Edelsteinen zu schmücken, und dem Evangelisten Johannes gezeigt hast, wie das himmlische Jerusalem mit Edelsteinen als wesentlichen Sinnbildern der Tugenden aufzubauen sei, wir bitten demütig Deine Majestät, daß Du diese Steine weihen und segnen mögest durch die Heiligkeit und Anrufung Deines heiligen Namens, daß sie, geheiligt und geweiht, die wirksamen Kräfte erlangen, die nach der Erfahrung weiser Männer ihnen innewohnen. Mögen alle, die sie bei sich tragen, durch sie Deinen mächtigen Schutz und Deine Gnade erlangen durch Jesum Christum Deinen Sohn, der die Quelle aller Heiligkeit ist, der mit Dir . . .‘‘

Wie wir bereits erwähnten, hat die moderne Physik nachgewiesen, daß alle Stoffe strahlen, auch die nicht radioaktiven. Besonders stark jedoch ist die Strahlkraft von Steinen mit Kristallgittern. Jeder Stein besitzt seine Besonderheit. Bei Laserversuchen gewann beispielsweise der Rubin besondere Bedeutung. Dr. Klingsor schreibt in seinem Buch über *Experimental-Magie* (Verlag Hermann Bauer, Freiburg):

„Die moderne Naturwissenschaft hat längst den Versuch aufgegeben, ontologische Fragen zu beantworten. Statt dessen beschränkt sie sich also auf die Analyse und Anwendung (Beherrschung) der Naturkräfte in funktioneller Form. Die mechanistische wie die dialektische Deutung bietet sich an. Verlegen wir aber mit letzterer die schaffend-schöpferische wie zerstörerische Kraft in die Natur selbst als ihr Teil und ihre Emanation, so scheint es durchaus denkbar, Formeln und Zeichen anzuwenden, deren Kenntnis durch Erfahrung, Beobachtung und Experiment gewonnen wurden. Diese Hilfsmittel dienten dann der sogenannten Beryllistik oder Evokation der Edelsteinwesen. Konzentration, Meditation und Imagination würden, falls man von einer bewußtseinsunabhängigen Außenwelt ausgeht, diesen Kräften zur Manifestation verhelfen.‘‘

Den Edelsteinen schrieb man eine leuchtende Seele zu und gab ihnen bestimmte Zeichen, die man ihnen manchmal einprägte. Solche Zeichen sind auch in der Astrologie für die einzelnen Sternzeichen und in der Planetenkunde bekannt. Die Sonne wurde durch einen Kreis dargestellt, der Mond durch einen Halbkreis oder eine Ellipse, der Merkur durch ein Oktogon oder eine liegende Acht, die Venus durch den Siebenstern, die Erde durch das Hexagramm, der Mars durch das Pentagramm, Jupiter durch ein Quadrat, der Saturn durch zwei Dreiecke (eines mit der Spitze nach oben, eines mit der Spitze nach unten), Uranus durch ein Malkreuz und Neptun durch eine Ellipse mit einem darin befindlichen senkrechten Strich.

Nach R. H. Charubel-Laarss, Verfasser des *Buches der Amulette und Talismane* (Leipzig 1932), werden den Edelsteinen folgende magischen Zeichen zugeordnet:

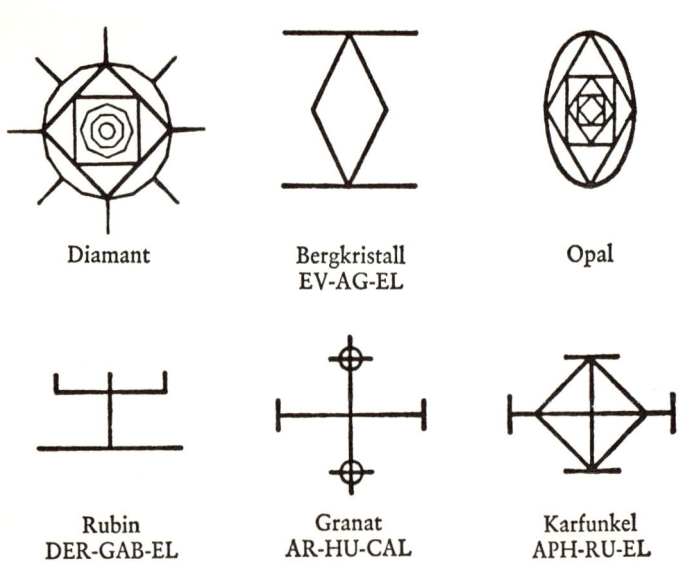

Diamant

Bergkristall
EV-AG-EL

Opal

Rubin
DER-GAB-EL

Granat
AR-HU-CAL

Karfunkel
APH-RU-EL

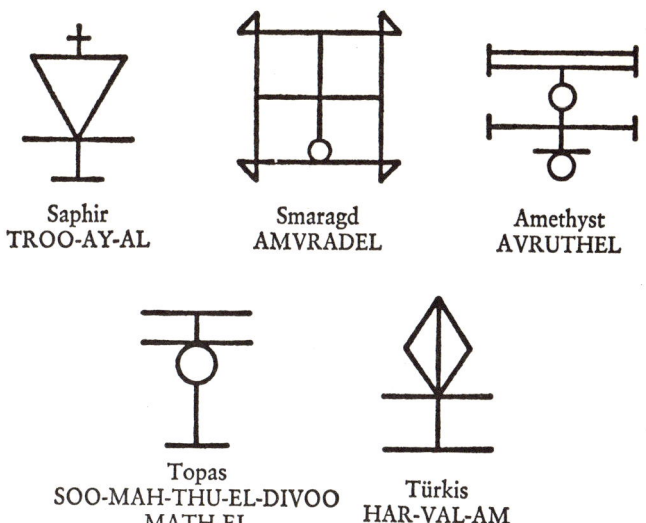

Saphir
TROO-AY-AL

Smaragd
AMVRADEL

Amethyst
AVRUTHEL

Topas
SOO-MAH-THU-EL-DIVOO
MATH-EL

Türkis
HAR-VAL-AM

Die Zeichen für die wichtigsten Metalle werden angegeben:

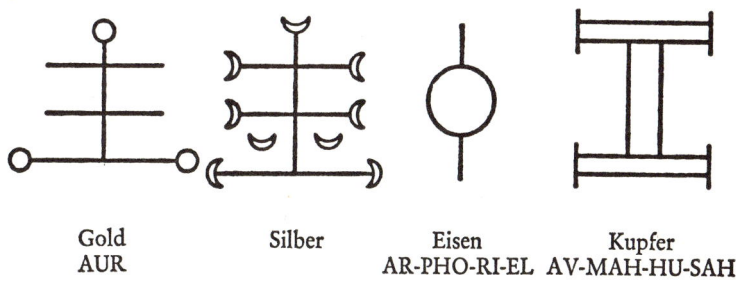

Gold
AUR

Silber

Eisen
AR-PHO-RI-EL

Kupfer
AV-MAH-HU-SAH

Auf die besondere magische Bedeutung der Farben im Zusammenhang mit den einzelnen Typen der Tierkreiszeichen haben wir bereits hingewiesen. Die suggestive Kraft der farbig schimmernden Edelsteine wird wohl ein jeder von uns an sich selbst beobachtet haben. Das glitzernde Licht eines schön geschliffenen Diamanten, die satte Tönung eines Rubins oder das blaue Farbenspiel eines Aquamarins oder Saphirs fasziniert uns und läßt unser Auge nicht mehr los. Die Farbe der schimmernden Edelsteine ist ein wichtiger Faktor jener Kraft, die uns an sie bindet. Dabei wollen wir natürlich nicht vergessen, daß es ja zum Sinneserlebnis der Farbempfindung nur kommt aufgrund elektromagnetischer Wellen im Bereich sichtbarer Strahlung (Wellenlänge etwa von 380 bis 750 mm). Und wir wollen ferner nicht vergessen, daß die Farben der kosmischen Strahlen wie auch der durch das Prisma betrachteten Edelsteine – wie bereits dargelegt wurde (VIBGYOR-System) – von den sichtbaren Grundfarben der Steine abweichen.

In der nachfolgenden Aufzählung sind die Edelsteine nach ihren verschiedenen Grundfarben geordnet.

Edelsteine, geordnet und nach Grundfarben

Weiß: Die Farbe des Lichtes, der Unschuld, der Milch: Diamant, Bergkristall, Galaktit, Perle, zum Teil auch Opal, Zirkon.

Blau: Die Farbe des Himmels (Indra, Jupiter, Wodan, im Christentum Petrus), die königliche Farbe, Symbol der Treue: Saphir, Lapislazuli, Türkis, Aquamarin, Cyanit.

Grün: Die Farbe der grünenden, das Auge erfreuenden Natur: Smaragd, Beryll, Chrysolith, Chrysopras, Heliotrop (Jaspis), Malachit, Nephrit, Aventurin, Türkis, Turmalin, zum Teil auch Opal.

Gelb: Die heilige Farbe bei den Chinesen, die Farbe der Sonnenscheibe, im alten Ägypten die Farbe des Sonnengottes Rê (oder Ra): Topas, Bernstein, gelber Jaspis, Citrin.

Rot: Die Farbe der Liebe, des Zorns und des Feuers sowie auch des Blutes. Es ist die Farbe des Donnergottes Thor, und seine Tiere sind Fuchs und Rotkehlchen. Die Wirkung der roten Steine in der Lithotherapie bezieht sich wegen der Farbe hauptsächlich auf Herz und Blut: Rubin, Granat, Karfunkel, Karneol, roter Jaspis, Blutstein (Hämatit), Koralle, Turmalin, Rosenquarz.

Violett: Die Farbe der Würde und der geistlichen Kraft, der Einsicht und Weisheit: Amethyst, Purpurit.

Braun: Die Farbe der Fruchtbarkeit und Beruhigung: Jaspis, Zirkon, Spinell, unter Umständen auch Tigerauge und Achat.

Schwarz: Die Farbe der Unterwelt und der Trauer, aber auch des Geheimnis- und Machtvollen: schwarzer Opal, Onyx, Magnetit.

Die Suche nach dem Stein der Weisen

Der Glaube an die Macht der Edelsteine gipfelte in der Vorstellung, daß es einen Stein der Steine geben müsse, den Stein der Weisen, den „Lapis philosophorum", dem man phantastische Eigenschaften zuschrieb und von dem (Theophrastus Bombast von Hohenheim) Paracelsus (1493–1541) gesagt hat:

„Er macht das Alte so sauber, wie ein Salamander mit seiner Haut gereinigt wird, ohne allen Schaden, ohne alle Fäulnis, und es bleibt doch allemal die alte Haut in ihrem Wesen und in ihrer Form. So ist auch der Stein der Weisen derjenige, welcher das Herz und alle Hauptglieder reinigt, dazu das Mark und Geäder und was darinnen eingeschlossen ist, so daß kein Makel und keine Ungesundheit mehr an ihnen gefunden wird. Denn es weichen Gicht, Wassersucht, Gelbsucht und Kolik. Alle Ungeschicklichkeiten der vier Humore läutert er, so daß sie wieder der ersten Geburt gleichen. Ihm weichen alle Dinge, welche die Natur zu verderben imstande sind. Wie die Würmer das Feuer fliehen, so fliehen auch Krankheit und Ungesundheit vor dieser Erneuerung." (Aus *Arcanum des Steins der Weisen*, 5. Buch der Archidoxen, Bd. 7, Basel 1589.)

Über den Stein der Weisen, den die Alchimisten aller Zeiten und Kulturen künstlich herzustellen trachteten, gibt es widersprüchliche Angaben, besonders was seine Farbe angeht. Der Araber Khalid meinte dazu: „Dieser Stein vereinigt in sich alle Farben. Er ist weiß, rot, gelb, himmelblau und grün." Der Legende nach war es den alten Magiern gelungen, diesen Wunderstein, der die Kraft aller Edelsteine in sich vereinigte, herzustellen. Außer seiner heilenden Kraft vermochte er, so hieß es, das menschliche Leben über seine natürlichen Grenzen hinaus zu verlängern und Metalle umzuwandeln – zum Beispiel Kupfer in Gold!

Agrippa von Nettesheim (1486–1535) schrieb im Jahr 1526 an einen Freund: „Gelobt sei der Herr! Wenn Märchen wahr sind, dann werde ich bald reich sein. Ein Mann beachtlichen Ansehens, mit dem ich seit langem befreundet bin, hat mir goldene Samenkörner gebracht und sie in langhalsigen Phiolen auf meinem Herd verteilt, nachdem er ein kleines Feuer von der Hitze der Sonne darunter entzündet hatte. Wie Hennen, die ihre Eier ausbrüten, schüren wir es Tag und Nacht und warten auf das Schlüpfen gewaltiger Küken. Wenn sie ausschlüpfen, werden wir reicher sein als Midas oder doch zumindest noch längere Ohren bekommen haben als er."

Der Chemiker Johann Baptist van Helmont (1577–1644) schrieb in seinem Buch *De Vita Eterna* über den Stein der Weisen: „Ich habe mehr als einmal den Stein der Weisen gesehen und in der Hand gehabt. Er hat die Farbe pulverisierten Safrans, ist aber schwer und glänzend wie pulverisiertes Glas. Einmal erhielt ich ein Stückchen, das nur $1/4$ Gran, also nur $1/600$ Unze wog. Nachdem ich es in Papier eingewickelt hatte, projizierte ich es auf 8 Unzen Quecksilber, das ich in einem Schmelztiegel erhitzte. Sofort gerann das Quecksilber mit einem kleinen Geräusch zu einer gelben Masse, und nachdem diese über einem starken Feuer geschmolzen war, gewann ich 11 Gran weniger als 8 Unzen puren Goldes."

Nach den Angaben mancher Magier und Achimisten sollte der Stein aus tierischen, pflanzlichen und mineralischen Substanzen bestehen, einen Körper, eine Seele und einen Geist haben, aus Fleisch und Blut gewachsen und aus Feuer und Wasser zusammengesetzt sein. Er sollte die Kraft haben, den

unvollkommenen Menschen in die Sphäre einer höheren, einer
göttlichen Geistigkcit zu erheben und sollte nur von dem hergestellt werden können, der in die Geheimnisse des Universums
eingeweiht ist. Es hieß: „Suche das Innere der Erde auf, und
durch Reinigen wirst du den geheimen Stein finden."

Der Mensch, der in der Herstellung des Steins der Weisen
die Wahrheit suchte, mußte nach Ansicht der Alchimisten selbst
wahrhaftig sein, denn er konnte Gott nicht finden, wenn Gott
nicht in ihm war. Das göttliche Werk war also nicht nur ein
chemischer Prozeß, sondern bestand auch in der Transmutation
der Seele, einer mystischen Verwandlung desjenigen, der die
Suche nach der göttlichen Erleuchtung aufgenommen hatte. Die
Läuterung der Seele und das Wissen um den kosmischen Zusammenhang waren die erste Stufe auf dem Weg zur Erfahrung
des Geheimnisses.

Keine der alchimistischen Schriften gibt an, welche Ingredienzien oder welches Verfahren benutzt und angewandt werden
sollen, um den Stein aller Steine zu erhalten; die letzten Geheimnisse aller okkulten Wissenschaft — so erfahren wir —
konnten nicht gelehrt, sondern mußten erfahren werden. Auf
das eigene Experiment kam es an. Allerdings behaupteten nahezu alle, die sich mit der Herstellung des Zaubersteines beschäftigt hatten, daß es bei seiner Entstehung vier Hauptstadien
gäbe, die durch das Erscheinen von vier Farben gekennzeichnet
würden, und zwar Schwarz, Weiß, Gelb und Rot — in dieser
Reihenfolge mußte sich das Material im Laboratoriumsversuch
verändern. Die gleiche Reihenfolge gab schon Bolos aus Men-
des in Ägypten in seinem um 200 v. Chr. entstandenen Buch
Das Physische und das Mystische an.

Der modernen Wissenschaft ist es zwar gelungen, die außer-
ordentliche Strahlkraft der Edelsteine zu erklären und auch
künstliche Steine herzustellen, aber das Geheimnis, sie mit

Geist und Seele zu beleben, ist niemandem gelungen. So suchen die Menschen immer noch nach dem Stein der Weisen.

Wir aber erfreuen uns an dem, was uns die Natur von sich aus bietet: an den Edelsteinen, ihrer Schönheit und ihrer noch lange nicht völlig enträtselten Kraft; und wir wissen, daß diese Steine – jeder für sich – das Geheimnisvolle der Schöpfung widerspiegeln.

Echtheit und Wert von Edelsteinen

Wie der Name schon sagt, sind „Edel"-Steine etwas Seltenes und Kostbares. Ihren Ursprung verdanken sie dem Enstehungsprozeß unserer Erde, als sich aus der feuerflüssigen Materie unter gewaltigem Druck die Erdrinde bildete. Die Edelsteine wurden aus feuerflüssigen Gesteinsmassen, aus wäßrigen Lösungen und heißen Dämpfen gebildet. Jüngere Steine, wie der Türkis, der Malachit und der Chrysopras, entstanden beim Zerfall anderer Substanzen und sind Verwitterungsbildungen.

Nach unseren heutigen geologischen Kenntnissen hat die Natur ihre schönsten Gaben, die Lagerstätten der kostbaren Edelsteine, sehr ungleich verteilt. Die Schatzkammern liegen vor allen Dingen in Hinterindien und Ceylon, in Brasilien und Südafrika, auf Madagaskar und im Ural an nicht immer leicht zugänglichen Stellen.

In jedem Fall ist die Echtheit eines Steines für seinen Träger wichtig. „Echt" aber ist ein Edelstein nur, wenn er in der Natur gewachsen ist. Die Edelsteinkunde ist also ein besonders interessanter Zweig der Mineralogie. In diesem Zusammenhang ist vor allem der Begriff *Kristall* zu erklären. Das sind Mineralien, die von ebenen, gesetzmäßig angeordneten Flächen begrenzt sind. Diese Erscheinung im Mineralreich, entstanden durch Druck und Hitze, offenbart uns ein Streben nach Gestaltung und Symmetrie, so wie wir es zum Beispiel an wachsenden Eiskristallen in klaren Winternächten am Fenster beobachten können. Im Gegensatz zu den kristallisierten Erscheinungsformen stehen die gestaltlosen oder amorphen. Zu berücksichtigen ist dabei aber auch, daß nicht nur die durchsichtigen Steine kristallisiert sind, sondern auch undurchsichtige Steine aus kleinsten unsichtbaren Kristallen. Ein Stück Glas, das man kunstvoll schleift, wird noch lange kein Kristall. Demgegenüber bleibt ein echter Kristall bestehen, auch wenn man seine Kristallflächen abschlägt. Die Atome, aus denen ein Kristall besteht, sind nach bestimmten Gesetzen angeordnet. Dabei spricht man von einem sogenannten Raumgitter. Die sichtbaren Flächen, Kanten und Ecken des Kristalls werden durch die äußeren Atome des Raumgitters gebildet. Die nachfolgende Tafel zeigt die verschiedenen Kristallsysteme, die sich durch die unterschiedliche Anzahl und Anordnung der Kristallachsen und Symmetrieebenen deutlich unterscheiden.

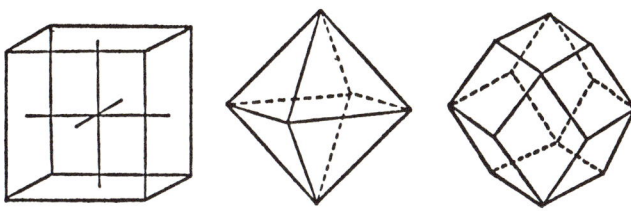

Reguläres oder kubisches System

 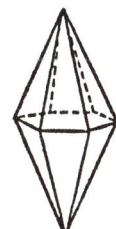 

Hexagonales und trigonales System

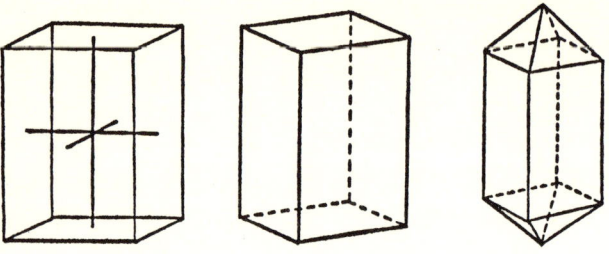

Quadratisches oder tetragonales System

Rhombisches System

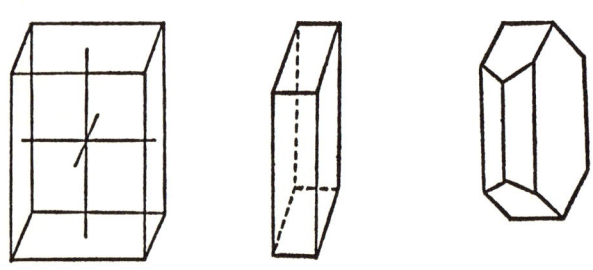

Monoklines System

Triklines System

Alle Edelsteine bestehen aus chemischen Verbindungen einfacher Elemente, wobei die außergewöhnlichen Bedingungen ihres Entstehungsprozesses sie zu den seltenen Formen wachsen ließen. Allein der Diamant besteht nur aus einem einzigen Element: aus reinem Kohlenstoff. Die chemische Zusammensetzung der anderen Edelsteine ist aus nachfolgender alphabetischer Aufstellung der behandelten Edelsteine zu ersehen.

Schönheit und Wert der meisten Edelsteine werden durch ihre *Farbe* bestimmt, wobei man eigen- (idiochromatische) und fremdgefärbte (allochromatische) Steine unterscheidet. Im erstgenannten Fall ist die farbgebende Substanz am Aufbau des Edelsteines beteiligt wie z. B. beim Chrysolith, der in nur einer einzigen Farbe vorkommt. Im zweiten Fall ist die Grundsubstanz des Edelsteines farblos. Winzige Spuren von beigemengten Elementen, die mit dem Spektroskop nachgewiesen werden können, verursachen ihre Färbung. Das ist bei den meisten durchsichtigen Edelsteinen der Fall, die in verschiedenen Farbtönungen vorkommen.

Interessant ist, daß ein und dasselbe Element in Verbindung mit einem anderen verschiedene Färbungen des Steins verursacht. Das ist bei Chrom der Fall, das dem Smaragd das Grün und dem Rubin das Rot gibt, während Eisen in Verbindung mit Titan dem Saphir das Blau schenkt.

Eine weitere wichtige Eigenschaft echter Edelsteine ist ihr *Härtegrad,* denn ihm verdanken sie ihre unvergängliche und dauerhafte Schönheit im Zusammenhang mit der Farbe. Bei ausreichender Härte kann kein Stein blind und unansehnlich werden. Seit uralten Zeiten wird die Härte eines Steines durch Ritzproben festgestellt. Heute wird die Härtegradprüfung mit einem komplizierten Apparat durch einen Fachmann vorgenommen. Man unterscheidet zehn Härtegrade, wobei man ab Härte 6 von der Edelsteinhärte spricht und jeweils der höhere Härtegrad den nächst niederen ritzen kann (Ritzhärte): 1. Talk, 2. Gips, 3. Kalkspat, 4. Flußspat, 5. Apatit, 6. Feldspat, 7. Quarz, 8. Topas, 9. Korund, 10. Diamant.

Eine weitere Bestimmungsmöglichkeit für die Echtheit eines Steines besteht in der Messung seines *spezifischen Gewichtes,* das angibt, um wievielmal schwerer ein Stein oder ein anderer Körper als das gleiche Volumen von Wasser ist. Der Wert, der dabei gemessen wird, bezeichnet die Dichte des Materials. Ein Kubikzentimeter Wasser wiegt ein Gramm, ein Kubikzentimeter Diamant dagegen 3,52 Gramm. Das ist daher auch das spezifische Gewicht des Diamanten.

Zur Bestimmung des spezifischen Gewichtes kann man eine Karatwaage benutzen, an dessen einen Waagebalken man den Edelstein an einem dünnen Seidenfaden aufhängt. Auf diese Weise kann man das Gewicht des Steines in gewöhnlicher Luft feststellen. Anschließend stellt man oberhalb der Waagschale auf ein Brettchen ein Glas Wasser und läßt den Stein an dem Seidenfaden ganz in das Wasser eintauchen, wobei man nun das Gewicht des Steines in Wasser abliest. Angenommen wir haben einen Stein, der in Luft acht Karat und in Wasser sechs Karat wiegt, so ergibt sich eine Differenz von zwei. Das Gewicht in Luft wird nun durch die Differenzzahl geteilt, also $8:2=4$. Diese Zahl würde dem spezifischen Gewicht des Steines entsprechen.

Farbe, Glanz und Feuer eines Edelsteines hängen mit dem Licht zusammen, das durch die verschiedenen kristallographischen Systeme verschieden gebrochen wird und dessen Schwingungsvorgang im Polarisationsmikroskop beobachtet werden kann. Unter Drehung entstehen wunderbare Spielformen von Farbe, Symmetrie und dunklen und hellen Brechungen. Der Fachmann erkennt daraus die Echtheit eines jeden Kristalls und kann das untersuchte Material genau einordnen, also die Edelsteine bestimmen.

Der *Brechungsindex* ist ein weiteres Erkennungsmerkmal eines Edelsteins für einen Fachmann. Dieser Index gibt an, um wievielmal langsamer sich das Licht im Stein fortbewegt als in der Luft. Von dem Brechungsindex, der für das Feuer eines Steins maßgebend ist, hängt es ab, wie stark das eindringende Licht abgelenkt und wieder aus dem Stein ausgeworfen wird. Wir können beobachten, daß ein Teil eines Lichtstrahles, der auf einen Edelstein gerichtet wird, von der Oberfläche zurückgeworfen, also gespiegelt wird. Dieses äußerlich gespiegelte Licht bezeichnet man als den Glanz eines Steines. Bei durchsichtigen Steinen wird der meiste Teil des Lichts gebrochen, d. h. in seiner Richtung abgelenkt. Je dichter die Atome in einem Stein zusammenliegen, desto größer ist die Brechung. Der Diamant hat von allen Edelsteinen den höchsten Brechungsindex mit 2,4. Diese Zahl bedeutet, daß sich das Licht im Diamanten um 2,4mal langsamer fortbewegt als in Luft.

Wenn ein Stein nun an seinen rückseitigen Facetten das Licht von einem bestimmten Winkel an vollkommen spiegelt, so spricht der Fachmann von einer Totalreflektion, wobei das ganze Feuer erhalten bleibt. Durch einen genau berechenbaren Schliff kann dieser Idealzustand von dem Schleifer erreicht werden. Dabei wird das eindringende Licht vollkommen reflektiert und dringt an der Vorderseite des Steines wieder hinaus.

Die faszinierenden Farben der Edelsteine, die an sich farblos sind, werden, wie gesagt, durch die verschiedenen Elemente, die dem Stein beigemengt sind, erzeugt. Sie verursachen die Veränderungen des eindringenden Lichtes. Wie bei einem Regenbogen besteht weißes Licht aus Schwingungen verschiedener Wellenlänge, entsprechend den Farben Rot, Orange, Gelb, Grün, Blau und Violett. Die Eigenfarbe eines Edelsteines entsteht dadurch, daß einzelne Wellenlängen durchgelassen und zurückgeworfen, andere dagegen „verschluckt" und ausgelöscht werden. So verschluckt der Rubin z. B. alle Spektralfarben bis auf Rot, der Smaragd alle bis auf Grün.

Gelegentlich beobachtet man an Edelsteinen ein sogenanntes Farbensprühen. Dabei wird das eindringende weiße Licht nicht nur abgelenkt, sondern auch in seine Spektralfarben zerlegt, wie wir es beispielsweise sehr gut beim Diamanten beobachten können.

Durch Beobachtungen in der Natur hat man festgestellt, daß Edelsteine durch Erhitzen ihre Farbe verändern können. Das kann heute auch künstlich geschehen, ohne daß der Stein selbst dabei Schaden nimmt. Farbveredelung durch Erhitzen ist also ein Vorgang, den der moderne Mensch der Natur abgesehen hat. Auf diese Weise können zum Beispiel Amethyste in Citrine verwandelt werden, erhalten grünliche Aquamarine eine reine blaue Farbe, werden gelbe Edeltopase rosa, und blaugrüne Turmaline erstrahlen in reinem Grün. Der Hyazinth, eine rötlichbraune Abart des Zirkons, wird beim Erhitzen in Luft rein weiß, unter Luftabschluß aber blau. Wie dieser Versuch zeigt, spielt hier allein der Sauerstoff eine Rolle bei der Farbänderung. Physikalisch läßt sich dieses Phänomen dadurch erklären, daß beim Vorgang des Erhitzens sich die Anordnung der Atome in der Kristallstruktur ändert, wodurch die Steine andere Wellenlängen des Lichtes verschlucken.

Der Fachmann spricht ferner von Tag- und Abendsteinen, d. h. die betreffenden Steine entfalten ihre volle Pracht je nach ihrer Zusammensetzung bei Tages- oder künstlichem Licht; denn Tageslicht enthält viel Blau und Grün, Lampenlicht dagegen mehr Gelb und Rot. So sind der rote Turmalin und der Saphir Tagessteine; Rubin, Smaragd, grüner Turmalin, Opale und Chrysopras mehr Abendsteine.

Die verschiedenen Edelsteinschliffe

Die Kunst, die natürliche Schönheit der Edelsteine durch Bearbeitung zu erhöhen, ist so alt wir ihre Verwendung als Schmuck oder zu Kultzwecken. *Schleifen und Polieren* sind dabei die wesentlichsten Arbeitsvorgänge. Das Schleifen gibt dem Edelstein seine gewünschte Form, das Polieren glättet die dabei rauh gewordene Oberfläche wieder und verleiht dem Stein Glanz und Durchsichtigkeit. Uralt ist die Bearbeitung der Edelsteine auf diese Weise in Indien, China und Japan, Ägypten und bei den alten Kulturvölkern Amerikas. Noch heute gehört der Beruf des Edelsteinschleifers zu den Handwerken, die sehr viel Fingerspitzengefühl erfordern, eine Fähigkeit, die meist über Generationen hindurch in einzelnen Familien gepflegt wurde. n Paris gab es schon im Jahr 1290 eine Steinschleiferzunft, in Nürnberg sollen schon 1373 Diamantschleifer ansässig gewesen sein. Erst 1886 wurde die Diamantschleiferei in Idar-Oberstein eingeführt, wo sie bald einen bedeutenden Umfang annahm.

Beim Schleifen werden die Facetten an den Stein gebracht, wobei der Schleifer sich allein auf sein geübtes Auge verläßt, wenn er seine Präzisionsarbeit vollbringt. Durch eine Lupe beobachtet er dauernd den Schleifvorgang. Das Schleifen geschieht auf einer Stahlscheibe von etwa 30 Zentimeter Durchmesser bei einer Drehzahl von etwa 3000 Umdrehungen pro Minute und mehr. In die Scheibe wird ein mit Öl vermischter Diamantstaub eingerieben. Der richtige Schleifwinkel legt die einzelnen Facetten fest. Sofort nach dem Schleifen wird jede Facette auf dem noch nicht benutzten Teil der Scheibe poliert.

Beim Brillantschliff erhält der Diamant in seiner runden Form zum Beispiel insgesamt 57 Facetten, 32 Flächen (außer der Tafel) auf der Vorderseite und 24 auf der Rückseite. Beim Achtkant werden auf der Vorderseite neun, auf der Rückseite acht Facetten eingeschliffen, während die sogenannte „Rose" aus einer facettierten Vorderseite und einer flachen Rückseite besteht. Für modernen Schmuck werden Steine in quadratischer oder rechteckiger Form im Treppenschliff bearbeitet (Carré und Baguette). Daneben gibt es noch zahlreiche andere Schliffformen. Der Edelsteinschleifer, der Edelsteine mit verschieden hoher Lichtbrechung bearbeitet, ist nicht an die wenigen Schliffarten des Diamantschleifers gebunden. Er hat die Freiheit, unter den nahezu unbegrenzten Schliffformen zu wählen.

Der Sternschliff, der dem Brillantschliff ähnlich ist, wird meist bei runden und ovalen Steinen angewandt, rechteckige und achteckige Steine werden meist im Treppenschliff (auch Scherenschliff) bearbeitet, während bei stumpfeckigen Steinen der Ceylonschliff besonders wirksam ist. Da der Treppenschliff meist bei Smaragden angewandt wird, heißt er auch Smaragdschliff.

Bei Schmucksteinen bevorzugt man eine flache oder gewölbte Oberfläche, wie beispielsweise beim Achat. Für Einzelstücke in Ringen oder Halsketten werden Steine auch rund geschliffen.

Eine besondere Kunstfertigkeit erfordert das *Gravieren* von den Graveuren, die Gemmen aller Art schneiden. Mit Hilfe einer Drehbank und eines sich schnell drehenden Eisenrädchens, das mit von Öl vermischtem Diamantstaub eingerieben wird, bearbeitet der Graveur den Stein aus freier Hand. Erhabene Gravierungen bezeichnet der Fachmann als Kameen, vertiefte als Intaglio. Die meisten Wappen- und Monogrammgravierungen werden heute vertieft geschnitten. Der Maler kann einen verkehrt gesetzten Pinselstrich übermalen, der Graveur aber muß fehlerlos arbeiten, sonst ist der Stein verdorben.

Die verschiedenen Schliffbezeichnungen

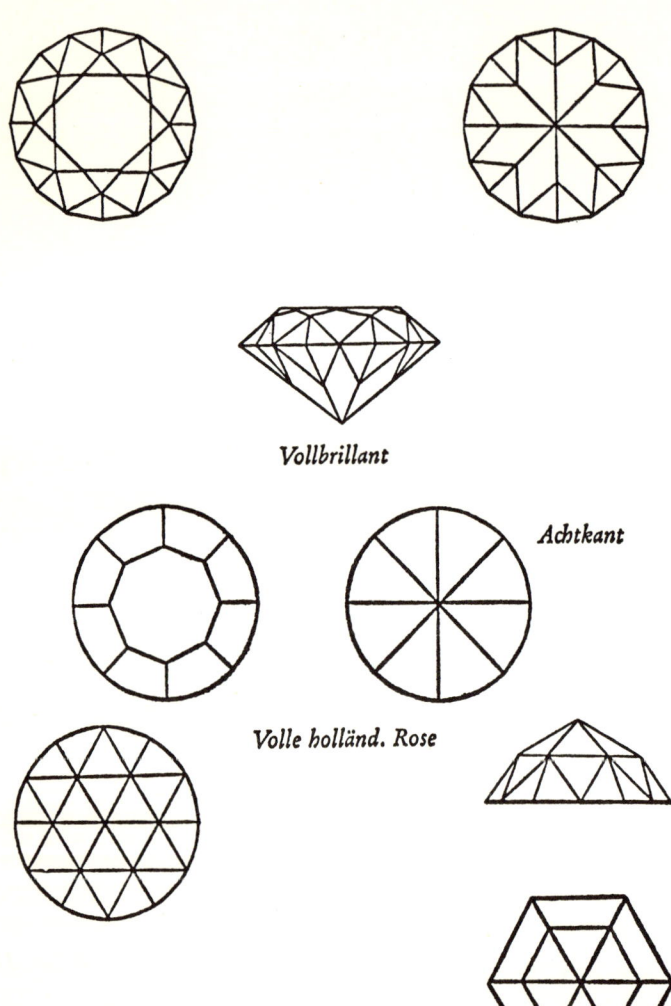

Vollbrillant

Achtkant

Volle holländ. Rose

Antwerpener Rose

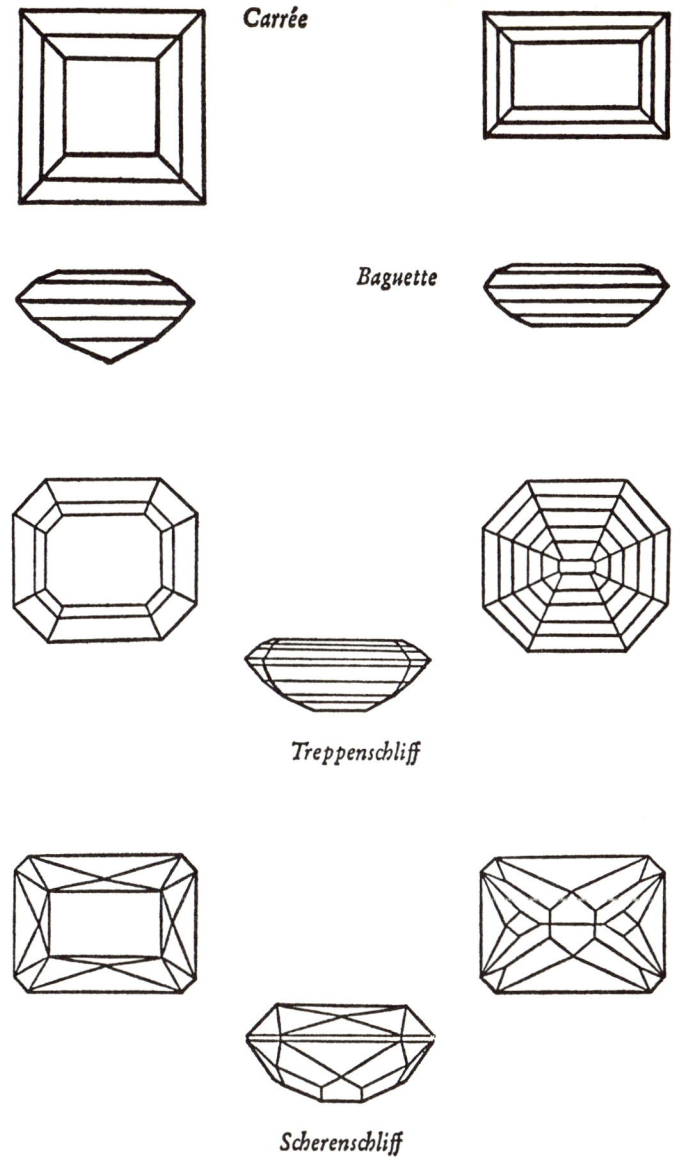

Carrée

Baguette

Treppenschliff

Scherenschliff

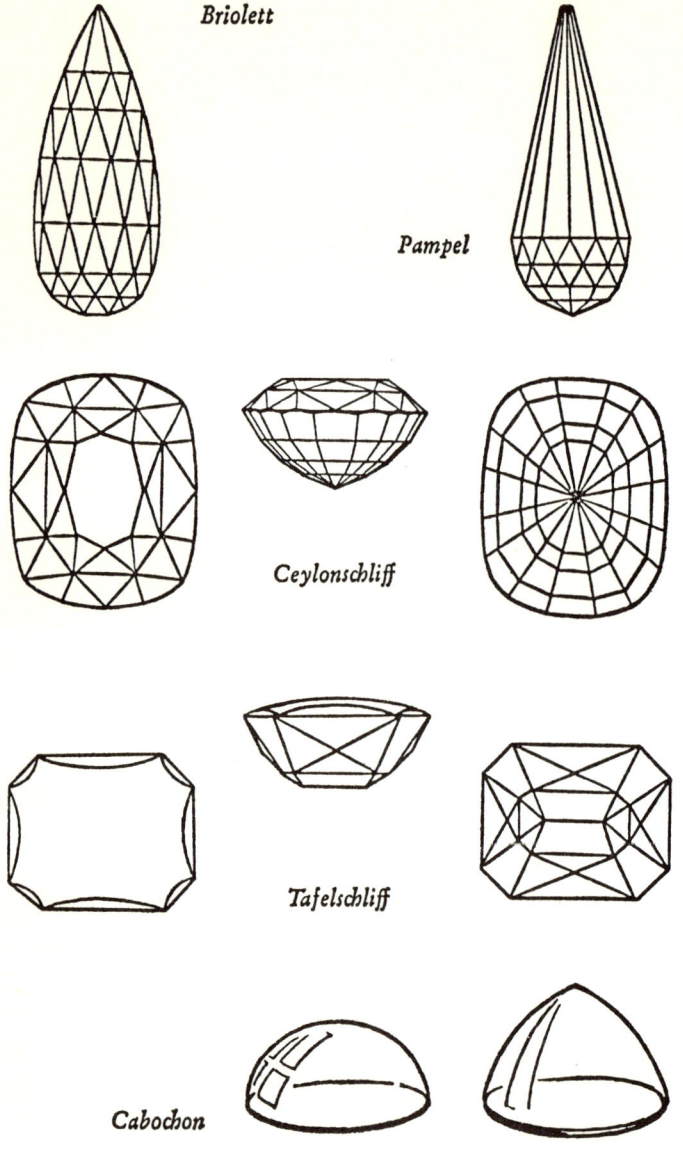

Briolett

Pampel

Ceylonschliff

Tafelschliff

Cabochon

Edelsteine von A bis Z

Um den Freunden edler Steine die Zuordnung ihrer Glückssteine zu erleichtern, werden alle bisher behandelten Edelsteine
in alphabetischer Reihenfolge beschrieben. In der tabellarischen
Übersicht am Schluß dieses Kapitels sind alle wichtigen Werte
und Kennzeichen abzulesen.

Achat

Der Achat gehört zur Mineralgruppe der *Chalzedone*. Auf
ihn baute sich vor allem die Edelsteinindustrie in Idar-Oberstein
auf. Der Name des Steines stammt vom Fluß Achates in Sizilien.
Bereits im Altertum galt er als beliebter und geschätzter Edelstein. Er kommt in kieselsäurearmen Ergußgesteinen vor und
bildet kugelige, ellipsoidische und auch unregelmäßig rundliche
Knollen, sogenannte Mandeln, deren Größe zwischen mehreren
Millimetern und zentnerschweren Blöcken schwankt. Die Füllung besteht aus einem feinfaserigen Kieselsäureaggregat. Dieses
ist sowohl von radialstrahliger als auch konzentrisch-schaliger
Struktur. Aus der Verschiedenheit der einzelnen Lagen ergeben
sich Farb- und Glanzunterschiede.

Achate, die in Brasilien und Uruguay gefunden werden, sind
meist grau oder braun. Dagegen sind die Steine, die in der Umgebung von Idar-Oberstein gefunden wurden, von zartrosa,
grauen und braunen Farben. Die dortigen Vorkommen sind
aber so gut wie erschöpft.

Die brasilianischen Achate werden durch einen Oxydations-
prozeß schwarz, rot und braun gefärbt, wobei man die Namen
Onyx, Karneol und *Sarder* verwendet. Bei den roten, braunen
und gelben Farben ist die farbgebende Substanz des natürlichen
Minerals Eisenoxyd und Eisenhydroxyd. Graue und weiße
Spielarten sind Aggregatfarben, während zweiwertiges Eisen
die seltenen grünen und blauen Töne hervorruft. Die Dicke der
einzelnen Lagen ist sehr unterschiedlich und wechselt von einigen tausendstel Millimetern bis zu mehreren Zentimetern.
Allerdings gibt es auch Steine, die vollkommen homogen
sind.

Die mannigfaltige Zeichnung der Steine hat zu verschiedenen
Bezeichnungen geführt. So spricht man z. B. von Augenachat,
Bandachat, Festungsachat, Kreisachat, Korallenachat, Land-
schaftsachat, Muschelachat, Ruinenachat, Sternachat oder Wol-
kenachat.

Die Durchsichtigkeit der einzelnen Lagen kann sehr verschieden sein und wechselt von durchsichtig bis undurchsichtig. Die
Mandeln sind im Innern entweder ganz mit Achatmasse ausge-
füllt oder bilden einen Hohlraum, der sich ganz der Lagenstruk-
tur angepaßt hat. Gelegentlich ist dieser Hohlraum ganz oder
teilweise von Bergkristallmassen angefüllt, wobei diese Quarz-
füllungen auch eine Amethystfarbe aufweisen können.

Infolge Verwitterung sind die Achate mit einer weißen Kruste
auf der Außenhaut überzogen. Dadurch können die farbgebenden Eisenverbindungen zerstört werden. Man spricht dann von
einer Ausbleichung der Substanz. Wenn zweiwertige Eisenverbindungen in dreiwertige umgewandelt werden, tritt eine Rot-
und Braunfärbung ein.

Die Achate sind bei einer Bildungstemperatur unterhalb von
575 Grad Celsius in Hohlräumen von Lavagesteinen entstanden.
Ursprünglich handelte es sich um flüssige Kieselsäuretropfen,

die in der Lava wie Öltropfen auf dem Wasser schwammen,
ohne daß sie sich mit dem Schmelzfluß vermischten. Als dann
die Lava allmählich abkühlte, wurde die Kieselsäure lagenweise
auskristallisiert. Die wiedergegebene ist nur eine Entstehungs-
theorie von vielen anderen; die Wissenschaft hat das schwierige
Problem der Entstehung dieses Steines noch nicht endgültig
lösen können.

Schon den Römern waren die großen Vorkommen in der
Gegend von Idar-Oberstein bekannt. Im Laufe des ganzen
Mittelalters wurden hier die Steine gebrochen, bis zu Anfang
des vorigen Jahrhunderts sich die Lager erschöpften. Die Farben schwankten von Grau bis zu einem zarten Rosa, aber auch
gelbe, blaßblaue und braune Farbtönungen waren zu finden.
Die sächsischen Achate, die um Schlottwitz und Halsbach gefunden wurden, traten nicht in Mandelräumen, sondern als
Spaltausfüllungen auf. Die wichtigsten Produktionsgebiete liegen heute in Uruguay und Südbrasilien, wo der Stein in großen
Lagern zusammen mit Amethyst, Citrin, Chalzedon und Karneol vorkommt.

Aus den Lagensteinen werden die Gemmen geschnitten. Rote
und braune Naturfarben (Karneol und Sarder) sind seltener ver-
treten als das Grau. Noch rarer sind schwarze (Onyx), grüne
oder rosa Farben.

Weitere Abbaumöglichkeiten sind in Vorderindien im Gebiet
von Ratnapur und auf der Halbinsel Kathiawar, ferner im
Hochland von Dekhan und Bengalen gegeben. Daneben gibt es
Vorkommen in Madagaskar, in den USA und in Mexiko.

Seit der Antike werden Achate zu Siegelsteinen, Gemmen und
Gefäßen verarbeitet. Aus ihnen werden Ringsteine, Broschen,
Anhänger, Ohrgehänge, Halsketten, Knöpfe, Briefbeschwerer,
Aschenbecher, Tier- und Schachfiguren geschnitten. Die Sudan-
neger verwenden den Achat, als Oliven geschnitten und auf
Schnüre gereiht, als Geld.

Amethyst

Einer der beliebtesten Edelsteine ist der Amethyst aus der *Quarz*gruppe. Sein Name kommt von dem griechischen Wort „amethyein", was soviel heißt wie „nicht betrunken sein". Von ihm wurde gesagt, daß er vor Trunkenheit bewahre, weshalb man in alten Zeiten den Wein aus Amethystpokalen zu trinken pflegte. Die italienische Schauspielerin Anna Magnani trug Tag und Nacht einen Amethyst als Talisman, der auch der Glücksstein von Otto von Bismarck, Pablo Picasso und Frank Sinatra war beziehungsweise ist; Sinatra trägt ihn an einem Kettchen um das Handgelenk.

Kleiner als Bergkristalle, sind diese Steine fast immer auf einer Unterlage aufgewachsen. Die Prismen sind sehr schwach ausgebildet, wobei die Kristalle nur aus den Pyramidenflächen bestehen.

Die Steine aus Uruguay sind manchmal sektorweise von Hell bis Dunkel gefärbt, wobei Farben von Violett bis Purpurrot auftreten. In den Lamellen kann gelegentlich auch Gelb und Grün auftreten. In den Kristallspitzen ist die Färbung meist sehr intensiv. Für die verschiedenartige Färbung sind Substanzen wie Eisen, Mangan, Titan, Rhodaneisen und Natrium verantwortlich. Auffallende Veränderungen der Farbe zeigen sich beim Erhitzen des Steines, also unter Einwirkung von Sauerstoff. Bei Temperaturen zwischen 575 bis 750 Grad Celsius werden Madagaskar- und Bahia-Amethyste farblos, während andere sich gelblich oder bräunlich färben (*Citrin*). Wenn die Steine aber zu stark gebrannt werden, zeigen sie eine gelblichweiße Trübung oder eine Andeutung von einem blauen Lichtschein. Mit der Zeit kann die Farbe verblassen, läßt sich jedoch durch Radiumbestrahlung wieder herstellen.

Die wichtigsten Produktionsländer des Amethysts sind Brasilien und Uruguay. Beste tiefviolette Qualität kommt in Madagaskar vor. Weitere Abbaugebiete liegen im Ural, in den USA, in Kanada, Ceylon, in der Auvergne in Frankreich, in Indien, Japan und Mexiko.

Aquamarin

Der meerwasserblaue *Beryll* heißt Aquamarin, denn die Farbe dieses Steins schwankt zwischen einem lichten Blau und einem Blaugrün. Seltener, und deshalb besonders hoch bewertet, sind die Steine von etwas intensiverer Farbtönung. Diese unterscheiden sich jedoch eindeutig von dem Saphir, der eine noch dunklere Farbtönung aufweist. Der Aquamarin hat eine sehr gleichmäßige Farbverteilung bei einer hohen Durchsichtigkeit. Fehlerlose Steine sind weitaus häufiger als beim Smaragd. Gelegentlich finden sich aber als charakteristische Einschlüsse winzige Kristalle mit Höfen von Flüssigkeitsnetzen. Grünliche Aquamarine kann man durch Erhitzen rein blau färben. Da aber der Stein eine gewisse Sprödigkeit aufweist, ist Vorsicht beim Erhitzen geboten.

In Brasilien liegen die wichtigsten Vorkommen in den Provinzen Minas Gerais und Bahia, Marambaia und Espirito Santo. Der größte je gewonnene Stein wog 221 Kilogramm, hatte eine Länge von 48,5 und eine Dicke von 41 Zentimetern. Er wurde in Deutschland geschnitten und ergab insgesamt 200 000 Karat edelster Steine.

Hell- bis dunkelblaue und auch grünliche Steine bis zu einem Gewicht von 25 Kilogramm wurden in Madagaskar gefunden. Zusammen mit Turmalin und Topas wurde der Aquamarin in Prismen bis zu 65 Zentimetern Länge und 26 Zentimetern Dicke auch im Ural bei Mursinka und im Ilmengebirge gefunden. Ferner wird der Stein auch in Transbaikalien im Kreis Nertschinsk in dem granitischen Gebirgszug Adun-Tschilon, neben Topas und Rauchquarz, gefunden. Helle Aquamarine kommen auch aus Südafrika, andere Vorkommen liegen in Nordamerika, Indien, Ceylon und Neusüdwales.

Der Aquamarin wird am häufigsten im Treppen- und Scherenschliff verarbeitet, wobei ein rechteckiger und langovaler Querschnitt bevorzugt wird.

Ein altes Märchen erzählt, daß der Aquamarin aus den Schatzkästchen der Meerjungfrauen stamme und von ihnen aus tiefstem Meeresgrund an den Strand gespielt worden sei. So wurde er zum Stein der Seefahrer, der glückliche Reise verbürgt. Das „Cabinet des Médailles" in Paris bewahrt einen Aquamarin auf, in dem das Haupt von Julia, der Tochter des Titus, eingegraben ist.

Aventurin

Dieser Stein besteht aus einem feinkörnigen *Quarz*gestein, ist schwach durchscheinend und splittrig mit muscheligem Bruch. Die Oberfläche zeigt sich von vielfarbigem, metallischem Schimmer zwischen braunroter, gelber und weißer, seltener von blauer und grüner Farbe. Die metallisch glänzenden Flitterchen, die wie einzeln abgegrenzte Punkte hervortreten, beruhen auf eingelagerten Mineralblättchen, die je nach ihrer Eigenfarbe dem Schiller die verschiedenen Farben geben.

Die rote Farbe wird durch Eisenglanzblättchen erzeugt, Grün entsteht durch Chromglimmer und Hornblende.

Aventurinquarz wird im Ural, in Sibirien, im Altaigebirge, in Indien, Brasilien, China und Madagaskar gefunden, während Europa nur einige unbedeutende Fundstellen aufzuweisen hat.

Bergkristall

Wegen seiner schönen Kristallformen und seiner Klarheit erfreut sich der Bergkristall allgemeiner Beliebtheit, obwohl er nicht zu den edelsten Steinen gehört. Aufgewachsen sind diese

Kristalle auf Wänden von Drusenräumen und Klüften, wobei ihre Größe oft mehrere Meter ausmacht. Gelegentlich findet man Einschlüsse mit Flüssigkeit und Libelle (Gas- bzw. Luftblase in Verbindung mit einem Flüssigkeitseinschluß). Als Füllung wurde Kohlensäure, Wasser und Kochsalzlösung nachgewiesen (Wassertropfenquarz). Gelegentlich findet man auch oberflächlich aufgewachsene Chloritblättchen, Hornblenden und eine ganze Reihe anderer Mineralien als Einschlüsse, die als Kuriositäten besonders geschätzt werden. Eingeschlossene dünne Lufthäute in Rissen geben Anlaß zum Irisieren in bunten Regenbogenfarben (Regenbogenquarz).

Aus Brasilien, mit den Hauptfundstellen in der Sierra dos Christaes im Staat Goyaz mit Cristallina als Hauptplatz, kommen die geeigneten Steine für das Edelsteingewerbe. Viele Steine sind braun bis schwarz gefärbt (Rauchquarz). Weitere Vorkommen liegen in Cavalcante, Minas Gerais und Bahia (Brasilien), auf Madagaskar, in Japan, Alaska, Nordkarolina, Kalifornien und Colorado. Früher waren die Vorkommen in den Alpen bekannt, die aber heute nur noch für den Sammler von Interesse sind.

Der Bergkristall wird im Facettenschliff gearbeitet und mit Vorliebe zu Ringen, Ketten und Halsketten verarbeitet. Ferner sind die in Japan zu magischen Zwecken verwendeten „Götterkugeln" aus Bergkristall zu erwähnen.

Bernstein

Schon beim Menschen der vorgeschichtlichen Zeit fand der Bernstein großes Interesse. Sein Name kommt von „börnen", was „brennen" heißt. Er besteht aus einem brennbaren, erhärteten fossilen Harz, das bei 350 bis 390 Grad Celsius schmilzt und schon bei 170 Grad Celsius weich wird. Mit rußiger Flamme verbrennt er unter Ausströmen eines Weihrauchgeruchs. Der Stein, der eine amorphe Struktur aufweist, wird leicht von Alkohol, Benzin, Säuren und Laugen angegriffen. Die Knollen, Zapfen, Tropfen oder Platten von nicht selten erstaunlicher Größe haben sich auf natürliche Weise durch Harzausfluß aus den Bäumen ergeben. Der größte Stein dieser Art wog 48 Pfund.

Man unterscheidet nach der Struktur homogenen Bernstein und die schalig gebauten Schlauben. Vielfach sind die Steine von einer erdigen Verwitterungskruste bedeckt, die vor dem Verarbeiten mit Sand und Wasser abgewaschen werden muß.

Wenn man den Bernstein mit einem Tuch reibt, tritt eine stark negative elektrische Ladung auf, weshalb er bei den Griechen den Namen Elektron (daher unsere Bezeichnung Elektrizität) führte. Bei schönem Harzglanz schwankt die Durchsichtigkeit von Klar bis Undurchsichtig. Gelb kommt in allen Tönungen und Farbtiefen vor, gelegentlich auch Orange und Braun, selten Blau und Grün; rote und tiefbraune Tönungen haben sich im Lauf der Zeit durch Oxydation entwickelt. Wegen ihrer Seltenheit gehören die so gefärbten Stücke zu beliebten Sammlerobjekten.

Trübungen werden oft durch mikroskopisch kleine Bläschen hervorgerufen. Diese können durch das sogenannte Klarkochen, ein langsames Erwärmen in Rüböl, beseitigt werden. Gasblasen, Schwefelkies, feines Holzmehl, kleine Holzstückchen und Koniferennadeln sind als weitere Einschlüsse bekannt. Zu den Kuriositäten und beliebten Schmuckstücken gehören die sogenannten Inklusen (Einschlüsse) von Insekten, anderen Tieren und Pflanzen, die einen Einblick in die Tier- und Pflanzenwelt vergangener Zeiten gestatten.

Bis 1945 waren die Bernsteinwerke in Ostpreußen bei Königsberg Hauptlieferanten für die Edelsteinindustrie. Mit großen Baggern wurde die blaue frühtertiäre Tonerde im Tagbau bei Palmnicken an der Samlandküste abgebaut, wobei durch Auswaschen der Bernstein gewonnen wurde. Auch von der Ostseebrandung wird der Stein, als spezifisch sehr leichtes Material, aus geringer Tiefe herausgewühlt und an Land gespült. Mit großen Netzen sammeln Bernsteinfischer in der Brandung die Steine oder lesen sie vom Strand auf. Weniger wichtige Vorkommen liegen in Litauen, Rumänien, Sizilien, Burma und San Domingo.

In den Bernsteinmanufakturen von Königsberg, Hamburg, Danzig, Berlin und Wien werden aus Bernstein Ringe, Broschen, Anhänger, Halsketten, Rosenkränze, Amulette und kunstgewerbliche Gegenstände hergestellt.

Bei den Völkern des Altertums wurden dem Bernstein magische Kräfte zugeschrieben. Über den „Sonnenstein", den sie vor dem Tempel des Zeus als Weihrauch verbrannten, erzählten die Griechen folgende Legende:

Phaeton, der Sohn des Sonnengottes Helios, bat seinen Vater, das Gespann mit den Feuerpferden einen Tag lang ausfahren zu dürfen. Helios ließ es zu, aber Phaeton konnte die stürmischen Tiere nicht halten. So kam der Sonnenwagen zu dicht an die Erde und setzte sie in Flammen. Darauf entsandte der entsetzte und tobende Zeus einen Blitz gegen Phaeton, dessen Körper an einem Felsen zerschellte. Den Heliaden aber, Töchtern der Sonne und Schwestern des Phaeton, brachte sein Tod soviel Kummer, daß die Götter Mitleid mit ihnen hatten und sie in Fichten verwandelten. Seitdem tropft von den Bäumen das goldschimmernde Harz, die Tränen der Heliaden aus Bernstein.

Bernsteinarmbänder fand man auch an den Skeletten von Wikingern, da diese vor jeder Gefahr schützen und Geister und Dämonen bannen sollten. In Griechenland wurden Schalen und Becher aus Bernstein und Gold gefertigt, deren Farbe sich verdunkeln sollte, sobald sich ein giftiges Gemisch darin befand.

Bei den Moslems wird Bernstein besonders bei Wallfahrten nach Mekka oder Medina mitgeführt, um das Grab Mohammeds zu ehren.

Beryll

Zur Beryllgruppe gehören der *Aquamarin* und der *Smaragd.* Der Name stammt von dem griechischen Wort „beryllos", aus dem später unser Wort „Brille" geworden ist. Beryll lieferte schon im Altertum das Material für die Brillen. Für die Farbgebung sind neben anderen Beimengungen vor allem das Chrom (Smaragd), das zweiwertige Eisen (Aquamarin) und das Caesium (Rosaberyll) ausschlaggebend. Man hat auch Alkalimetalle in Beryllen gefunden, in Goldberyllen sogar Uran.

Auftretende unregelmäßige, oft sehr ausgedehnte Risse lassen den Stein leicht zerspringen. Deshalb ist beim Erhitzen Vorsicht geboten. Die Steine sind spröde und daher druckempfindlich. Die Durchsichtigkeit kann durch Risse, Hohlkanäle und Einlagerungen getrübt werden. Der farblose Stein heißt auch *Goshenit,* der goldgelbe *Goldberyll,* der hellgrüne *Heliodor* und der rosa Stein *Morganit,* um nur einige Namen zu nennen. Beim Erhitzen des rosa Morganit tritt bei 440 Grad Celsius, beim Goldberyll bei 250 Grad Celsius eine Entfärbung ein. Grüne russische und brasilianische Berylle können bei einer Temperatur von 400 bis 450 Grad Celsius in rein blaue Steine gefärbt werden; während rötliche und gelbe Berylle von Madagaskar durch Brennen ebenfalls blau werden. Durch Röntgenbestrahlung kann man bei dem rosa Beryll ein tieferes Rot erzielen.

Grün mit allen Abwandlungen, vor allem nach Gelb und Blau hin, ist die verbreitetste Farbe der Berylle. Verschieden nuanciertes Rosa, lachsfarbene, pfirsichblüten- und himbeerrote Steine kommen vor allem in Madagaskar und Kalifornien vor. Neben Hellgelb, Goldgelb und Hellgelbgrün sind auch farblose Berylle nicht selten. In Brasilien werden die Steine in allen Farbschattierungen gefunden. Aus Bahia kommen sehr schöne gelbe Steine. Goldberylle werden in Ceylon und Südwestafrika gefunden, rosafarbene und grüne Berylle stammen meist aus Madagaskar. Gelbe, grünlichgelbe, hellapfelgrüne und bläulichgrüne Steine findet man im Ural, in Transbaikalien gelbe, gelblichgrüne, grünlichblaue, weingelbe und rosarote. In Neusüdwales in Australien wurden blaugrünliche Berylle gefunden.

Das lateinische Wort „berullus" heißt eigentlich „meergrüner Stein". Der rosafarbene Beryll, nach dem bekannten Edelsteinsammler J. P. Morgan auch Morganit genannt, enthält neben Caesium eine Beimengung des seltenen Metalls Lithium. Im Mittelalter diente der Beryll als Zauberspiegel, in dem man die Zukunft voraussehen wollte.

Als Gesundheitstalisman tragen Audrey Hepburn und Jacqueline Kennedy-Onassis den Beryll.

Blutstein

Der Blutstein oder Hämatit besteht aus kristallisiertem Eisenoxyd. Gegen Säuren kann er empfindlich reagieren. Die meist tafeligen Kristalle gehören dem trigonalen System an. Derbe, faserige Aggregate mit radialstrahlig angeordneten Fasern werden meist für Schmucksteine verwendet. Der Blutstein ist undurchsichtig und zeigt einen lebhaften Metallglanz von dunkelstahlgrauer bis schwarzer Färbung. Rot durchsichtig ist er in ganz dünnen Splittern. Daher „blutet" er auf der Schleifscheibe. Diese Eisenoxydflecken und die Verwendung des Steins zu wundheilenden Zwecken trugen ihm seinen Namen ein.

Von Ägyptern, Babyloniern, Arabern und amerikanischen Indianern wurde er als Talisman getragen und herzförmig geschnitten.

Der Blutstein ist weit verbreitet in Ostindien, Brasilien, Cumberland, Elba, Norwegen, Schweden, Deutschland, Lake Superior, Neuseeland und anderen Gebieten der Erde. Er eignet sich vor allem zur Verarbeitung von Ringsteinen, Manschetten-knöpfen, Halsketten und läßt sich sehr gut gravieren. Mugelig geschliffene Steine (flache, als Cabochon gewölbte Schlifform) mit Faserstruktur zeigen einen Lichtschein.

Chalzedon

Dieser Stein ist ein dichtes Aggregat aus feinen Fasern von Quarz. Besondere Spielarten des Chalzedons sind *Jaspis, Onyx* und *Achat.* Die Fasern sind von einer so geringen Dimension, daß sie nur unter dem Mikroskop sichtbar sind. Bei dem stets porösen Material haben Hohlräume die Form runder Bläschen oder langgestreckter Kanäle, die mit Farblösungen getränkt werden können. Auf diese Weise ist der Stein leicht färbbar, worauf beim Verarbeiten sehr zu achten ist.

Sehr verschieden kann die Form der Chalzedonmassen sein: sinterartig, knollen-, nieren-, trauben-, zapfen-, tropfstein- und plattenförmig. Die Fasern stehen bei allen diesen Ausbildungs-formen senkrecht zur Oberfläche. Häufig ist dazu eine lagenför-mige Anordnung festzustellen. Die schaligen Bruchflächen in Faserrichtung sind uneben, feinblättrig und zeigen einen wachs-artigen lebhaften Glanz. Der kräftige Glasglanz entsteht durch Politur. Der Chalzedon ist trüb durchscheinend bis undurchsich-tig, wobei sich die einzelnen Lagen verschieden verhalten.

Eingelagerte Mineralteilchen verursachen verschiedene Farb-tönungen. Bläulich-weiße, graue und blau-graue Farben sind besonders schön, wobei die Farbe entweder gleichmäßig ver-teilt oder lagenweise etwas verschieden erscheint.

Der Chalzedon bildet sinterförmige Krusten auf Gesteinen, hängt in Tropfen oder Zapfen von der Decke von Gesteins-höhlen herunter oder füllt auch Hohlräume und Klüfte in Ge-steinen aus. Er ist durch die Ausscheidung von heißen und wäßrigen Lösungen entstanden. Manchmal sind Chalzedone durch allmählichen Wasserverlust aus *Opalen* unter Kristallisation von faseriger Kieselsäure entstanden.

Chalzedone werden am Rio Grande do Sul in Brasilien, in Uruguay, Ostindien, Madagaskar, Ceylon, Syrien, Island, Siebenbürgen, Sibirien und den USA gefunden. Im Altertum bezog man ihn aus Ägypten und Arabien. Heute verwendet man ihn zu Ring- und Siegelsteinen, Halsketten, Gemmen und kunstgewerblichen Gegenständen, wobei der Cabochonschliff angewandt wird. Die Schauspielerin Maria Schell hat einen Chalzedon als Glücksstein von einem persischen Wahrsager bekommen.

Zu den Varietäten des Chalzedons – außer den bereits erwähnten – gehören auch der *Chrysopras, Karneol, Sarder* und *Jaspis-Heliotrop* (Blutjaspis). Ferner werden noch verschiedene Chalzedone mit Einschlüssen unterschieden:

Ein beliebter Schmuckstein ist der *Moosachat,* der durchscheinend ist mit wirr ineinandergeschlungenen feinen grünen Fasern von Hornblende, wodurch der Eindruck von eingeschlossenem Moos entsteht. Eine braune bis rote Färbung erhält der Stein, wenn das zweiwertige Eisen der Hornblende oxydiert ist. Bei dem *Moosjaspis,* der sowohl in West- und Ostindien als auch in den USA gefunden wird, ist das „Moos" sehr dicht eingelagert.

Der weiß oder grau durchscheinende Chalzedon mit eingelagerten baum-, strauch- oder krautartigen Bildungen von braunem, bräunlichrotem oder rotem Eisenoxyd, Eisenhydroxyd und schwarzem Manganoxyd heißt *Baumstein.* Diese Erscheinungen sind dadurch zustande gekommen, daß Verwitterungslösungen der Nachbargesteine auf den feinen Spalten des Chalzedons auskristallisiert sind. Diese Spielart fand man früher am Roten Meer und auf der Halbinsel Kathiavar in Vorderindien. Heute kommen diese Steine vor allem aus Süd- und Nordamerika. Sie werden in Broschen und Anhängern getragen.

Eine ähnliche Kristallisationsbildung wie die Baumsteine zeigen die *Mückensteine,* die in Montana (USA) und Indien vorkommen. Sie zeigen knäuelförmige Verwachsungen, die wie Mücken aussehen.

Chrysoberyll

Diese Edelsteingruppe besteht aus den Elementen Beryllium und Aluminium (Tonerde), wobei die Spielarten *Alexandrit* und *Katzenauge* von besonderer Bedeutung sind. Eisen- und Chromoxyd (letztere Beimengung beim Alexandrit) geben dem Stein seine Farbe. Die Kristallform des Chrysoberylls ist rhombisch. Sehr häufig kommen Zwillings- und Drillingskristalle vor.

Chrysoberylle haben eine hellgelbe, gelbgrüne, bräulich-grüne oder grünbraune Farbe. Auf Ceylon werden sie in Saphirseifen des Saffragambezirkes, am Ratgangafluß und im Süden der Insel bei Matara gefunden. Das Gewicht einzelner Steine beträgt bis zu 100 Karat. In Brasilien kommen die Steine zusammen mit dem farblosen Topas im Gebiet von Marambaia in Minas Gerais vor. Gelbe, grüne bis olivgrüne Töne sind hier am häufigsten. Weitere Fundstellen liegen auf Madagaskar und in Indien.

Ein Durchkreuzungsdrilling des Chrysoberylls ist der Alexandrit. Der wundervoll dunkelgrün gefärbte Stein erhielt seinen Namen von den Russen, die den ersten Rohstein am Tag der Großjährigkeit des Zaren Alexander im Ural fanden. Die besondere Eigenschaft dieses Steines ist, daß er bei Tageslicht grün, bei künstlichem Licht aber blutrot leuchtet. Damit diese Erscheinung gut sichtbar werden kann, muß der Stein eine gewisse Dicke haben, wobei die geschliffene Tafelfläche parallel der Längsfläche angelegt wird. Die Smaragdgruben am Tokowajafluß im Ural waren früher die Hauptfundorte der Alexandrite, die im Glimmerschiefer auftraten. Den meisten Alexandrit liefert heute das Vorkommen bei Morawak-Korale auf Ceylon, wo Steine im Gewicht zwischen vier und 64 Karat gefunden werden.

Bei der Verarbeitung ist Vorsicht geboten; denn der Alexandrit ist druckempfindlich, reagiert bei Hitze auf Farbveränderungen und kann von Laugen angegriffen werden.

Chrysolith

Der Chrysolith, auch *Olivin* oder *Peridot* genannt, besteht aus einem Magnesium-Eisen-Silikat, an das Magnesium und Eisen in wechselnden Mengen an Kieselsäure gebunden sind, wobei der Eisengehalt die Tiefe des Farbtones bestimmt. Schmilzt man den Chrysolith mit Borax, so entsteht ein blaßgrünes Glas. Die Kristallform des Steines ist rhombisch bei vollkommener Durchsichtigkeit und auftretendem Glasglanz.

Der Chrysolith zeigt wie sonst kein anderer Stein ein warmes Gelbgrün. Die Farben schwanken zwischen gelbgrün, moosgrün und braungrün, wobei der olivgrüne Stein am begehrtesten ist. Bei geringem Eisengehalt ist der Farbton mehr gelblich. Sehr dunkle Steine kann man durch Glühen unter Luftabschluß heller färben. Gelegentlich findet man kleinere Einschlüsse, besonders in dunklen Exemplaren.

Das wichtigste Vorkommen liegt auf der kleinen vulkanischen Insel Seberget an der ägyptischen Küste des Roten Meeres, wo man schon im Altertum nach diesem Stein grub. Hier findet man an den Wänden von Hohlräumen im vulkanischen Gestein prächtige Exemplare, die geschliffen bis zu 80 Karat wiegen können. Ferner wird der Chrysolith in Arizona gefunden. In Südafrika tritt er als Begleitmaterial von Diamant auf. Auch in

Meteoriten außerirdischen Ursprungs konnte er nachgewiesen werden.

Im Mittelalter wurde dieser Stein, der eine nur geringe Härte besitzt, vor allem für kirchliche Schmuckzwecke verarbeitet. Er wird in Tafel-, Treppen- oder auch Brillantschliff angeboten. Manchmal wird auch die Tafel ganz flach rundlich geschliffen. Da der Chrysolith auf Schwefelsäure reagiert, wird dieses Mittel auch zur letzten Politur angewandt.

Chrysopras

Der apfelgrüne Chrysopras ist eine Varietät des *Chalzedons*. Die Farbe geht auf Einlagerungen von Körnchen wasserhaltiger Nickelsilikate zwischen den Fasern zurück. Der Schleifer muß beim Verarbeiten des Steines auf seine Sprödigkeit achten. Die nicht sehr intensive Farbe ist bald heller, bald dunkler grün und geht bis ins Farblose. Da bei größeren Steinen die Farbwerte manchmal unterschiedlich sind, müssen die Teile, die verwertet werden sollen, herausgeschnitten werden. Ein Nachteil ist, daß die schöne Farbe vor allem bei Sonnenlicht ausbleichen kann. Die Entfärbung beruht auf einem Wasserverlust der Nickelsilikate. Will man die alte Farbe wiederherstellen, so soll der Stein in feuchten Wolltüchern aufbewahrt werden.

Der Chrysopras wird bei Frankenstein in Schlesien gefunden, wo er in den Verwitterungsmassen einer Nickelerzlagerstätte auftritt und schon im 14. Jahrhundert abgebaut wurde.

Friedrich der Große liebte diesen seltenen Stein seiner schlesischen Provinzen über alle Maßen, und Florence Nightingale, der „Engel der Verwundeten", trug ihn als Talisman.

In den USA wird der Chrysopras in Arizona, Oregon und Kalifornien gefunden, während in Rußland bisher nur eine Fundstelle bei Redwinsk, östlich von Swerdlovsk, bekannt geworden ist. Mit mugeligem Schliff kommt der Chrysopras als

Ringstein und als Anhänger in den Handel. Auch werden aus ihm kunstgewerbliche Luxusgegenstände gefertigt.

Diamant

„Adamas" (griechisch), der Unbezwingliche, ist der König der Edelsteine seit alten Zeiten. Seine große Härte galt als Symbol alles Starken und Mächtigen und als Inbegriff der Reinheit, Gesundheit und des Glücks. Drei Eigenschaften machen ihn zum Herrscher im Reich der Minerale: seine unüberwindliche Härte, die gewaltige Lichtbrechung und die große Farbenzerstreuung. Er ist der einzige Edelstein, der nur aus einem einzigen Element besteht, nämlich Kohlenstoff. Am häufigsten kristallisiert er in Form des Oktaeders.

Während der Diamant auf chemische Mittel unempfindlich reagiert, verhält er sich empfindlich gegen hohe Temperaturen. Bei Zufuhr von reinem Sauerstoff verbrennt er bei 720 Grad Celsius, an der Luft erst bei 850 Grad Celsius.

Diamanten werden in verschiedenen Größen gefunden – von 1/100 Karat bis zu mehreren hundert Karat. Der größte aller bisher gefundenen Steine ist der Cullinan mit einem Gewicht von 3106 Karat, was einem Gewicht von genau 621,2 Gramm entspricht. Durch die Ritzhärte zehn ist der Diamant neben der Verwendung als edler Schmuck auch in der Industrie von großer Bedeutung, da er als Werkzeug zum Sägen, Schneiden, Fräsen, Hobeln, Bohren, Schleifen und Polieren gebraucht wird. Auch die Wissenschaft hat vielfältige Verwendung für ihn.

Neben der Reinheit und Größe eines Diamanten ist vor allem die Farbe ausschlaggebend für seine Bewertung. Nur ein Viertel der Produktion ist farblos, ein weiteres Viertel blaß gefärbt; die restliche Hälfte zeigt mehr oder weniger lebhafte Farben. Während indische Diamanten kaum oder gar nicht gefärbt sind, fin-

det man in Südafrika zu 98 Prozent gefärbte Steine. Von den
farblosen Steinen sind die am höchsten bewertet, die einen leicht
bläulichen Farbschimmer zeigen. Es sind die sogenannten blau-
weißen Steine. Gelbliche und orangefarbene Steine werden in
Südafrika gefunden, grünliche in Brasilien. Variationen der
braunen Farbtöne sind groß, während rote, rosa, blaue und
violette Töne sehr selten sind. Daneben gibt es aber auch noch
weißgraue bis schwarze Diamanten. Über die farbgebenden
Substanzen weiß man heute noch wenig, aber man hat spektro-
skopisch festgestellt, daß Eisen und Titan dabei eine Rolle
spielen.

Für den Diamantenhandel ist die exakte Farbbestimmung von
großer Bedeutung. Heute orientiert man sich an folgender Far
benskala, die international gebräuchlich ist:

Jager – feinstes Blauweiß
River – blauweiß
Top Wesselton – feines Weiß
Wesselton – weiß
Top Crystal – sehr, sehr leicht gelblich
Crystal – sehr leicht gelblich
Very light Brown – sehr leicht braun
Top Cape – leicht gelblich
Cape – gelblich
Light Yellow – hellgelb
Light Brown – hellbraun
Yellow – gelb

Auch der Einfluß des Lichtes spielt bei der Bewertung eines
Steines eine Rolle. Farben eines Raumes oder der blaue Himmel
können den Gutachter irreführen. Am neutralsten ist der weiße,
leicht bewölkte Nordhimmel, der ein reines Weiß liefert. Allerdings gibt es heute hervorragende optische Instrumente, die eine
objektive Bewertung für den Fachmann zulassen.

Die Farbe eines Diamanten kann durch Erhitzen oder Bestrahlen verändert werden. Grüne Steine können durch Erhitzen farblos oder gelblich werden. Farblose Steine können unter Radiumbeschuß blaue, braune und gelbe Farben erhalten – was natürlich zu vermeiden ist, da die farblosen die wertvollsten sind.

Neben Größe und Farbe spielt die Reinheit eine Rolle, die von den Einschlüssen abhängig ist. Durch mikroskopische Beobachtungen konnte man feststellen, daß die Einschlüsse aus winzigen Partikeln von Zirkonen, Quarzen, Hämatiten, Graphit u. a. bestehen. Auch Einschlüsse von Diamant in Diamant wurden festgestellt neben Flüssigkeits- und Gaseinschlüssen. Letztere bewirken eine nebelartige Trübung des Steines. Auch Spannungs- und Bruchrisse kommen vor. Fehler, die man mit dem bloßen Auge sieht, gelten als erheblich. Fehler, die mit einer zehnfachen Lupe festgestellt werden, gelten als wertmindernd. Erst, wenn man unter der Lupe keinen Fehler entdecken kann, spricht man von einem lupenreinen Stein; während alle anderen Einschlüsse, die man unter einem stark vergrößernden Mikroskop sieht, nicht mehr berücksichtigt werden. Die internationale Bewertungsskala sieht hier folgendermaßen aus:

1. flawless – fehlerfrei, keine inneren Fehler;
2. flawless – fehlerfrei, mit geringen äußerlichen Kratzern, kerb- oder spanförmigen Beschädigungen;
3. v. v. s. i. (very, very slightly imperfect) – sehr, sehr leicht fehlerhaft;
4. v. s. i. (very slightly imperfect) – sehr leicht fehlerhaft;
5. s. i. (slightly imperfect) – leicht fehlerhaft;
6. imperfect, first piqué – erstes Piqué, fehlerhaft, mit größeren Fehlern;
7. imperfect, second piqué – zweites Piqué, fehlerhaft, mit mehreren Fehlern und wolkig;

8. badly imperfect, third piqué – drittes Piqué, schlimm fehlerhaft, mit großen Fehlern.

Über das Entstehen des Diamanten weiß man heute, daß er in einer Erdtiefe von etwa 80 Kilometern in einem kieselsäurearmen Schmelzfluß bei etwa 1100 bis 1300 Grad Celsius unter sehr hohem Druck auskristallisiert ist. Später wurde er dann mit anderen Begleitmaterialien aus der Erdtiefe als Eruptivgestein emporgeschleudert.

Indien war seit dem Altertum bis Mitte des 18. Jahrhunderts der alleinige Lieferant von Diamanten. Allerdings ist das heutige indische Vorkommen im Verhältnis zu anderen Fundstätten vollkommen bedeutungslos. Die Steine wurden an der Ostseite des Hochlandes von Dekkan in den Flußläufen des Panar, Kistnah, Godavery, Mahandy und in den Nebenflüssen des Ganges in den Provinzen Bandelkhand und Tschota-Nagpur gefunden. In Brasilien werden seit 1725 Diamanten um den Bezirk Diamantina in der Provinz Minas Gerais und seit 1755 in Bahia geschürft und in den Flußläufen gewaschen.

Eine ungeahnte Blütezeit erlebte die Diamantenschleiferei, als in der Mitte des vorigen Jahrhunderts die nahezu unerschöpflichen Diamantenvorkommen in Südafrika, später dann auch im Kongo, in Südwestafrika, Australien und Brasilien entdeckt wurden. Die Rohsteine werden durch Oberflächenschürfung, durch Waschen und Tauchen und in den Bergwerken geborgen. Am reichhaltigsten ist der sogenannte Blaugrund in den südafrikanischen Minen. Interessant ist, daß man deutliche Diamantenkristalle im außerirdischen Meteoriten von Canon Diablo in Arizona gefunden hat.

Berühmte Diamanten, die alle einen eigenen Namen und ihre eigene Geschichte haben, sind der bereits erwähnte *Cullinan* (3106 Karat), der *Excelsior* (995,2 Karat), der brasilianische *Praesident Vargas* (726,6 Karat), der *Jonker* (726 Karat) und der *Jubilee* (650,8 Karat), um nur einige wenige zu nennen.

Falkenauge

Das Falkenauge, aus dem durch Verwitterung das *Tigerauge* entstanden ist, besteht aus einem feinen Quarzaggregat mit eingelagerten blaugrünen Hornblendefasern. Das undurchsichtige Material hat eine dunkle blaue bis blaugraue Farbe. Betrachtet man eine Bruchstelle, so zeigt sich an der Fläche parallel zur Faserung ein feiner Seidenglanz, der in geschwungenen und geknickten Linien verläuft.

Bedeutende Fundstellen liegen bei Griquatown in den Doornbergen der südafrikanischen Union. In Platten oder als Cabochon geschliffen verwendet man das Falkenauge zu Halsketten und kunstgewerblichen Gegenständen. Gegen Säuren zeigt der Stein sich sehr empfindlich.

Granat

Als einer der Karfunkelsteine wurde dem Granat im Mittelalter eine bedeutende Rolle zugemessen. Der Name stammt vom lateinischen „granum" – das Korn. Er bildet eine weitverbreitete Mineralgruppe, deren einzelne Varietäten zu schönen Schmucksteinen verarbeitet werden. Chemisch besteht der Granat aus Magnesiatonerdesilikat. Wegen seiner hohen Härte wird er auch als Schleif- und Poliermittel benutzt.

Neben dem farblosen *Leukogranat* treten verschiedene Farben auf, die durch farbgebende Metalle wie Eisen, Mangan, Chrom und Titan verursacht werden. Man unterscheidet folgende Spielarten: den blutroten *Almandin,* der zum Teil einen Stich ins Violette zeigen kann; den rosa oder purpurroten *Rhodolith;* den roten *Pyrop* mit einem Stich ins Bräunliche, der durch Röntgen- oder Radiumbestrahlung reiner rot gefärbt werden kann; den bräunlichgrünen *Grossular* und den hellgelbroten *Hessonit;* den gelblichgrünen *Andradit* oder *Demantoid;*

den gelbroten bis braunroten *Spessartin;* den grünen *Uwarowit* und den schwarzen *Melanit.*

Häufig finden sich in den Granatsteinen verschiedene Einschlüsse von Hornblendenadeln. Als der bekannteste Granat gilt der Pyrop, der nach seiner Farbe „Feuerauge" heißt und dessen Hauptvorkommen in Böhmen lag. Später entstand aus der Granatschleifindustrie in Turnow und Gablonz die heute noch bekannte Glasindustrie. Der schönste aller blutroten Granate ist heute der südafrikanische Pyrop, der dort als Begleitmaterial des Diamant gewonnen wird. Weitere Lagerstätten hat man auf Madagaskar, in Arizona (USA), Australien, Ceylon und Ostindien gefunden.

Der Granat wird im Facetten- oder Brillantschliff verarbeitet. Beliebt sind aber auch der Gemischtschliff und der Cabochonschliff.

Heliotrop

Der Heliotrop oder *Blutjaspis* ist ein grüner *Chalzedon* mit roten Punkten. Die kräftig grüne Chalzedonmasse ist undurchsichtig und zeigt manchmal eine körnige Struktur mit eingelagerten grünen Blättchen von Chlorit oder Körnchen von Grünerde. Die Farbe ist nicht immer lichtbeständig. Die roten Punkte bestehen aus Eisenoxyd, müssen kräftig rot, gleich groß und regelmäßig verteilt sein.

Zusammen mit Chalzedon, Karneol und Achat kommt der Heliotrop vor allem in Indien, auf der Halbinsel Kathiawar und bei Puna, östlich von Bombay, vor. Andere Fundstellen liegen in Sibirien, auf der Inselgruppe der Hebriden, in Nordafrika, Australien, China und in Wyoming (USA).

Verarbeitet wird der Heliotrop vor allem zu Ringsteinen, Broschensteinen und zu kunstgewerblichen Gegenständen.

Hyazinth

Die braune bis braunrote Varietät des *Zirkons,* die hauptsächlich aus Siam und Indochina kommt, heißt Hyazinth (siehe unter Zirkon).

Jaspis

Der Glücksstein des russischen Dichters Leo Nikolajewitsch Tolstoi besteht aus einem faserigen Quarzaggregat und wird der *Chalzedon*-Gruppe zugerechnet. Der Jaspis, auch *Hornstein* genannt, ist helldurchscheinend bis undurchsichtig. Je nach eingelagerten Mineralsubstanzen treten verschiedene Farben auf, Rotbraun, Gelb oder Grün.

Der *Blutjaspis* (siehe *Heliotrop)* ist rot. Meist sind die Steine fleckig, streifig, geflammt oder auch ganz unregelmäßig gezeichnet. Braune Jaspisknollen, die auch als *Nilkiesel* bezeichnet werden, liegen an der Erdoberfläche der ägyptischen Kieselwüste. Der graue Jaspis aus der Gegend von Idar-Oberstein kann durch Färben eine blaue Tönung annehmen und wird unter der Falschbezeichnung „Deutscher Lapis" gehandelt. Ein braun und rot gefleckter oder gestreifter Jaspis ist der *Silex.* Lagenförmige Struktur zeigt der *Bandjaspis,* in den Gemmen geschnitten werden.

Karneol

Die Grenzen zwischen dem roten bis braunroten Karneol und dem braunen bis rotbraunen *Sarder* aus der Mineralgruppe der *Chalzedone* sind fließend. Die Farbverteilung kann sowohl gleichmäßig als auch wolkig oder fleckig sein. Besonders begehrt sind die Steine, die in der Durchsicht feurig blutrot, in der Aufsicht aber schwärzlichrot sind. Daneben kommen aber auch Steine mit grünen Tönen vor. Beim Sarder ist vor allem der Stein geschätzt, der in der Durchsicht rot und in der Aufsicht braun mit einem orangefarbigen Stich ist. Die rote Färbung wird durch Eisenoxyd, die braune durch Eisenhydroxyd hervorgerufen. Durch Umbrennen läßt sich der braune Stein rot färben, da Eisenhydroxyd sich durch Erhitzen in Eisenoxyd umwandelt. Lange Sonnenbestrahlung hat in der Natur die gleiche Wirkung hervorgerufen. Blasse Steine werden längere Zeit in einer Eisennitratlösung gekocht und anschließend gebrannt, wobei sich das rotfärbende Eisenoxyd bildet.

In der Natur bildet der Karneol Überzüge auf Gesteinen oder füllt Spalten und Hohlräume aus. Zugleich ist er aber auch ein Bestandteil von Achaten, in denen er braune oder braunrote Lagen zwischen der Achatsubstanz bildet.

Aus dem Bezirk Ratanpur, nördlich von Bombay, kommen die schönsten Karneole von natürlich olivgrüner Farbe. Außer in Indien kommt der Karneol in Brasilien, Uruguay, Nordafrika, Sibirien, Japan und Queensland vor.

Schon Griechen und Römer schätzten den Stein, wie auch später der gesamte Orient. Auch heute ist er noch sehr beliebt, wird mugelig mit meist flach gerundeter Fläche geschliffen und zu Gemmen und kunstgewerblichen Gegenständen verarbeitet. Sophia Loren trägt einen Karneol als Glücksstein.

Katzenauge

Unter „Katzenauge" versteht man allgemein einen beobachtbaren Lichtstreifen an mugelig geschliffenen Schmucksteinen, der sich beim Bewegen des Steines hin und her bewegt. Am bekanntesten ist das Katzenauge des *Chrysoberylls* (siehe dort), ein durchsichtiger Stein von gelb bis grüngelber Farbe in rhombischer Kristallform, der auf Ceylon, Madagaskar und in Brasilien gefunden wird. Daneben bezeichnet man aber auch einen grauen, undurchsichtigen Stein aus kristallinem Quarz mit trigonaler Kristallisation als Katzenauge. Diese Steine werden in Indien, im Harz und im Fichtelgebirge gefunden.

Koralle

Aus der großen Familie der organisch gewachsenen Korallen gibt es einige Gattungen, die sich wegen ihrer Farben besonders für Schmuck eignen. Edelkorallen zeigen rote, weiße und auch schwarze Farben, wobei die roten Korallen besonders beliebt sind. Der Tiefseeforscher Prof. Auguste Piccard trug eine solche Koralle als Talisman.

Die Koralle, die im Meer wächst, ist der Wohnsitz einer Kolonie winziger Einzeltierchen, die miteinander einen gemeinsamen Organismus bilden. Der baum- oder strauchartige Korallenstock wird durch sie aus kohlensaurem Kalk aufgebaut. Der Sitz der kleinen Einzeltierchen (Polypen) wird durch kleine grubenartige Vertiefungen auf der Oberfläche angezeigt. Der Stock selbst ist auf dem Meeresboden mit einem breiten, scheibenartigen Fuß festgewachsen. Diese Stöcke können ein Gewicht bis zu 20 Kilogramm aufweisen, wobei die Korallen bei einer Astdicke von 4 bis 6 Zentimetern etwa 20 bis 40 Zentimeter hoch werden.

Gefleckte und dunkelrote Korallen können durch langes Tragen ausbleichen. Kurzes Einlegen in Wasserstoffsuperoxyd läßt in den meisten Fällen die alte Farbe wieder zum Vorschein bringen.

Edelkorallen werden in einer Meerestiefe von 50 bis 200 Metern von Korallenbänken geerntet, vor allen Dingen an den Küsten des Mittelmeeres, an der indischen Küste, am Golf von Biskaya, bei Madeira, den Kanarischen Inseln, Mauritius, im Malayischen Archipel und an den Südwestküsten Japans. Fischer ziehen ihre Korallennetze über den Meerboden, wobei sich die Korallenbäume darin verfangen und in das Schiff gezogen werden. Nachdem die Weichteile abgerieben worden sind, werden die Korallen nach ihrer Qualität und Farbe sortiert. Der Italiener unterscheidet dabei: 1. weiß, 2. weiß mit rosa Flecken,

3. fleischfarben, 4. blaßrosa, 5. lebhaft rot, 6. zweite Farbe,
7. rot, 8. dunkelrot, 9. karfunkelrot.

Im Altertum wurde die Koralle vielfältig zur Herstellung von
Schmuck und Talismanen verwendet. Ausgrabungen aus der
Bronzezeit haben bewiesen, daß schon die Menschen dieser
Epoche ihre Waffen mit Korallen verzierten. Heute werden die
Korallen zu Perlen verarbeitet, auf Schnüre aufgezogen und als
Arm- oder Halsbänder angeboten. Noch in unserer Zeit tragen
Italiener kleine Zweigstücke als Talisman und Schutz gegen den
bösen Blick. Auch Broschen, Knöpfe, Ohrgehänge und Anhänger
werden aus Korallen hergestellt.

Schwarze Korallen stammen von einer anderen Tiergattung.
Es sind Anthozoen mit einem tiefschwarzen oder dunkelbraunen
Hornskelett und werden im Malayischen Archipel, im Roten
Meer, in Westindien und seltener im Mittelmeer durch Fischen
und Tauchen geerntet oder als Strandgut gefunden. Aus ihnen
werden Perlen für Rosenkränze hergestellt oder Gemmen geschnitten.

Lapislazuli

Der Name dieses Steines setzt sich aus dem lateinischen Wort
„lapis" (der Stein) und dem arabischen Wort „azul" (blau) zusammen und wird deshalb auch gelegentlich in zwei Wörtern
(Lapis Lazuli) geschrieben. Verschiedene Mineralarten bilden
ein körniges Aggregat, und zwar Lasurit, Kalkspat, Augit,
Hornblende und Pyrit. Ultramarinmoleküle verleihen den Steinen die blaue Farbe. Kalkspat in größerer Menge läßt manchmal
die Farbe etwas blaß erscheinen, während ein zu großer Anteil
von Schwefelkies einen häßlichen grünen Farbton hervorruft.

Schöne Exemplare schwanken in ihren Farben zwischen dun-
kellasurblau und einem sehr blassen Hellblau, wobei sich die
goldglänzenden Pyritkörner abheben. Gelegentlich ist die Färbung auch fleckig oder streifig; selten sind grünlichblaue, grün-

violette und rötlichviolette Farbtöne. Durch vorsichtiges Erhitzen kann man hellblaue Steine etwas dunkler färben. Der Stein ist undurchsichtig.

In weißem und schwarzem Kalkgestein und dolomitischem Marmor mit Granit kommt der Lapislazuli in Afghanistan bei Badakschan am oberen Oxus und am Südende des Baikalsees vor. Weitere Fundstellen liegen in Chile, wo meist blaß gefärbte Steine vorkommen, und in Birma.

Aus dem Lapislazuli wurden schon im Altertum Siegelsteine und Figuren gearbeitet. Die alten Ägypter schnitten aus ihm mit Vorliebe Skarabäen (das sind heilige Mistkäfer), zogen diese auf Perlenschnüre und wickelten damit ihre Mumien ein. Heute werden vor allen Dingen Ringsteine und Halsketten gefertigt. Der Stein wird aber auch zu kunstgewerblichen Arbeiten, zu Tierfiguren, Mosaik- und Einlegearbeiten verwandt. Napoleon Bonaparte trug einen Lapislazuli als Talisman.

Malachit

Wenn man den dunkel- bis smaragdgrünen Malachit, der aus wasserhaltigem Kupferkarbonat besteht, erhitzt, dann entweicht das Wasser aus dem Stein, und er wird schwarz. Aus monokli nen kleinen Kristallen aufgebaut, bilden die zum Verschleifen geeigneten Exemplare rundliche Knollen mit rundlicher, nierenförmiger, traubiger oder zapfenförmiger Oberfläche. Diese Knollen sind schwarz und zeigen in ihrem Innern meist eine radialfaserige Struktur. Der undurchsichtige Stein zeigt an der Bruchfläche einen Seidenglanz, der im Schliff besonders wirksam wird. Abwechselnd dunklere und hellere Lagen ergeben eine schöne Zeichnung.

Für Schmuck geeignete Steine findet man im Ural, in Südwestafrika, im Kongo, in Katanga, Rhodesien, Chile, Arizona (USA) und Australien. Aus ihnen werden Broschen, Anhänger und

Halsketten gefertigt, aber auch kunstgewerbliche Gegenstände hergestellt.

Mondstein

Der wichtigste und wertvollste Stein der *Feldspat*gruppe ist der Mondstein. Stark durchscheinend ist er fast farblos. Besonders schön wirkt auf der gewölbten Schlifffläche ein bläulicher Lichtschein, der über den Stein hinweggleitet, wenn man ihn bewegt. Dieser Effekt entsteht durch Reflexion und Beugung des Lichts an einer sehr feinen Lamellenstruktur.

Der Lieblingsstein der berühmten Tänzerin Lola Montez und des Schauspielers Vittorio de Sica wird auf der Insel Ceylon im Dumbara- und Kandy-Distrikt und Weragoda im Südwesten gefunden, wo er in rundlichen bis faustgroßen Stücken auftritt. Der Mondstein zeigt charakteristische Spannungsrißfiguren, wobei von einem größeren Hauptriß kleinere Nebenrisse ausgehen. Weitere, aber unwichtige Vorkommen liegen in Brasilien, Nordamerika, Australien, Burma, Tanganyika, auf Madagaskar und im St.-Gotthard-Gebiet.

In meist mugeligem Schliff wird der Mondstein zu Ringsteinen, Anhängern, Ohrgehängen und Ketten verarbeitet.

Nephrit

Zur Hornblendefamilie in der *Jade*gruppe gehört der Nephrit. Er wurde schon von den Menschen der Steinzeit für Werkzeuge und Waffen benutzt und sollte in späteren Zeiten als Talisman gegen Nierenleiden schützen. Der Stein besteht aus Kalziummagnesiumsilikat und enthält außerdem Spuren von Eisen, Tonerde und Natron. Das aus feinsten monoklinen Nädelchen bestehende Aggregat ist so fest, daß es an Zähigkeit den besten Stahl übertrifft. Das Material ist halbdurchscheinend bis undurchsichtig bei glänzender polierter Fläche. Die Hauptfarbe ist Grün. Daneben gibt es aber auch noch braune, gelbe, selten blaue und rote Tönungen. Die Verteilung der Farbe kann sowohl gleichmäßig als auch fleckig, streifig oder geädert sein. Wichtigste Produktionsländer für den Nephrit sind Neuseeland, China (Kwen-Lun-Kette), Tibet, Schlesien (Jordansmühl), Alaska, Kalifornien und Wyoming (USA). Eingeborene von Neuseeland verwenden ihn zu allen möglichen Geräten, Schmuck und Amuletten.

Kunstgewerbliche Gegenstände wurden aus Nephrit vor allen Dingen in China hergestellt, die als kostbare Antiquitäten meist einen hohen Sammlerwert darstellen. In Deutschland wird er mit meist mugeligem Schliff als Ring, Brosche, Ohrgehänge oder Kette angeboten.

Onyx

Der lagig weiß oder schwarz gefärbte undurchsichtige Onyx gehört zur Gruppe der *Chalzedone* und ist eine Varietät des *Achats* (siehe dort), die selten vorkommt. Es gibt den naturfarbenen schwarzen Onyx, es kann aber auch der Achat künstlich schwarz gefärbt werden. Früher wurden die Stücke mit Honig, heute mit heißer Zuckerlösung wochenlang getränkt. Anschließend wird der Stein erhitzt oder mit Schwefelsäure behandelt, wodurch der Zucker verkohlt und die Schwarzfärbung eintritt.

Der Onyx wird hauptsächlich zu Kameen verwendet und ist der Stein der Siegelringe.

Opal

Der geheimnisvollste aller Edelsteine ist wohl der Opal. Aus seinem Inneren scheinen sich alle Farben des Sonnenspektrums zu spiegeln. Ein indisches Märchen erzählt von seiner Entstehung: Als die Götter Brahma, Wischnu und Schiwa in Eifersucht um eine wunderschöne Frau entbrannt waren, erzürnte der Ewige und verwandelte sie in ein Nebelgebilde. Um die Ange-

betete aber auch im Nebel erkennen zu können, lieh jeder der
Götter ihr seine Farbe. Brahma gab ihr sein herrliches Blau,
Wischnu den Glanz des Goldes und Schiwa sein flammendes
Rot. Aber der Schemen wurde eine Beute der Winde, bis der
Ewige sich erbarmte und ihn in einen Stein verwandelte, in den
Edelopal, in dem sich alle Rätsel der Farbschöpfung vereinigen.

Unbegreiflich ist, daß dieser Stein gefürchtet wurde, gilt er
doch im Orient immer noch als „Anker der Hoffnung", der in
sich die Tugenden aller Edelsteine birgt. Königin Viktoria von
England hat allen ihren Töchtern Brautschmuck aus Opalen
arbeiten lassen. Ein Opal war der Lieblingsstein des bekannten
französischen Schriftstellers Honoré de Balzac. Der Römer Plinius sagte von ihm, er habe das zarte Feuer eines Karfunkels, in
ihm wohne der glänzende Purpur des Amethysts, das prächtige
Meergrün des Smaragds, das goldige Gelb des Topas, das tiefe
Blau des Saphirs, so daß alle Farben in unglaublichem Spiel
zusammenglänzen.

Die wertvollsten schwarzen Opale werden in Australien und
Mexiko gefunden. In diesen Ländern und in Ungarn sind verschiedene Spielarten kostbare Fundstücke: der weiße Edelopal,
der in reinem Orangerot flammende Feueropal, der Wasseropal,
Milchopal, Prasopal und der Harlequinopal.

Das Farbenspiel des Opals kommt an dünnen Schichten durch
Interferenz des Lichtes zustande. Die hauchdünnen Schichten
sind aus einer Mischung von Kieselsäure und Wasser aufgebaut.
Je nach der Dicke dieser Schichten treten verschiedene Farben
entweder im buntschillernden Nebeneinander oder unter Vor-
herrschen einer Farbe auf.

Padparadscha

Zu den sehr kostbaren und seltenen Edelsteinen gehört der
Padparadscha, eine orangerote Varietät des *Saphirs* (siehe dort)
in der *Korund*gruppe. Der Name ist singhalesisch und bedeutet

„Morgenröte". Der durchsichtige Stein von trigonaler Kristallform besteht aus Tonerde und wurde in vulkanischem Gestein
metamorph gebildet. An Härte übertrifft ihn nur noch der
Diamant.

Peridot

Der Peridot ist auch unter dem Namen *Chrysolith* (siehe dort)
bekannt. Schon 1500 v. Chr. wurden Peridote am Roten Meer
gewonnen. Von dort haben ihn später auch die Kreuzfahrer
nach Europa gebracht. Der Stein, der zur Familie der *Olivine*
gehört, wird ferner in Burma, Australien, Norwegen und
Mexiko gefunden. Seine klassische Farbe ist ein beruhigendes
Oliv- oder Moosgrün von leicht ölig anmutender Substanz.

Perle

Meeresmuscheln von der Art der Austern bilden Perlen. Diese
Muscheln leben in Muschelbänken in den küstennahen Gebieten
des Indischen Ozeans, des Persischen Golfes, an den Küsten
Australiens, Ceylons, Japans, Borneos und Zentralamerikas.
Noch heute werden die Muscheln von eingeborenen Perlen-
tauchern geborgen. Es ist ein sehr mühsames Geschäft, denn
durch die große Nachfrage sind echte Perlen heute sehr selten.
Nur jede vierzigste Muschel, die aufgebrochen wird, enthält
eine Perle.

Zwei Substanzen bilden die Bausteine der Perle. Winzig
kleine Täfelchen von Perlmutter, das aus kohlensaurem Kalk besteht, sind in konzentrischen Lagen um den Mittelpunkt angeordnet. Durch das Conchyn, eine Hornsubstanz, werden sie
zusammengehalten. Die Epithelzellen der Muschel scheiden
beide Substanzen aus, wenn ein kleiner Fremdkörper, vielleicht
ein Sandkorn, in das Innere der Muschel gelangt. Der Mensch,
der schon früh um dieses Geheimnis des Wachsens von Perlen
wußte, hat sich diese Erkenntnis zunutze gemacht und dem

Muscheltier künstlich kleine Fremdkörper zwischen seinen Mantel und seine Schale geschoben. Alles andere besorgte die Muschel nun selbst. In China hat man zum Beispiel auf diese Weise kleine Figuren und Buddhabilder mit einer Perlhaut überzogen.

Vollrunde und Barockperlen von geschlossener Form haben einen anderen Entstehungsort und sind im Mantelgewebe eingebettet, wobei eine Verlagerung von Epithelzellen in das Bindegewebe des Mantels genügt (vielleicht durch eine Verletzung ohne Fremdkörperreiz und -einschluß), um eine Perle entstehen zu lassen. Diese Erkenntnisse hat man dann bei der Gewinnung von Zuchtperlen praktisch angewandt.

Das Conchyn in den Perlen kann je nach Muschelart verschieden gefärbt sein, wobei die silbergrauen und schwarzen Perlen sehr begehrt sind. Indien liefert zartrosa Perlen, Ceylon zartgelbe, Panama zartgoldgelbe, Mexiko rotbraune, Japan hellgrünliche, Australien weiße; hellrosarote kommen von den Bahamas, rosarote und schwarze von Kalifornien.

Da das Conchyn als organische Substanz austrocknen kann, müssen Perlen, wenn sie ihren Glanz behalten sollen, sehr gepflegt werden. Wenn sie nicht getragen werden, können sie austrocknen. Bei zu großer Feuchtigkeit können sie quellen oder verwesen.

Perlen in Kugelgestalt werden bevorzugt, aber auch die Birnen- und Tropfenform sind geschätzt – zum Beispiel für Ringe. Als Lieblingsschmuck trug König Edward VIII. von England eine Krawattennadel mit einer tropfenförmigen Perle. Boutonperlen nennt man einseitig flache oder nur halbkugelförmige Perlen. Ganz unregelmäßig geformte Perlen heißen Barockperlen. Für die Bewertung einer Perle spielt natürlich auch deren Größe eine Rolle. Die Dimensionen schwanken zwischen winzigen Exemplaren (Saatperlen) bis zur Größe eines Taubeneis. Die größte bisher gefundene Perle hat ein Gewicht von 450

Karat, gehörte dem englischen Bankier Hope und wird heute im South Kensington Museum in London aufbewahrt.

Die Wachstumsgeschwindigkeit von Perlen ist verhältnismäßig gering. Naturperlen bilden jährlich eine Schicht von etwa 0,09 Millimetern Dicke, während Zuchtperlen heute auf eine Jahresleistung von 0,15 Millimetern – in Südseefarmen sogar auf 1,5 Millimeter kommen. Das spezifische Gewicht schwankt je nach Perlenart zwischen 2,60 und 2,85, wobei das der Zuchtperlen höher ist als das der echten Perlen.

Trotz einer geringen Ritzhärte, die zwischen 2,5 und 3,5 liegt, besitzen Perlen eine große Festigkeit durch das die Perlmutterblättchen zusammenhaltende Conchyn. Der Perlenglanz, Schmelz oder Lüster genannt, ist eine optische Erscheinung, die sich an den hauchdünnen Lagen der Perlmutterblättchen und den Zwischenhäuten von Conchyn bildet. Dazu kommt eine gewisse Durchsichtigkeit der obersten Lagen.

Für den Perlenhandel von geringerer Bedeutung sind die Perlen von Süßwassermuscheln von der Art unserer Fluß- und Teichmuscheln. Das wichtigste Produktionsgebiet heute ist Nordamerika. Sehr alt ist die Flußperlenfischerei in China.

Als Schmuck werden Perlen meist auf dünne Schnüre gezogen, nachdem sie durchbohrt wurden. Perlenketten haben entweder einen sogenannten Verlauf, auch Chute genannt, wobei die Mittelperle die größte ist und die sich zu beiden Seiten angereihten Perlen immer kleiner werden, oder sie bestehen aus gleich großen Perlen. Perlenketten werden sowohl als einreihige Colliers als auch als enganliegendes mehrreihiges Perlenhalsband („collier de chien") getragen. In Schmuckstücken gefaßt wird die Perle durch Aufstiften auf eine kleine flache Schüssel befestigt, wogegen halbe Perlen wie Steine gefaßt werden. Perlen werden in Ringen, Ohrgehängen, zu Anhängern, Nadeln und Broschen verarbeitet.

Schmutzig gewordene Perlen werden am besten mit Schwefeläther oder Wasser mit etwas Alkoholzusatz gereinigt oder in einer Lösung von Pottasche gewaschen, mit reinem Wasser nachgespült und trockengerieben. Mattgewordene Perlen werden mit einer Mischung aus Alabasterpulver, Perlmutter, Korallensubstanz und weißem Vitriol poliert.

In China ist der Perlenhandel schon fast 4500 Jahre alt. Ägypten, Indien, Persien, Syrien, Palästina, Griechenland und Rom haben schon im Altertum mit Perlen gehandelt. Der Sitz des orientalischen Perlenhandels ist Bombay.

Rosenquarz

Die hellrosenrote, meist blasse Farbe des grobkörnigen *Quarz*gesteins, die gleichmäßig oder auch fleckig verteilt sein kann, wird auf einen Mangangehalt zurückgeführt. Erhitzt man den Stein auf 575 Grad Celsius, so verschwindet die Farbe des durchsichtigen bis durchscheinenden Steines vollständig. Das Material ist meist rissig. Einige Rosenquarze, die als Cabochon geschliffen sind, zeigen einen Lichtstern (Asterismus).

Fundstätten liegen heute in Brasilien und auf Madagaskar, in den USA, im Ural, in Siebenbürgen, Kärnten, der Steiermark, Südwestafrika, Japan, Ceylon und Ostindien. Ein ehemals beachtliches Vorkommen bei Zwiesel im Bayerischen Wald ist erschöpft.

Kräftig gefärbte Rosenquarze eignen sich vor allem für Broschen, Gehänge und Halsketten. Vom Kunstgewerbe werden die herrlichen dünnwandigen Rosenquarzschalen angeboten.

Rubin

Der Symbolstein der Liebe und der Erleuchtung gehört wie der Saphir der *Korund*gruppe an. Er war der Lieblingsstein von Katharina von Medici und der Madame Dubarry. Auch Fürst Rainer von Monaco schätzt ihn besonders.

Der Name Rubin stammt von dem Sanskritwort „rubeus"
(rot). Der seltenste aller Edelsteine, von dem die Sage berichtet,
er enthalte den Urfunken allen Lebens, wird in der bilderreichen
Sprache des Orients „Blutstropfen aus dem Herzen der Mutter
Erde" genannt. Der Stein, der vor allem aus Tonerde (Aluminiumoxyd) besteht, erhält seine prunkvoll glühende Farbe
durch Beimengung von ein bis zwei Prozent Chromoxyd.
Orientalische Herrscher, die von der Entdeckung besonders
farbenprächtiger und großer Rubine hörten, sandten hohe Wür-
denträger und Soldaten aus, um das seltene Juwel an den fürst
lichen Hof bringen zu lassen.

Die Kristalle gehören dem trigonalen System an. Die geschätz-
teste Farbe beim Rubin ist das sogenannte „Taubenblut", ein
reines Rot mit einem Stich ins Bläuliche. Die Steine stammen
im allgemeinen aus Birma. Ceylon-Rubine sind durchschnittlich
etwas heller, wobei man ihre Farbe als hellhimbeerrot bezeichnen könnte. Steine aus Siam haben oft einen Stich ins Bräunliche, was durch Spuren von Eisen hervorgerufen wird. Tiefrote
Rubine haben meist einen Stich ins Violette.

Der durchsichtige Stein wirkt besonders gut im Sonnenlicht,
gilt aber auch als Abendstein. Neben den gleichmäßig gefärbten
Steinen kommen aber auch andere vor, die streifig oder fleckig
sind. Bei Sternrubinen im Cabochonschliff zeigt sich ein sechs-
strahliger Lichtstern (Asterismus), der besonders begehrt ist. Bei
diesem Phänomen scheint über dem Stein der Stern aus Licht-
linien zu schweben, der beim Bewegen über den Stein hinweg-
zugleiten scheint. Haarfeine Einschlüsse sind für diese Erscheinung verantwortlich. Hellere Flecken in Rubinen lassen sich
meist durch Erhitzen ausmerzen.

Die Größe der gefundenen Rubine ist in der Regel sehr gering. $1/8$ Karat sind durchschnittliche Steine, Rubine von sechs
bis neun Karat schon eine Seltenheit. Der größte bisher gefundene Rubin wog 400 Karat und wurde in drei Stücke zerlegt.

Angeblich soll es in den Schatzkammern eines indischen Fürsten einen Rubin von 1184 Karat geben.

Saphir

Der Saphir gehört wie der Rubin zur *Korund*gruppe. Allerdings kommt er sehr viel häufiger vor als der Rubin. Eine seltene Varietät des blauen durchsichtigen Symbolsteins der Treue ist der orangefarbene *Padparadscha* (siehe dort).

Auf Sanskrit heißt der Saphir Sauritana, der dem Saturn geweihte Stein, auf Chaldäisch heißt er Sampir, auf Arabisch Safir, Sappheiros auf Griechisch und Saphirus auf Lateinisch. Wie der Rubin besteht auch der Saphir aus Aluminiumoxyd (Tonerde), wobei er seine Farbe der Beimengung von Titan verdankt. Äußerst selten ist der farblose Leukosaphir, dem jede farbgebende Beimengung fehlt. Die verschiedenen Farbqualitäten des Blau hängen von einer Eisentitanverbindung ab. Dabei kommen folgende Varietäten vor: aquamarinfarbig, bläulichgrün, smaragdfarbig, peridotfarbig, topasfarbig, rötlichgelb, hyazinthfarbig, amethystfarbig und weitere Zwischenfarben.

Besonders geschätzt werden die indischen Saphire aus Birma und Siam, die ein tiefes Kornblumenblau zeigen. Ceylon-Saphire sind demgegenüber etwas heller, Australsaphire tintiger mit einem Stich ins Grünliche. Durch feinfaserige Einlagerungen kommt das reine Kornblumenblau bei den Kaschmirsaphiren besonders zum Ausdruck. Saphire wirken besonders als Abendsteine, während sie bei Tageslicht sehr dunkel erscheinen. Es gibt völlig homogen gefärbte Steine und solche, die fleckig oder streifig sind. Die ungleiche Verteilung kann durch einen geschickten Schliff, wobei der gefärbte Teil an der Spitze des Schliffes liegt, ausgeglichen werden. Das von oben eintretende Licht erfährt an den Facetten des Unterteils die bekannte Umkehr des Lichtweges und färbt sich dort zugleich so blau, daß der ganze Stein durch und durch gefärbt erscheint. Wie beim

Sternrubin kann sich auch beim Sternsaphir das Phänomen des Asterismus zeigen (siehe Rubin).

Indische Saphire kommen vor allen Dingen aus Siam und Birma, wo sie meist zusammen mit dem Rubin gefunden werden. Bedeutende Funde werden auf Ceylon und in Kaschmir gemacht, aber auch in Australien; während die Vorkommen von Montana (USA) heute nicht mehr von Bedeutung sind. Das indische Museum of Natural History besitzt einen Ceylon-Saphir von 163 Karat und einen gelben Ceylon-Saphir von 100 Karat.

Sard-Onyx

Als Untergruppe des *Onyx* gehört dieser Stein zur Gruppe der *Chalzedone* und ist ein *Achat* mit braunen und weißen Bändern. Der durchscheinende bis halbdurchscheinende Sard-Onyx, von dem berichtet wird, daß er Verstand verleihe, ist der Lieblingsstein von Königin Elisabeth von England; privat trägt sie kaum Schmuck – bis auf einen Sard-Onyx-Ring, in den ihr Familienwappen geschnitten ist.

Smaragd

Im 13. Jahrhundert sagte Bartholomäus Angelicus: „Der Smaragd ist ein edler Stein, und seine Farbe ist grün wie der kühle Grund des Meeres bei strahlendem Himmel und sonnigem Wetter. Er ist einer der besten unter den edlen Steinen und der würdigste, eine königliche Hand zu zieren."

Die Ägypter, die diesen grünen, durchsichtigen Stein schon zweitausend Jahre vor Christus am Gjebel Sikait nahe dem Roten Meer ausgruben, bezeichneten ihn als den Stein der Liebenden, dem besonders magische Kräfte zu eigen sein sollen. Der Komponist Johann Sebastian Bach trug zu Hause eine Kette von funkelnden Smaragden. Der Lieblingsstein von Johann Wolfgang von Goethe war ein Smaragd. Gina Lollobrigida und Exkaiserin Soraya tragen ihn als Glücksstein.

Der Smaragd ist der wertvollste Stein unter den *Beryllen* und kommt an Wert dem Diamanten und dem Rubin gleich. Sein Name stammt aus dem Griechischen („smaragdos" = grün), wobei dieses Wort aus dem Persischen kommen soll. Es gibt alle Zwischenstufen von einem lichten bis zum tiefen Smaragdgrün. Weniger wertvoll sind gelbgrüne, grasgrüne und graugrüne Steine. Vollkommene Smaragde zeigen keinerlei Einschlüsse und Risse. Kleinere Risse mit Flüssigkeitstropfen werden nicht als Fehler bewertet, solange sie nicht erheblich die Durchsichtigkeit stören. Beimengungen von Chromoxyd geben dem Stein seine Farbe, während ein Eisengehaltanteil sie ungünstig beeinflussen kann.

Kolumbien hat die bedeutendsten Vorkommen von Smaragden. Weitere Lagerstätten liegen im Ural, in Nordtransvaal und Indien. Brasilianische Fundstellen sind unbedeutend. Die Smaragdgruben der Kleopatra in Oberägypten besitzen heute nur noch historisches Interesse. Einige wenige Steine wurden auch im Habachtal in den Salzburger Alpen gefunden.

Der Smaragd wird in verschiedenen Schliffarten angeboten. Rissige Steine werden zu Cabochons oder Kugeln für Halsketten geschliffen. Auch werden Gravierungen in dem Stein durchgeführt. Schönheit und Tiefe der Farben bestimmen neben Reinheit den Wert eines Smaragdes. Ein besonders großer Stein von 2205 Karat befindet sich in der Schatzkammer in Wien. Die Peruaner verehrten einen Smaragd in der Größe eines Straußeneis als Gottheit.

Spinell

Der Name dieser Edelsteinfamilie stammt aus dem Griechischen und bedeutet im übertragenen Sinn „Funke", womit das feurige Rot der edelsten und wertvollsten Spinellart angedeutet wird. Die Grundsubstanz besteht aus Magnesiumaluminat. Farbgebende Beimischungen bestehen aus Eisen, Mangan und

Chrom als zwei- oder dreiwertige Metalle. Die durchsichtigen bis undurchsichtigen Steine werden aus Kristallen des regulären Systems gebildet. Größen über vier Karat sind äußerst selten. Durch Chromfärbung erscheinen Edelspinelle rosa und rot. Beigemischtes dreiwertiges Eisen gibt einen Stich ins Gelbliche oder Bräunliche, zweiwertiges Eisen dagegen einen Stich ins Violette. Die saphirfarbenen blauen Spinelle sind ebenfalls durch zweiwertiges Eisen gefärbt. Daneben gibt es noch braune, violette, gelbe, grüne und farblose Steine. Einschlüsse kommen häufig vor. Der Spinell ist meist ein Begleitmaterial der Korunde, also der Rubine und Saphire.

In Birma werden rosafarbene Exemplare mit einem Schleifgewicht von über 15 Karat gefunden, wobei der größte 58 Karat wog. Ergiebige Lagerstätten liegen auch in Siam. Auf Ceylon gibt es neben roten, violetten, grünen und braunen Steinen auch sehr schöne blaue. Weniger bedeutende Fundorte liegen in Australien und Brasilien. Unter den britischen Kronjuwelen befindet sich ein edler Spinell von 352 Karat, der „Timur Ruby". Im Staatsschatz der Russen soll ein Stein von 400 Karat mit indischem Schliff liegen. Die Überlieferung behauptet, daß der Spinell ein wirksamer Abwehrstein gegen alles Böse sein soll und seinen Träger froh und reich, mutig und furchtlos mache.

Geschliffen wird der Spinell, der im Edelsteinhandel nicht sehr verbreitet ist, als Brillant, im Treppenschliff, im gemischten Schliff und als Cabochon.

Tigerauge

Das Tigerauge ist das Verwitterungsprodukt des bereits beschriebenen *Falkenauges* (siehe dort). Das Ausgangsmaterial ist ein *Quarz*aggregat mit eingelagerten blaugrünen Hornblendefasern. Das Tigerauge enthält an Stelle der Hornblende deren Verwitterungsprodukt Brauneisen und hat dementsprechend gelbe, braune, oft sehr schöne goldbraune Farbtöne. Die Farbe kann durch Glühen mehr rotbraun werden. Die Steine werden vor allen Dingen in Südafrika und Westaustralien gefunden.

Wie das Falkenauge, so wird auch das Tigerauge in Platten oder als Cabochon geschliffen und zu Halsketten oder kunstgewerblichen Gegenständen verarbeitet.

Topas

Wie die Geschichte erzählt, verdankt dieser Stein seinen Namen einer Insel im Roten Meer. Eine Gruppe Schiffbrüchiger soll, als sie den rettenden Strand erreichten, dort zum ersten Male diesen Stein gefunden haben, den sie „Topazos" nannten, was soviel heißt wie das „Gesucht-Gefundene".

Das besondere Feuer dieses Steines wird wegen der Klarheit und Reinheit seiner Kristalle sehr geschätzt. Im Sanskrit heißt „Tapas" Feuer. Die farbgebenden Beimischungen des Tonerdesilikats sind zweiwertiges Eisen und Chrom, wobei durch das Chrom die gelbe und durch das Eisen die blaue Farbe herzurühren scheint. Die durchsichtigen bis halbdurchsichtigen Steine sollten wegen ihrer großen Bereitschaft zur Spaltung trotz eines großen Härtegrades (8) nicht zu Ritzhärteprüfungen herangezogen werden.

Die auftretende Farbenreihe ist äußerst vielfältig, meist blaß, selten kräftig. Häufig ist vollständige Farblosigkeit. Gelb in allen Variationen vom reinen Gelb über Dunkelbraungelb mit einem Stich ins Rote sind keine Seltenheit; während ein ausgesprochenes Rot oder ein feines Rosa nicht so häufig vorkommen. Allerdings können braune oder gelbe Topase aus Brasilien in rosafarbene Steine durch Brennen umgefärbt werden. Häufig sind auch blaßblaue Steine, die bisweilen in grüne Töne übergehen. Gelbe Kristalle können durch Erhitzen entfärbt werden. Durch Bestrahlung mit ultraviolettem Licht können rosa ge-

färbte Steine ihre alte Farbe zurückerhalten. Blaßblaue Topase
können durch intensives Tages- und Sonnenlicht blaßgelb werden. Am Stein selbst, an dem nicht selten Flüssigkeitseinschlüsse
beobachtet werden können, zeigen sich auch elektrische Eigenschaften durch Reibungselektrizität und elektrische Energie
durch Spannungen, d. h. Druck in der Längsachse.

Heute gelten Brasilien und Ceylon als die wichtigsten Länder
mit bedeutenden Topasvorkommen. Früher war auch Rußland
ein Produktionsland. Unbedeutende Fundstellen liegen in den
USA, Japan, Australien, Nigeria, Rhodesien und auf Madagaskar. Interessant ist, daß auch am Schneckenstein im Sächsischen
Erzgebirge einige Exemplare gefunden worden sind.

Im Handel führen die Topase je nach ihrer Färbung auch
verschiedene Namen, wie beispielsweise Gold- oder Rauchtopas. Der als „Braganza" bekannte Topas, der sich in der
portugiesischen Königskrone befindet und von ausnehmender
Schönheit und Durchsichtigkeit ist, wiegt 1680 Karat. Einen
farblosen Stein von 1300 Karat besitzt das Britische Museum in
London. Farblose Topase schleift man meist im Brillantschliff,
während man bei farbigen Steinen den Treppen- oder Scherenschliff wählt. Die bekannte und beliebte Filmschauspielerin Lilli
Palmer hat sich von einer Reise aus Mexiko einen Topas mit-
gebracht, den sie als Talisman trägt.

Türkis

Der Symbolstein der Wahrhaftigkeit war ein Glücksstein von
General Charles de Gaulle. Die Türkei soll sein Namensgeber
sein. Der Handelsweg des Türkis führte über dieses Land.
Durchsichtig ist dieser aus Tonerdephosphat bestehende Stein
nur in dünnsten Stücken.

Die begehrteste Farbe des Türkis ist ein reines und helles
Himmelblau. Daneben gibt es Übergänge zu einem grau und
blau untermischten Grün, wobei alle Farben sehr zart sind.

Kupfer und Eisen bilden die farbgebenden Substanzen von meist
gleichmäßiger Art. Da die Steine sehr empfindlich reagieren,
sollen Türkisringe beim Händewaschen immer abgestreift werden. Schädlich kann auch Hautschweiß für die Steine werden.
Vor Verschmutzung ist er zu schützen.

Im Bezirk Nischapur in der Provinz Chorassan in Persien
wird das beste Material gefunden. Die Steine sind blaßblau bis
grünlich. In diesem Gebiet werden Türkise schon seit fast tausend Jahren gewonnen. Weitere Fundstellen liegen in Afghanistan, Tibet, Neumexiko, in den USA und in Südafrika, China,
Guatemala, Neusüdwales und Argentinien. Schon im vierten
vorchristlichen Jahrtausend wurden die Türkislagerstätten auf
der Sinaihalbinsel von den Ägyptern ausgebeutet.

Der Türkis wird stets mugelig mit ebener, ovaler oder runder
Unterfläche geschliffen. Graviersteine haben eine ebene Tafelfläche. Der Türkis findet auch für Halsketten Verwendung. Von
Sammlern begehrte kunstgewerbliche Gegenstände aus Türkis
kommen aus China.

Turmalin

Der Turmalin, der schon vor den Kreuzfahrern als schützen-
der Talisman getragen wurde, kam zu Anfang des 18. Jahrhunderts unter dem singhalesischen Namen „Turmali" nach
Europa. Der Name bedeutet „Aschenzieher" und wurde diesem
Edelstein wegen seiner Eigenschaft gegeben, daß er sich durch
Reiben oder Erwärmen elektrisch auflädt und dann leicht Körper wie Aschenstaub und Papierschnitzelchen anzieht.

Heute ist der Turmalin einer der beliebtesten Edelsteine. Das
Silikat aus Bortonerde hat einen charakteristischen Borsäure-
gehalt, wobei noch Wasserstoff, Fluor, Natrium, Kalium,
Lithium, Kalzium, Magnesium, Eisen, Titan und Mangan nach-
zuweisen sind. Farbgebend sind vor allem Chrom, Nickel, Kobalt, Eisen, Mangan, Titan und Lithium.

Durchsichtig bis durchscheinend gibt es auch intensiv gefärbte undurchsichtige Steine. Der Farbenreichtum der Turmaline übertrifft alle anderen Edelsteingruppen. Farblose Steine sind sehr selten und haben meist einen Stich ins Gelbliche oder Rötliche. Grüne Turmaline in allen möglichen Schattierungen von Grün, Gelbgrün bis Blaugrün sind am verbreitetsten. Charakteristisch ist das tiefe Grün brasilianischer Turmaline. Rote Varietäten nennt man *Rubellit,* wobei auch hier zahlreiche Farbstufungen von Rosa bis Rubinrot, manchmal mit einem Stich ins Violette, vorkommen. Blaue Turmaline heißen *Indigolith* und können hellblau, indigoblau, kobaltblau bis schwarzblau sein. Verbreitet ist das Braun, seltener die honiggelbe Farbe. Auch schwarzer Turmalin kommt vor. Oft sind auch die beiden Enden der Prismen verschieden gefärbt – wie bei den sogenannten *Mohrenköpfen* aus Elba (blaßgelb und schwarz) oder den *Türkenköpfen* aus Brasilien (rot und grün). Südwestafrikanische blaue Turmaline können bei einer Hitze von 650 Grad Celsius in smaragdgrüne Steine umgebrannt werden. Unregelmäßig angeordnete fadenähnliche Kanäle sind charakteristische Einschlüsse.

Alle Farbvariationen werden im Land der Turmaline, in Brasilien, gefunden. Weitere Lagerstätten befinden sich in den USA, auf Madagaskar, in Südwestafrika, im Ural und in Sibirien. Weniger wichtige Vorkommen liegen in Birma, Ceylon, Bengalen, Siam, Kaschmir, Australien, Ostafrika, auf Elba und in Angola.

Verschiedene Schlifformen werden angewandt, so der Tafelschliff, Treppen-, Scheren- und Brillantschliff, gemischter Schliff und auch mugeliger Schliff (bei Katzenaugen).

Zirkon

Mit seinen hervorragenden Eigenschaften steht der Zirkon dem Diamanten sehr nahe. Die alten Griechen nannten ihn „Jacinth", die Araber „Zarquin" (vermillonrot) und die Perser

„Zargun" (der Goldene). Der Stein, der aus Zirkonerde und Kieselsäure besteht, besitzt auch geringe Beimengungen von Hafnium, Thorium und Uran. Von außerordentlicher Sprödigkeit ist er stoß- und druckempfindlich.

Zirkone trifft man in verschiedenen Färbungen an. Die reine Substanz ist farblos, wobei kein anderer Edelstein so viele Überraschungen in bezug auf Farbveränderungen bietet. Braune und braunrote Steine, die meist aus Siam und Indochina stammen, werden *Hyazinth* genannt. Beim Erhitzen unter Sauerstoffzufuhr werden diese Steine farblos. Wenn man einen farblos gebrannten Zirkon mit Radium beschießt, so erhält er eine schöne, aber nicht lichtbeständige Amethystfarbe. Braune Zirkone können durch Brennen mit Wasserstoff oder Kohlenoxyd sehr schön blau werden. In Siam wird die Kunst des Zirkonbrennens seit alten Zeiten auf primitiven Holzkohleöfen durchgeführt. Bessere Resultate erzielt man in elektrischen Tiegelöfen bei einer Temperatur zwischen 800 und 900 Grad Celsius.

Auf Ceylon werden neben farblosen Steinen auch rote, gelbe, grüne und blaue Varietäten gefunden, in Australien farblose, braune, rote und gelbe. Bedeutende Zirkonlagerstätten befinden sich in Siam und Indochina.

Durch seine hohe Lichtbrechung und vollständige Durchsichtigkeit eignet sich der Zirkon hervorragend als Schmuckstein, wobei die beste Wirkung durch den Brillantschliff erreicht wird. Zirkone mit intensiver Eigenfärbung können aber auch in anderen Schliffformen bearbeitet werden.

Edelsteine als Kapitalanlage

Edle Steine haben so manchen Menschen das Leben gerettet, das zeigt die Geschichte durch die Jahrhunderte. Zahlreiche Personen konnten sich vor den Scheiterhaufen der spanischen Inquisition, dem Fallbeil der Französischen Revolution, den Unruhen von 1848, den Folterungen bei der Machtergreifung der Kommunisten in Rußland oder den Konzentrationslagern Hitlers durch einen Edelstein retten, mit dem sie ihr Leben und den Fluchtweg in die Freiheit erkauften.

Die ältere und unsere jüngere Geschichte hat gezeigt, daß Edelsteine alle Krisen und Inflationen überdauert und ihren Wert ständig gesteigert haben – im Gegensatz zum schwankenden Goldkurs. Freilich, wer sein Geld in Edelsteinen anlegt, der muß schon über ein gewisses Maß von Sachverstand verfügen oder sich gut beraten lassen. Der Kauf von Edelsteinen ist Vertrauenssache zwischen dem Händler und seinem Kunden. Der Kunde verlangt von dem Händler, sachkundig beraten zu werden, und der Fachmann wird bemüht sein, seine Kunden zufriedenzustellen.

Der Aktienmarkt der letzten Jahre hat gezeigt, wie labil dieser Markt ist. Ein Blick in die Wirtschaftszeitungen zeigt die ständigen Schwankungen und die enormen Kursverluste, die der Anlagesuchende besonders in den letzten Jahren hat hinnehmen müssen. Auch das Geld verliert ständig an Wert. Das zeigt u. a. der Zinsertrag, der die Geldentwertung nicht mehr decken kann. Investmentfonds, Staatsanleihen und Rentenpapiere zeigen den gleichen Trend abwärts. Zunehmende Skandale und Pleiten von Baufirmen und Banken scheinen auch das ehemals so sichere Immobiliengeschäft unsicher werden zu lassen. Was ist heute überhaupt noch sicher? Wie kann man sein erarbeitetes Vermögen – wenigstens zu einem Teil – noch retten?

„Bombensichere" Anlagen in Sachwerten scheint es nicht mehr zu geben, und jeder schätzt sich glücklich, wenn er zumindest das investierte Kapital erhalten kann – von gewinnbringenden Zinsen ganz zu schweigen. Schon die Aussicht auf einen verlustfreien Wiederverkauf wäre heute schon ein Geschäft. Wertvolle Sammlungen, beispielsweise von Briefmarken, echten Teppichen, antiken Möbeln und sonstigen Luxusgegenständen sind zwar in wirtschaftlich guten Zeiten äußerst begehrt und steigen ständig im Preis – doch wer trennt sich schon in guten Zeiten von solchen Liebhaberstücken, wenn er nicht muß? In politisch unsicheren und wirtschaftlich schlechten Zeiten aber sinkt der Marktwert dieser Sammlungen und kostbaren Einzelstücke rapid. Abgesehen davon, daß solche Sachwerte meist sehr unhandlich von ihrer Größe her sind, erzielt man bei Notverkäufen meist nur eine Summe, die weit unter dem Preis liegt, für die sie eingekauft worden sind. Wer von der älteren Generation wird je vergessen, wie er in der bitteren Nachkriegszeit seine alten Teppiche und sein Tafelsilber auf einer Hamsterfahrt für einen Sack Kartoffeln bei einem Bauern eintauschen mußte, um überhaupt etwas zum Essen zu haben?

Notzeiten bringen es mit sich, daß praktisch jeder seine Sachwerte verkaufen oder sogar entschädigungslos abliefern muß. Eine alte Truhe, einen großen Teppich oder einen antiken Schrank kann man nicht vor dem Zugriff von Schergen bewahren. Generalfeldmarschall von Moltke hat einmal treffend gesagt: „Reichtum muß man flüchten können." Und darin liegt das Geheimnis. Dr. Oswald A. Morenz bemerkte dazu: „Wenn in Krisenzeiten alle Werte illusorisch werden, bieten Diamanten und Edelsteine als ‚höchster Wert auf kleinstem Raum' die optimale mobile Anlage." Wenn Aktien und sonstige Papiere in Krisenzeiten nicht mehr gehandelt werden, weil Immobilien wie Grundstücke und Häuser bei einer etwaigen Flucht nicht transportabel sind, dann sind Diamanten und edle Farbsteine vielleicht die einzige echte internationale Währung.

Von den 2500 bekannten Mineralien unserer Erde haben sich nur 80 bis 90 als schleifwürdig erwiesen und besitzen Edelsteinqualität. Von diesen aber sind es nur 10 bis 15 Steine, die so schön, selten und kostbar sind, daß man sie als Anlagesteine bezeichnen kann. Darunter fallen vor allen Dingen Diamant, Smaragd, Rubin und Saphir, die sich für langfristige Geldanlagen besonders eignen und von denen noch Kinder und Enkel profitieren können. Allein von 1960 bis 1974 stieg der Wert eines einkarätigen lupenreinen *Diamanten* von der Qualität eines River um rund 500 Prozent, also innerhalb von nur 14 Jahren!

1900	ca.	800.– Goldmark
1951	ca.	2 900.– DM
1960	ca.	4 500.– DM
1962	ca.	4 700.– DM
1963	ca.	5 500.– DM
1966	ca.	6 000.– bis 7 000.– DM
1969	ca.	7 000.– bis 8 000.– DM
1972	ca.	9 000.– bis 12 000.– DM
1973	ca.	18 000.– bis 25 000.– DM
1974	ca.	20 000.– bis 25 000.– DM
1980	ca.	40 000.– bis 50 000.– DM

Der ungeheure Wertzuwachs von 1972/73 ist durch die plötzlich auftretende Rohstoffkrise und die Goldpreisexplosion zu erklären, wobei besonders die Nachfrage nach größeren Steinen wuchs. Sicher ist dieser große Preissprung atypisch, doch zeigt die Tabelle eindeutig eine kontinuierliche Wertsteigerung.

Mehrkaräter sind entsprechend ihrer Seltenheit progressiv ge-
stiegen. Dabei ist zu berücksichtigen, daß zum Beispiel ein
zweikarätiger Stein von gleicher Qualität nicht doppelt so teuer
ist wie ein einkarätiger, sondern um ein Erhebliches mehr.
Wegen der besseren Wiederverkäuflichkeit ist deshalb anzuempfehlen, sein Geld in Steinen bis zu 1,5 Karat anzulegen.

Ein *Aquamarin* von 20 Karat, der 1960 zum Preis von etwa
12 000.– DM erworben werden konnte, kostet heute mehr als
40 000.– DM. Für *Saphire* bester Qualität und Farbe steigen
die Preise ab 1 bis 1¹/₂ Karat progressiv. Der Karatpreis
schwankt je nach Reinheit und Farbe zwischen 500.– und
90 000.– DM. Für mehrkarätige Steine – vor allem für die ge-
suchten Sternsaphire – werden Phantasiepreise gezahlt. Für
feinste Burma-*Rubine* wird ein Karatpreis von 100 000.– DM
und mehr bezahlt, obwohl sie auf dem Weltmarkt kaum
noch angeboten werden. Siam-Rubine von bester Qualität er-
fuhren 1969/70 innerhalb eines Jahres eine Preissteigerung von
100 Prozent.

Hochfeine einkarätige *Smaragde* werden mit 30 000.– bis
60 000.– DM bezahlt, Mehrkaräter bis 100 000.– DM *je* Karat
und mehr. *Chrysoberyll-Katzenaugen* ab 20 Karat werden wegen ihrer Rarität zwischen 4000.– und 8000.– DM je Karat
gehandelt, mehrkarätige *Opale* kosten zwischen 900.– DM und
9000.– DM und mehr pro Karat je nach Güte und Farbenspiel.

Das sind nur einige Beispiele sehr teurer Steine. Aber auch für
den normalen Geldbeutel ergeben sich interessante Perspektiven,
die jedoch nach individuellen Gesichtspunkten behandelt werden müssen. Ihr Fachmann wird Sie da gerne beraten.

Eines steht jedoch fest: Edle Steine konnten bisher jede Geldentwertung überdauern. Der jährliche Wertzuwachs liegt erheblich höher als die übliche Zins- und Entwertungsrate – selbst
wenn man die unüblichen Preissprünge von Edelsteinen in Rech-
nung stellt. Dazu kommt, daß die Anlage in Edelsteinen die

diskreteste Vermögensanlage darstellt, ohne seine Besitzverhältnisse offenbaren zu müssen. Die Geschichte hat gelehrt, daß Gold und Edelmetalle in Krisenzeiten abgeliefert werden mußten oder konfisziert wurden, während geschliffene und ungeschliffene Edelsteine bisher vor dem Zugriff des Staates sicher waren. Ferner hat sich gezeigt, daß im Gegensatz zu den ortsgebundenen Immobilienwerten, dem schweren Gold und den kaum beweglichen größeren Sachwerten Edelsteine, wie gesagt, nicht nur leicht zu transportieren sind, sondern eine feste internationale Währung darstellen. Abgesehen von den ideellen „Zinsen", welche die Schönheit edler Steine ihrem Besitzer bringen, da sie ihn ständig erfreuen, erfahren sie ebenso ständig einen Wertzuwachs. Auch sind sie in ihrer Substanz praktisch unzerstörbar und überdauern Generationen. Edelsteine kann man im Lauf seines Lebens je nach finanzieller Situation kaufen und sammeln, und man kann ein solches „Wertdepot" unter Umgehung staatlicher Zugriffe oder Verkürzungen auf Kinder und Kindeskinder übertragen.

Ein erfahrener Edelsteinschleifer aus Idar-Oberstein soll einmal gesagt haben: „Edelsteine gleichen den Frauen: man muß sie aus der Fassung bringen, um ihre Qualitäten voll beurteilen zu können." Ein weiser Mann, der wohl nicht nur etwas von Edelsteinen verstanden hat! Herder sagte im *Rosental*:

„Edel bleibt ein Edelstein, und läg er im Staube,
Flög er gen Himmel, bleibt Staub, was er ist."

Edel und rein, das sind die Eigenschaften, nach denen der Mensch von Anbeginn seiner Existenz gesucht hat – in den Edelsteinen hat er sie gefunden. Seine Sehnsucht nach Unsterblichkeit sieht er in den alle Zeiten überdauernden edlen Steinen verwirklicht. Und immer bleibt das Staunen und der heimliche Schauer vor dem Geheimnisvollen, das uns die Natur in dieser funkelnden Pracht präsentiert.

Gesamtübersicht Edelsteine von A bis Z

Edelstein	chem. Zeichen	chem. Zusammens.	Kristall-system	Mineral-gruppe	Farbe
Achat ☓	SiO_2	Kieselsäure	trigonal-rhombo-edrisch	Chalzedon	durchscheinend, grau, vielfarbig gestreift
Amethyst	SiO_2	Kieselsäure	trigonal-rhombo-edrisch	Quarz	violett in Nuancie-rungen von licht- bis dunkelblau bis rotviolett
Aquamarin	$Be_3Al_2 [Si_6O_{18}]$	Beryllium-Tonerde-silikat	hexagonal	Beryll	blaugrün bis grün-blau (meerblau) in lichten und dunkle Farben
Aventurin *grün*	SiO_2	Kieselsäure	trigonal	Quarz (kristallin)	grün
Bergkristall	SiO_2	Kieselsäure	trigonal-rhombo-edrisch	Quarz (kristall-bildend)	farblos (braun bis schwarz gefärbt)
Bernstein	$C_{40}H_{64}O_4$	organisch	amorph	organisch	gelb bis braun und rotbraun, mit inte-essanten Einschlüs-
Beryll	$Be_3Al_2 [Si_6O_{18}]$	Beryllium-Tonerde-silikat	hexagonal	Beryll	lichtblau, grau, grü-lich, gelb, rosa, farblos
Blutstein	Fe_2O_3	Eisenoxyd	trigonal-rhombo-edrisch	Hämatit	schwarz, stahlgrau
Chalzedon ☓	SiO_2	Kieselsäure	trigonal-rhombo-edrisch	Quarz (kristallin)	grau, weiß, bläuli-gelblich, rot
Chrysoberyll	Al_2BeO_4	Beryllium-aluminat	rhombisch	Chryso-beryll	gelb, grüngelb, bräunlichgrün, grünbraun

Durchsichtigkeit	Fundorte	Härte	Dichte	Brech.-index
albdurchscheinend, ndurchsichtig	Brasilien, Uruguay, Madagaskar, Indien, Rheinland, Sachsen	6,5	2,59–2,61	1,54
urchsichtig	Brasilien, Uruguay, Ural, Madagaskar	7	2,65	1,54
urchsichtig	Brasilien, Madagaskar, Ural, Südwestafrika	7,5–8	2,63–2,80	1,58
urchscheinend, albdurchscheinend	Ural, Sibirien, Vorderindien	7	2,66	1,54
urchsichtig	Brasilien, Madagaskar, Schweiz, Japan, Ural	7	2,65	1,54
urchscheinend, albdurchscheinend, ndurchsichtig	Ostpreußen, Litauen, Rumänien, Sizilien, Burma, San Domingo	2–2,5	1,05–1,09	1,54
urchsichtig	Brasilien, Madagaskar, Südwestafrika, Kalifornien (USA), Ceylon	7,5–8	2,63–2,80	1,58
durchsichtig	England, Schweden, USA, Ostindien, Brasilien, Deutschland	6	5,2–5,3	
lbdurchscheinend, durchsichtig	Brasilien, Südwestafrika, Madagaskar, Uruguay, Ostindien, Ceylon, Syrien, Island, Sibirien, USA	7	2,59–2,61	1,54
rchsichtig	Ceylon, Brasilien, Madagaskar, Indien	8–8,5	3,7	1,74

Edelstein	chem. Zeichen	chem. Zusammens.	Kristall-system	Mineral-gruppe	Farbe
Chrysolith	$(Mg,Fe)_2$ $[SiO_4]$	Eisen-magnesium-silikat	ortho-rhombisch	Olivin	grün, olivgrün, gelb lichgrün, moosgrün
Chrysopras	$SiO_2 + Ni$	Kieselsäure	trigonal-rhombo-edrisch	Chalzedon	gelbgrün bis smaragdgrün
Diamant	C	Kohlenstoff	kubisch, regulär	Diamant	weiß, gelblich, bräunlich, rötlich, grünlich, bläulich
Falkenauge	SiO_2	Kieselsäure	trigonal	Quarz (kristallin)	blau bis blaugrau
Granat	$Mg_3Al_2Si_3O_{12}$	Magnesia-tonerde-silikat	kubisch, regulär	Granat	rot
Heliotrop (Blutjaspis)	$SiO_2 + Fe$	Kieselsäure	trigonal-rhombo-edrisch	Quarz/ Chalzedon (kristallin)	grün mit roten Punkten
Hyazinth (roter Zirkon)	$ZrSiO_4$	Zirkonerde-silikat	tetragonal	Zirkon	rot, rotbraun
Jaspis	SiO_2	Kieselsäure	trigonal	Chalzedon	rot, gelb, grün, braun, bläulich, schwarz
Karneol	SiO_2	Kieselsäure	trigonal	Chalzedon	gelbrot bis dunkel
Katzenauge	Al_2BeO_4	Beryllium-aluminat	rhombisch	Chryso-beryll	gelb, grüngelb
Katzenauge	SiO_2	Kieselsäure	trigonal	Quarz	grau
Koralle	$CaCO_3$	Kalzium-karbonat		organisch	rot, rosa, weiß, schwarz

urchsichtigkeit	Fundorte	Härte	Dichte	Brech.-index
urchsichtig	Ägypten, Nordamerika	6,5–7	3,3	1,68
urchscheinend, ndurchsichtig	Schlesien, USA, Rußland	7	2,58–2,65	1,54
urchsichtig	Südafrika, Zentralafrika, Brasilien, Indien, Borneo, Australien, Venezuela	10	3,47–3,558	2,417
ndurchsichtig	Südafrika	6,5	2,66	1,54
urchsichtig, lbdurchsichtig	Böhmen, Madagaskar, Arizona, Südafrika, Australien, Ceylon, Ostindien	7–7,5	3,75	1,75
durchsichtig	Indien, Sibirien, Hebriden, Nordafrika, Australien, China, Wyoming (USA)	7	2,65	1,54
rchsichtig	Hinterindien, Siam, Indochina, Ceylon, Kambodscha, Australien	7,5	3,9–4,8	1,94
lbdurchscheinend, durchsichtig	Afrika, Indien, Ural, Rheinland, Baden	7	2,68	1,54
rchscheinend	Indien, Brasilien, Uruguay, Nordafrika, Sibirien, Japan, Queensland	7	2,65	1,54
rchsichtig	Ceylon, Brasilien, Madagaskar, Indien,	8,5	3,70	1,74
durchsichtig	Harz, Fichtelgebirge	7	2,66	
durchsichtig	Mittelmeer, Golf von Biskaya, Kanarische Inseln, Malayischer Archipel, Japan	3–4	2,6–2,7	

Edelstein	chem. Zeichen	chem. Zusammens.	Kristall-system	Mineral-gruppe	Farbe
Lapislazuli	$(Na, Ca)_8 [(SO_4, S, Cl)_2/ (AlSiO_4)_6]$	Natron-erdesilikat	kubisch, regulär	Lapis-lazuli	blau, lasurblau
Malachit	$Cu_2 [(OH)_2/ CO_3]$	Kupfer-karbonat	monoklin	Malachit	dunkel- bis smaragdgrün
Mondstein	$(K, Na) AlSi_3O_8$	Kaliton-erdesilikat	monoklin	Feldspat	weiß mit bläulichem silberartigem Licht-schein
Nephrit	$Ca_2 (Mg, Fe)_5 \cdot (OH, F)_2 Si_8O_{22}$	Kalzium-magnesium-silikat	monoklin	Jade	dunkelgrün
Onyx	SiO_2	Kieselsäure	trigonal-rhombo-edrisch	Chalzedon	lagig weiß oder schwarz gefärbt
Opal	$SiO_2.n H_2O$	wasser-haltige Kieselsäure	amorph	Opal	weißlich, in allen Farben schillernd
Padparadscha	Al_2O_3	Tonerde	trigonal	Korund	orangerot, gelbrot
Peridot	$(Mg, Fe)_2 [SiO_4]$	Eisen-magnesium-silikat	ortho-rhombisch	Chryso-lith/Olivin	olivgrün
Perle	$CaCO_3$	Kalzium-karbonat		organisch	weiß, rosa, silber-grau, schwarz, gelblich, grünlich
Rosenquarz	$SiO_2 + Mg$	Kieselsäure	trigonal	Quarz (kristallin)	rosa
Rubin	$Al_2O_3 + Cr + Fe$	Aluminium-oxyd (Tonerde)	trigonal	Korund	rot, dunkelrot mit violettem Stich, bräunlichrot mit ge
Saphir	$Al_2O_3 + Ti + Fe$	Aluminium-oxyd (Tonerde)	trigonal	Korund	blau, gelb, rosa, violett, weiß (oran; = Padparad.)

urchsichtigkeit	Fundorte	Härte	Dichte	Brech.-index
durchsichtig	Afghanistan, Baikalsee, Chile, Birma	5–5,5	2,38–2,75	1,50
durchsichtig	Ural, Südwestafrika, Kongo, Katanga, Rhodesien, Chile, Arizona, Australien	3,5–4	3,75–4	1,70–1,90
rchsichtig, rchscheinend	Ceylon	6	2,56	1,52
lbdurchscheinend, durchsichtig	Neuseeland, China, Baikalsee, Tibet, Schlesien, Alaska, USA	6–6,5	2,95–3	1,60
durchsichtig	Brasilien, Südwestafrika, Madagaskar	7	2,6	
rchsichtig, durchsichtig	Australien, Ungarn, Mexiko	5–6,5	2,10–2,20	1,40
chsichtig	Ceylon	9	4	1,76
chsichtig	Ägypten, Nordamerika	6,5–7	3,3	1,68
durchsichtig, re Lagen chschimmernd	Küstengebiete des Indischen Ozeans, Persischer Golf, Küste Australiens, Japan, Zentralamerika	2,5–3,5	2,60–2,85	
chsichtig, chscheinend	Brasilien, Madagaskar, Südwestafrika, USA, Ural	7	2,66	1,54
chsichtig	Hinterindien, Birma, Siam, Ceylon	9	4	1,76
chsichtig	Hinterindien, Ceylon, Birma, Siam, Vorderindien, Australien, Nordamerika	9	4	1,76

Edelstein	chem. Zeichen	chem. Zusammens.	Kristall-system	Mineral-gruppe	Farbe
Sard-Onyx	SiO_2	Kieselsäure	trigonal-rhombo-edrisch	Chalzedon	Bandachat mit braunen und weißen Bändern
Smaragd	$3\,BeO,\,Al_2O_3\,.$ $6\,SiO_2 + Cr$	Beryllium-tonerde-silikat	hexagonal	Beryll	grün
Spinell	$MgOAl_2O_3 +$ Fe, Mn, Cr	Magnesium-aluminat	kubisch	Spinell	rot, blau, grün, violett
Tigerauge	$SiO_2 + Fe$	Kieselsäure	trigonal	Quarz (kristallin)	goldgelb bis gold-braun
Topas	$Al_2\,[F_2/SiO_4]$	Tonerde-silikat	ortho-rhombisch	Topas	gelb, rosa, weiß, braun, blau, grün, farblos
Türkis	$CuAl_6$ $[(OH)_8/$ $(PO_4)_4]\,.\,4\,H_2O$	Tonerde-phosphat	triklin	Türkis	himmelblau, bläulichgrün
Turmalin	(Na, Li, Ca) (Mn, Mg, Fe, Al, Ti, Cr)$_9$. $[(OH, F)_4/$ $(BO_3)_3/Si_6O_{18}]$	Bortonerde-silikat	trigonal	Turmalin	grün, rot, blau, farblos bis schwarz
Zirkon	$ZrSiO_4$	Zirkonerde-silikat	tetragonal	Zirkon	weiß, blau, grün (ro bis rotbraun = Hyazinth)

(handschriftlich:)

Goldfluss braun

Brekzienjaspis Kreuz

Tigereisen Kreuz

urchsichtigkeit	Fundorte	Härte	Dichte	Brech.-index
ndurchsichtig	Brasilien, Südwestafrika, Madagaskar	7	2,6	
urchsichtig	Kolumbien, Ural, Südafrika, Indien	7,5–8	2,67–2,78	1,58
urchsichtig bis ndurchsichtig	Hinterindien, Birma, Siam, Ceylon, Australien, Brasilien	8	3,5–3,6	1,71
lbdurchscheinend, ndurchsichtig	Südafrika, Westaustralien	7	2,66	1,54
urchsichtig, lbdurchsichtig	Brasilien, Ceylon, Ural	8	3,54	1,62
urchscheinend, lbdurchscheinend, ndurchsichtig	Persien, Afghanistan, Tibet, USA, Südafrika	5–6	2,6–2,8	1,62
urchsichtig bis ndurchsichtig	Brasilien, Südwestafrika, Madagaskar, Ural, USA	7–7,25	3–3,25	1,64
rchsichtig	Hinterindien, Siam, Indochina, Kambodscha, Ceylon, Australien	7,5	3,9–4,8	1,94